"长三角一体化研究丛书"编委会

顾问：

王　战　张道根　周振华　洪民荣　权　衡　朱金海

编委会主任：

王德忠

编委会副主任：

王　振　干春晖

编委会委员(以姓氏笔画为序)：

于　蕾　马　双　于秋阳　邓智团　王晓娟　朱建江
李　伟　李　湛　李正图　李　健　汤蕴懿　刘　亮
沈开艳　佘　凌　沈桂龙　杜文俊　杨　昕　周冯琦
周海旺　林　兰　宗传宏　尚勇敏　唐忆文　徐丽梅
屠启宇　樊福卓　薛艳杰

长三角一体化
研究丛书

长三角数字经济高质量发展研究

王振 徐丽梅 / 等著

RESEARCH ON
HIGH-QUALITY DEVELOPMENT
OF DIGITAL ECONOMY
IN THE YANGTZE RIVER DELTA

上海社会科学院出版社
SHANGHAI ACADEMY OF SOCIAL SCIENCES PRESS

丛书总序

长三角一体化发展的新内涵新使命

2018年11月5日,在首届国际进口博览会上,习近平总书记宣布,将支持长江三角洲区域一体化发展并上升为国家战略,着力落实新发展理念,构建现代化经济体系,推进更高起点的深化改革和更高层次的对外开放,同"一带一路"建设、京津冀协同发展、长江经济带发展、粤港澳大湾区建设相互配合,完善中国改革开放空间布局。

长三角地区一体化发展上升为国家战略,其中,最值得高度关注的是,这不仅仅是长三角地区的区域发展上升到国家重大战略层面,而且国家还赋予了长三角地区更加重要的特殊战略使命,这就是抓住"一体化"和"高质量"两个关键词,着力落实新发展理念,着力构建现代化经济体系,着力推进更高起点的深化改革和更高层次的对外开放,推动更高质量的区域一体化发展。

2020年8月20日,习近平总书记在合肥召开的"扎实推进长三角一体化发展座谈会"上特别指出,面对严峻复杂的形势,要更好地推动长三角一体化发展,必须深刻认识长三角区域在国家经济社会发展中的地位和作用。第一,率先形成新发展格局。在当前全球市场萎缩的外部环境下,我们必须集中力量办好自己的事,发挥国内超大规模市场优势,加快形成以国内大循环为主体、国内国际双循环相互促进的新发展格局。第二,勇当我国科技和产业创新的开路先锋。当前,新一轮科技革命和产业变革加速演变,更加凸显了加快提高我国科技创新能力的紧迫性。第三,加快打造改革开放新高地。近来,经济全球化遭遇倒流逆风,越是这样我们越是要高举构建人类命运共同体旗帜,坚定不移维护和引领经济全球化。

新时代赋予长三角一体化发展新内涵、新使命,我们必须予以充分认识,提高站位,把握契机。

一、新时代长三角一体化发展新内涵

首先,新内涵体现在更高坐标的战略定位。《长江三角洲地区一体化发展规划纲要》提出了"一极三区一高地"战略定位,即全国发展强劲活跃增长极、高质量发展样板区、率先基本实现现代化引领区、区域一体化发展示范区、新时代改革开放新高地。从长三角地区的发展实际看,我认为最重要的是两大战略坐标,即率先实现现代化和加快建成世界级城市群,也就是要按照党的十九大作出的重要战略部署,在长三角地区率先实践、率先建成现代化区域,为整个国家的现代化建设提供引领示范和坚实基础。现代化建设,既包括了构建现代化的经济体系,还包括了建设现代化的社会治理体系和现代化的基础设施体系,三大体系建设,必须突破行政区界限和行政壁垒,在更大的区域空间实现一体化布局,就是要按照国家提出的长三角城市群建设定位和要求,加快向世界级城市群迈进。从世界公认的五大世界城市群看,除了便捷高效的立体交通、充分的人口流动性、均等化的优质公共服务、高品质的生活环境等基础性优势外,它们基本还有三个影响全球、展现竞争力的标志性特征,即世界级产业集群的核心集聚区、全球科技创新的重要策源地和全球性的资源配置中心。要实现这三大标志性功能,长三角地区更要紧密合作,充分借鉴各个世界级城市群的建设模式和成功做法,以一体化模式破除行政分隔,凝聚强大合力,加快造就具有全球影响力的集聚能级、创新能级和服务功能,为国家"一带一路"建设和参与全球治理发挥更大的作用。

其次,新内涵体现为更加紧密的区域合作。要从传统的协同合作模式向现代一体化合作模式升级,特别要在各个公共领域(包括基础设施、生态治理、市场体系、科技创新、公共服务等)更加强调整体推进、共同行动,共建共享、紧密合作,载体一体、平台统一,制度保障、强化机制。这就意味着要在四个方面推进一体化合作:一是整体推进的一体化,实现规划统筹、规划引领,强调一盘棋。二是共建共享的一体化,以共建为抓手、共享为目标,实施更多跨地区的公共合作项目,让广大中小城市共享一体化成果。三是建设载体的一体化,建设更多覆盖长三角整个地区的一体化运营实体机构,更加有效地承担一体化建设和运营项目,夯实一体化发展的载体和平台基础。四是协调机制的一体化,在制度、政策上改革创新,强化机制保障,保障各类合作项目的落地,保障各类载体机构的顺利运营。

再次,新内涵体现在更加协调的区域发展。要从区域共同体的全局考虑长三角地区的区域协调发展,并且为整个长江经济带的协调发展、整个国家东中西地区间的协调发展提供实践样本。而且形成区域协调发展新格局,不仅体现在区域联动发展上,还要体现在合理分工、优势互补上,最根本的则要体现在共享发展、共同繁荣。一是区域联动、融合发展,如生态功能区与人口产业承载区的空间融合、产业链与创新链的空间融合、乡村产业振兴与大城市消费的空间融合。二是合理分工、错位发展,大城市要适当做减法,中小城市要做加法,发挥各自比较优势,提升产业集群竞争力。其中包括了中心城市间的城市功能空间分工、各城市之间的产业分工与产业链分工。三是缩小差距、共享发展。要把缩小地区差距、城乡差距,推进公共服务、社会福祉均等化作为长三角一体化高质量发展的重要导向和考量。

二、新时代赋予长三角一体化发展新使命

新使命之一,要率先推进更高起点的深化改革,着力破解行政壁垒造成的各种"断头路",加快推进区域现代化建设,我们可把那些行政区分隔问题形象地称为断头路问题。在多个公共领域,长三角地区都存在比较突出的断头路问题,包括规划断头路、交通断头路、市场断头路、环境治理断头路、公共服务断头路、体制机制断头路等。解决行政区之间的各类断头路问题,实际就是一场更加深刻的全面改革。长三角地区城市间的经济社会发展差距相对较小,城市间的经济往来历来比较密切,特别在高铁网、高速公路网及信息化、智能化的推动下,呈现了更加紧密的同城化趋势,这些条件为我们承担国家赋予的更高起点深化改革提供了基础,也是必然。

当前围绕一体化发展,应该从两大方面深化改革:一是以示范区模式积极推进综合配套改革。主要以设立长三角一体化发展示范区为抓手,在规划管理、投资管理、生态治理、财税政策、社会政策、公共服务等多个方面开展系统性的深化改革。这项示范区改革具有很大的挑战性,需要积极谋划,大胆创新。此项改革如同上海自贸区的最初启动,先从跨省域的小范围空间启动,逐步探索经验,再逐步地扩大更大的空间。二是加快重点领域专项改革。要在一些关键的重点领域探索打造一批一体化运营的载体机构,更加有效地承担一体化重大项目,并形成相应的配套机制。可在城际轨道建设、跨地区生态补偿机制、市场一体

化和共享大城市教育、医疗优质公共服务资源等四大领域积极推进专项改革。

新使命之二,要对标世界级城市群影响全球的世界级产业集群集聚功能、科技创新策源功能和全球资源配置功能,积极实践更高层次的对外开放,增强区域竞争力和国家影响力。要以整个区域的更高层次对外开放为动力,进一步激发长三角地区的内在活力和高质量发展,并在"一带一路"建设和共建人类命运共同体中展现长三角地区的主动作为和全球影响力。2016年颁布的《长江三角洲城市群规划》已提出,到2020年基本形成世界级城市群框架,到2030年全面建成全球一流品质的世界级城市群。

要深化产业开放,更高层次地引进来,更加主动地走出去,共同打造世界级产业集群的核心集聚区。要进一步扩大产业开放面和产业开放深度,打造全球产业投资的沃土和全球产业链集聚的中心。要发挥市场规模大、交通物流发达、产业配套强、成本有梯度的区域优势,更加有力地吸引各类行业国际巨头在长三角地区进一步增强总部功能和研发功能,更加主动地吸引各国高科技先锋企业到长三角地区布局产业化基地、进入中国市场。要加快壮大本土龙头企业,走向产业链中高端,走向"一带一路"沿线国家和地区,走向跨国公司。重点谋划电子信息、高端装备、汽车、家电、纺织服装及造船、生物医药、绿色化工、互联网等已经具备世界级产能的产业集群。

要深化科创开放,以更加开放的科技创新环境和新兴产业市场,共同打造全球科技创新的重要策源地。充分发挥大学、科研院所和科技创新人才的集聚优势,加强与各个全球科技创新中心的全面接轨、无缝对接,促进国际高端创新资源及前沿科学技术不断流动和集聚到长三角地区,共同打造具有全球影响力的沪宁合科创走廊和G60科创走廊。

特别要发挥张江、合肥两大国家综合性科学中心的建设优势,发挥上海和苏南高科技产业集聚优势,以更高的谋划、更大的创新、更实的行动,全力推进沪宁合科创走廊建设。

要深化服务市场开放,充分发挥自贸区改革开放优势,共同建设全球服务功能。推动上海自贸区临港新片区建设,在金融、贸易、航运、信息、创新等服务领域实施更高层次的对外开放,优先在长三角各地试行、复制。推动长三角各地深化自贸区改革发展,提升各中心城市的对外服务功能。要以强大的区域内需,支撑功能平台的规模能级;以国际最高开放标准,提升功能平台的全球影响;以积极参与"一带一路"建设,加快功能平台的全球布局。

新使命之三,要探索实践用"一体化模式"加快缩小地区差距,实现全区域的共同繁荣发展。在社会主要矛盾发生变化的新形势下,长三角地区要充分发挥各个核心城市及核心区的辐射带动作用,积极用一体化模式更好解决区域发展中的不平衡不充分问题,更好满足广大长三角人民对美好生活、品质生活的需求。跨行政区的一体化发展模式,可以说是一种新型区域合作模式,其中有很多需要探索实践,需要以改革为动力。这一模式如果在长三角地区取得突破和成功,不仅对三省一市的共同发展具有重要意义,而且对整个长江经济带和整个国家的共同发展和现代化建设也具有积极的引领示范意义。

必须看到,长三角地区仍然存在比较明显的地区差距、城乡差距,根据2019年统计数据,人均GDP水平,上海为2.28万美元、江苏为1.79万美元、浙江为1.56万美元、安徽为0.85万美元;城乡居民可支配收入比,上海为2.2∶1、江苏为2.3∶1、浙江为2∶1、安徽为2.5∶1,差距都还比较大;长三角城市群27个城市中,人均GDP最高的是无锡市,达到2.61万美元,最低的是安庆市,为0.73万美元,相差3.6倍多。

长三角地区要在缩小地区差距和城乡差距上实施更加积极的一体化行动。一是要实施产业链带动计划,通过规划的一体化,推动产业在各个地区均衡布局,大城市适当做减法,合力疏解优势不明显、布局不合理的一些产业项目,为各个中小企业提供更多更好的产业发展空间;探索财税分享政策,更好地运用利益共享机制,调动各个核心城市扩散产业项目、合作建设飞地型园区的积极性。二是要实施科技创新带动计划,构建成果转化一体化体系,加快创新溢出;促进人才一体化,为各地提供积极的智力支撑;加强创新服务一体化,让各地共享优质的低成本服务。三是要实施乡村振兴带动计划,促进绿色农产品产销一体化,提升纯农业地区的农业附加值和收益;推进旅游康养一体化,培育壮大农村旅游休闲产业,开发和提升生态保护主体功能区的生态产品价值;推进生态补偿机制建设,让承担生态保护责任的农村地区可以得到相应的补偿和经济支撑。

王　振　上海社会科学院副院长
2020年10月于上海

前　言

随着互联网、大数据、云计算、人工智能、区块链等技术加速创新，数字产业化和产业数字化正为产业转型升级注入强劲动能，并已成为重组全球要素资源、重塑全球经济结构、改变全球竞争格局的关键力量，特别是2020年初暴发至今的全球新冠肺炎疫情，进一步加速推动数字时代的全面到来。习近平总书记在中央政治局第三十四次集体学习会上特别强调，要站在统筹中华民族伟大复兴战略全局和世界百年未有之大变局的高度，统筹国内国际两个大局、发展安全两件大事，充分发挥海量数据和丰富应用场景优势，促进数字技术与实体经济深度融合，赋能传统产业转型升级，催生新产业新业态新模式，不断做强做优做大我国数字经济（2021年10月8日）。

国家"十四五"规划纲要专设专篇（第五篇　加快数字化发展　建设数字中国），用较大篇幅布局"十四五"时期的数字中国建设，"迎接数字时代，激活数据要素潜能，推进网络强国建设，加快建设数字经济、数字社会、数字政府，以数字化转型整体驱动生产方式、生活方式和治理方式变革"。围绕"打造数字经济新优势"，在"加强关键数字技术创新应用、加快推动数字产业化、推进产业数字化转型"三大领域进行部署，并把人工智能、大数据、区块链、云计算、物联网、工业互联网、虚拟现实

(元宇宙)列为数字经济重点产业。

长三角地区是我国经济发展最活跃、开放程度最高、创新能力最强的区域之一,在国家现代化建设大局和全方位开放格局中具有举足轻重的战略地位。2016年杭州G20峰会以来,上海、江苏、浙江、安徽四地都把发展数字经济放在了极其重要的推进位置,尤其是浙江省,在2017年底把发展数字经济列为全省"一号工程"。2018年11月,习近平总书记在上海视察期间要求上海聚焦集成电路、人工智能、生物医药等关键领域,集合精锐力量,尽早取得重大突破。此后,上海全面发力布局集成电路和人工智能。2020年8月20日,习近平总书记在合肥召开的扎实推进长三角一体化发展座谈会上强调,"三省一市要集合科技力量,聚焦集成电路、生物医药、人工智能等重点领域和关键环节,尽早取得突破"。

贯彻落实国家战略部署,"十四五"时期长三角各地积极抢占数字经济发展新赛道。上海市提出,抢抓数字化发展先机,把数字牵引作为推动高质量发展的强劲动能,促进数字技术赋能提升"五个中心"建设,加快打造具有世界影响力的国际数字之都。江苏省提出,加快构建数据驱动发展新模式,高水平推进网络强省建设,培育经济发展新动能,打造数字中国建设江苏样板。浙江省提出,以数字科技创新为核心动力,强化云上浙江和数字强省基础支撑,加快数字化改革,完善数字生态,打造全球数字变革高地。安徽省提出,迎接数字时代,坚定不移推进网络强省、数字江淮建设,激活数据要素潜能,大力发展数字经济,全面提升经济社会数字化水平。

我们认为,大力发展数字经济是长三角地区推动经济高质量发展的重要抓手,而且还是扎实推动长三角一体化发展的有效抓手。推动数字化改革、数字化转型,其动能来自数据要素自由流动、海量数据释放红利、数字技术迭代创新、数字场景普遍泛在;在这些关键领域、关键环节的背后,是一场更加深刻更高水平的改革开放。大力发展数字经济,对长三角地区提出了突破传统行政区经济模式制约、加快建立健全一体化体制机制和政策的更多诉求,这些诉求正是深入推进长三角一体化发展所需要的重要动力。

本书是上海社会科学院院级课题"长三角数字经济发展研究"的研究成果,由王振研究员担任课题组组长。课题组成员多数为信息研究所科研人员,有专攻数字经济的,也有专攻长三角区域经济的。全书共分十一章,各章执笔如下:第一章,王振;第二章,徐丽梅;第三章,王滢波;第四章,徐丽梅;第五章,徐丽梅、王振;第六章,马双;第七章,顾洁;第八章,刘树峰;第九章,张美星;第十章,杨凡;第十一章,王振、徐丽梅、顾洁、杨凡。由王振、徐丽梅提出研究框架,并负责全书统稿。

本研究成果得以正式出版,要感谢上海社会科学院智库建设处、浦东新区科技与经济委员会的支持和指导。感谢研究团队的共同努力。

本书是我们对数字经济发展理论和实践的专题研究,也是我们对长三角地区经济发展问题的专题研究,内容还不尽完善。希望以此抛砖引玉,为更多学者开展深入研究提供基础。敬请读者批评指正。

王 振
上海社会科学院副院长、信息研究所所长
2022 年 3 月 11 日

目 录

丛书总序 …………………………………………………… 1
前言 ………………………………………………………… 1

第一章 数字经济与长三角一体化高质量化发展 …………… 1
一、长三角一体化高质量发展的基础与创新发展使命 ………… 1
　（一）长三角一体化高质量发展的基础 ………………… 2
　（二）长三角一体化高质量发展的创新发展使命 ……… 8
二、数字经济牵引长三角经济数字化转型 ……………… 13
三、数字经济推动长三角一体化高质量发展 …………… 18
　（一）增强新基建投资驱动,提升基础设施互联互通
　　　　水平 ……………………………………………… 18
　（二）突出数据要素关键作用,建设区域一体化高
　　　　标准市场 ………………………………………… 19
　（三）强化数字技术创新驱动,激发区域创新共同体
　　　　强大合力 ………………………………………… 21
　（四）推动数字贸易创新发展,构建区域协同开放
　　　　新格局 …………………………………………… 22

第二章　数字经济理论前沿研究综述 …… 26
一、数字经济的定义和测量 …… 26
（一）数字经济的定义 …… 26
（二）数字经济的测量 …… 27
二、数字经济与经济发展的关系 …… 29
（一）数字经济与经济增长的关系 …… 29
（二）数字经济对产业结构的影响 …… 30
三、数字经济的创新环境与政策 …… 31
（一）数字经济的创新环境 …… 31
（二）数字经济的发展政策 …… 32
四、区域数字经济发展 …… 34
（一）对某个国家或地区数字经济的研究 …… 34
（二）经济数字化转型对区域经济安全的影响 …… 35
（三）数字经济发展的区域比较 …… 36

第三章　数字经济高质量发展的理论内涵与路径 …… 41
一、全球经济的数字化迁移 …… 41
（一）数字经济的定义 …… 42
（二）数字经济占全球经济的比重不断上升 …… 44
（三）传统的 GDP 统计方法大大低估了数字经济的贡献度 …… 46
（四）人工智能正在成为比肩于劳动力和资本的新生产资料 …… 48
二、数字经济是高质量经济 …… 49

（一）数字经济是创新驱动的经济 …………………… 49
　　（二）数字经济是绿色可循环经济 …………………… 52
　　（三）数字经济是协同发展的经济 …………………… 53
　　（四）数字经济是开放共享的经济 …………………… 55
三、数字经济高质量发展的推进路径 …………………… 57
　　（一）发挥体制优势和规模优势，强化关键核心技术
　　　　　攻关 ……………………………………………… 58
　　（二）推进算力提升，释放数据要素潜力 …………… 58
　　（三）发展产业互联网，促进数字经济和实体经济的
　　　　　融合 ……………………………………………… 59
　　（四）加强数字经济治理，营造良好数字生态 ……… 59

第四章　长三角数字经济发展历程与现状 ……………… 62
一、长三角数字经济发展历程 …………………………… 62
　　（一）改革开放之前的初创阶段 ……………………… 62
　　（二）改革开放初期的起步阶段 ……………………… 64
　　（三）1990年代的开放阶段 …………………………… 65
　　（四）加入WTO后的跨越阶段 ……………………… 67
　　（五）2010年以来数字经济发展的黄金阶段 ………… 72
二、长三角数字经济在全国的地位 ……………………… 76
　　（一）长三角数字产业化领先全国 …………………… 76
　　（二）长三角产业数字化领跑全国 …………………… 77
　　（三）长三角数字化治理走在全国前列 ……………… 79
　　（四）长三角数据价值化率先做出探索 ……………… 81

三、长三角三省一市数字经济发展比较 ············· 82
  （一）从发展政策看,三省一市都非常重视,同时各有
     地方特点 ······································· 82
  （二）从数字基础设施看,苏浙沪并驾齐驱,安徽省稍显
     薄弱 ··· 84
  （三）传统电子信息产业方面,苏浙沪体量较大,安徽
     速度较快 ······································· 86
  （四）数字技术与产业融合方面,江苏最强,其次是浙江、
     上海和安徽 ····································· 88
四、长三角主要城市数字经济发展比较 ············· 91

第五章　长三角共建数字经济世界级产业集群 ········· 98
一、世界级产业集群的内涵与特征 ················· 98
  （一）世界级产业集群的内涵与标准 ············· 98
  （二）数字经济世界级产业集群的内涵特征 ······· 100
二、打造数字经济世界级产业集群需要破解的瓶颈与
   短板 ··· 102
  （一）头部企业不强,国际竞争实力与世界水平相比
     仍存差距 ······································ 102
  （二）关键技术缺失,行业自主创新能力有待提升 ··· 103
  （三）地方利益割据,跨区域产业协同有待深化 ····· 104
  （四）创新溢出不足,对中小城市产业支撑不够 ····· 105
三、长三角共建数字经济世界级产业集群的推进路径 ····· 105
  （一）进一步增强数字技术创新的区域协同 ········· 106

（二）聚力推动数字经济龙头企业做大做强……………… 107
　　（三）深入推进数字经济产业链的区域合作……………… 109
　　（四）加快破解数字经济发展的制度性瓶颈……………… 112

第六章　长三角集成电路高质量发展……………………… 114
一、长三角集成电路发展现状与空间分布…………………… 114
　　（一）长三角集成电路总体发展状况……………………… 114
　　（二）三省一市集成电路发展状况………………………… 117
二、长三角集成电路专业园区…………………………………… 126
　　（一）上海…………………………………………………… 126
　　（二）江苏…………………………………………………… 128
　　（三）浙江…………………………………………………… 129
　　（四）安徽…………………………………………………… 130
三、长三角集成电路发展趋势…………………………………… 131
　　（一）长三角集成电路产业将继续壮大…………………… 131
　　（二）长三角集成电路产业和技术支撑能力更加凸显…… 131
　　（三）长三角集成电路技术升级和供需矛盾将更加
　　　　　突出………………………………………………… 132
四、长三角集成电路高质量发展的推进路径…………………… 133
　　（一）深化分工协作，共建长三角集成电路中高端
　　　　　产业价值链………………………………………… 133
　　（二）强化创新驱动，共建长三角集成电路创新联
　　　　　合体………………………………………………… 134
　　（三）开展合作示范，共建长三角集成电路产业合作

　　　　园区 …………………………………………………… 134
　　（四）畅通要素流动,共建长三角集成电路共同市场 …… 135
　　（五）推进政策联动,共建长三角集成电路产业一流
　　　　环境 …………………………………………………… 135

第七章　长三角人工智能高质量发展 …………………………… 137
一、长三角人工智能发展现状与空间分布 ……………………… 137
　　（一）长三角人工智能产业发展总体情况 ………………… 137
　　（二）长三角人工智能协同发展特点 ……………………… 140
　　（三）长三角三省一市发展现状与空间分布 ……………… 146
二、长三角人工智能专业园区 …………………………………… 151
　　（一）上海 …………………………………………………… 151
　　（二）江苏 …………………………………………………… 153
　　（三）浙江 …………………………………………………… 155
　　（四）安徽 …………………………………………………… 155
三、长三角人工智能发展趋势 …………………………………… 157
　　（一）长三角人工智能产业生态圈发展壮大 ……………… 157
　　（二）长三角人工智能产业支撑力不断提升 ……………… 157
　　（三）人工智能相关立法加快 ……………………………… 158
四、长三角人工智能高质量发展的推进路径 …………………… 158
　　（一）加强长三角创新合作,联合布局人工智能核心
　　　　基础研究 …………………………………………… 158
　　（二）发挥各地优势,推动人工智能产业区域协同
　　　　发展 …………………………………………………… 159

(三) 深入推进人工智能应用示范,推动长三角智能
　　　　　应用整体突破……………………………………… 160
　　　(四) 加强生态建设,推动长三角地区智能基础设施
　　　　　布局………………………………………………… 160

第八章　长三角软件服务业高质量发展…………………… 163
　一、长三角软件服务业产业发展总体情况………………… 164
　二、长三角三省一市软件服务业发展现状与空间分布…… 165
　　　(一) 上海市软件服务业发展状况…………………… 165
　　　(二) 江苏省软件服务业发展状况…………………… 169
　　　(三) 浙江省软件服务业发展状况…………………… 173
　　　(四) 安徽省软件服务业发展状况…………………… 177
　三、长三角软件服务业发展优势和存在的主要问题……… 181
　　　(一) 长三角软件服务业发展优势条件……………… 181
　　　(二) 长三角软件服务业发展存在的主要问题……… 182
　四、长三角软件服务业高质量发展的推进路径…………… 184
　　　(一) 积极贯彻落实国家相关软件发展政策,加大试点
　　　　　示范项目支持力度………………………………… 184
　　　(二) 加大创新研发投入,建设软件技术高效供给
　　　　　体系………………………………………………… 184
　　　(三) 完善软件人才培养机制,加快新兴领域人才
　　　　　培育………………………………………………… 185
　　　(四) 积极开展软件数据安全、内容安全评估审查…… 185
　　　(五) 完善区域协同发展机制,促进长三角创新资源

开放共享 ·· 185

第九章　长三角云计算高质量发展 ···························· 187
　一、长三角云计算产业发展现状与空间分布 ···················· 187
　　（一）长三角云计算市场规模分析 ························· 188
　　（二）长三角云计算产业区域分布特点 ····················· 189
　二、长三角云计算重点企业、项目与产业园区发展现状 ·········· 193
　　（一）长三角云计算重点企业经营发展现状 ················· 193
　　（二）长三角云计算地区重点应用示范项目 ················· 196
　　（三）长三角云计算园区 ································· 199
　三、长三角云计算产业发展趋势 ······························ 201
　　（一）全球云计算产业发展趋势 ··························· 201
　　（二）长三角云计算地区重点工程发展情况分析 ············· 204
　　（三）长三角云计算产业发展趋势及政策区域特点 ··········· 206
　四、长三角云计算产业高质量发展的问题及推进路径 ············ 210
　　（一）长三角云计算产业高质量发展存在的问题 ············· 210
　　（二）长三角云计算产业高质量发展的推进路径 ············· 211

第十章　长三角物联网产业高质量发展 ························ 214
　一、长三角物联网产业发展现状 ······························ 214
　　（一）长三角物联网产业发展总体情况 ····················· 214
　　（二）长三角物联网产业空间分布 ························· 216
　二、长三角物联网重点专业园区、项目及企业 ·················· 222
　　（一）重点专业园区 ····································· 222

（二）重点项目 ………………………………………… 224
　　（三）重点企业 ………………………………………… 226
三、长三角物联网发展趋势 ………………………………… 228
四、长三角物联网发展存在的主要问题 …………………… 232
　　（一）关键核心技术能力不足 ………………………… 232
　　（二）区域协同创新能力较弱 ………………………… 232
　　（三）物联网产业生态链尚未形成 …………………… 233
　　（四）地区发展不均衡 ………………………………… 233
　　（五）投融资机制不畅和结构失衡 …………………… 234
五、长三角物联网高质量发展的推进路径 ………………… 234
　　（一）形成完整的产业链，优化产业链上的薄弱环节 …… 234
　　（二）设立物联网示范项目，推广物联网应用 ………… 234
　　（三）创新商业模式，探索物联网产业发展的多方
　　　　　共赢 ………………………………………………… 235
　　（四）优化融资政策，构建多元化的融资体系 ………… 235
　　（五）支持关键核心技术攻关，推进"政、产、学、研、用"
　　　　　相结合的协同创新体系建设 …………………… 235

第十一章　浦东新区泛电子行业高端化数字化发展研究 ……… 237
一、电子信息产业高端化数字化的内涵特征 ……………… 238
　　（一）产业高端化 ……………………………………… 238
　　（二）产业数字化 ……………………………………… 240
二、电子信息制造业的高端化数字化发展趋势 …………… 241
　　（一）总体趋势展望 …………………………………… 241

（二）重点环节与领域 …………………………………… 244
三、新一代信息技术发展趋势 ………………………………… 264
　　（一）总体发展趋势 ……………………………………… 264
　　（二）细分产业领域 ……………………………………… 271
四、电子信息产业（泛电子）发展现状 ……………………… 281
　　（一）电子信息制造业发展现状 ………………………… 282
　　（二）电子信息服务业发展现状 ………………………… 283
五、推进电子信息产业高端化数字化发展的对策建议 ……… 284
　　（一）着力培育电子信息新兴产业 ……………………… 284
　　（二）加快壮大电子信息制造高端产业 ………………… 286
　　（三）大力推进信息制造业数字化转型 ………………… 288
　　（四）做大做强行业骨干企业 …………………………… 289
　　（五）依托特殊经济功能区培育电子信息产业新优势 …… 290

第一章　数字经济与长三角一体化高质量化发展

走在全国改革开放最前列、科技创新最前沿、经济发展最前行的长三角地区,在数字经济这一重大新赛道上,也已全面铺开、高歌猛进。数字经济从数字产业化和产业数字化两个方向孕育催生新兴产业,同时推动传统产业转型升级,重塑产业结构新形态,为长三角地区扎实推进一体化高质量发展,为率先打造社会主义现代化国家建设引领区,铸就新动能、壮大新优势。

一、长三角一体化高质量发展的基础与创新发展使命

2018年11月5日,习近平总书记在首届中国国际进口博览会上宣布,支持长江三角洲区域一体化发展并上升为国家战略,着力落实新发展理念,构建现代化经济体系,推进更高起点的深化改革和更高层次的对外开放,同"一带一路"建设、京津冀协同发展、长江经济带发展、粤港澳大湾区建设相互配合,完善中国改革开放空间布局。自此,长三角地区一体化发展,从以往的地方自发探索推进,进入国家推进的新阶段。

在国家各个重大区域战略中,长三角地区的核心战略要务是推进区域一体化发展。区域一体化是我国建设社会主义现代化国家的必由之路,是促进区域协调发展的更高层级。之所以由长三角地区率先推

进区域一体化发展,是基于这一地区最有条件也最有可能先行一步,并可取得更高质量的一体化发展。《长江三角洲地区一体化发展规划纲要》提出,改革开放,特别是党的十八大以来,长三角一体化发展取得明显成效,经济社会发展走在全国前列,具备更高起点上推动更高质量一体化发展的良好条件。

(一) 长三角一体化高质量发展的基础

根据2020年统计数据,长三角地区区域面积有35.92万平方千米,占全国的3.7%;拥有常住人口2.25亿人,占全国的16.1%;GDP总量24.5万亿元,占全国的24.1%;人均GDP水平为10.87万元,比全国平均水平高出48.7%(见表1-1)。

表1-1 2020年长三角地区发展概况及全国比较

地 区	土地面积 (万平方千米)	常住人口 (万人)	GDP (万亿元,增速)	人均GDP (万元)
上 海	0.63	2 424	3.87(1.7%)	15.96
江 苏	10.72	8 051	10.27(3.7%)	12.76
浙 江	10.55	5 737	6.46(3.6%)	11.26
安 徽	14.01	6 324	3.87(3.9%)	6.12
长三角	35.92	22 536	24.5(3.2%)	10.87
全 国	960	1 390 082	101.60(2.3%)	7.31
占全国	3.7%	16.1%	24.1%	148.7%

资料来源:2020年三省一市统计公报。人口为第七次人口普查数据。

区域合作模式主要有协同模式与一体化模式。一般来说,只要地区间存在较大差距,更多采取的是区域协同模式,比如京津冀三地间的合作、长江经济带上中下游地区间的合作。只有地区间经济社会发展差距不断缩小、趋于接近,才有可能进一步提升区域合作的能级,向一体化方向迈进。长三角地区推进一体化高质量发展的经济社会基础从以下四个方面进行概括。

1. 经济发展进入后工业化阶段,有些地区已步入现代化阶段

在经过较长时期的高速增长后,现阶段的长三角地区三省一市都已进入增速趋缓、经济转型升级的新阶段(见图1-1和表1-2)。从表1-2可以看出,即使是安徽省,2020年第一产业比重也已下降至8.2%,第三产业比重也已超过50%,达到51.3%,第三产业持续快速增长,产业结构已经发生根本性变迁。对照钱纳里工业化阶段划分(见表1-3),长三角地区整体呈现后工业化发展阶段的基本特征,一些地区如上海、南京、杭州、合肥及苏南、浙东南,都已展现出快速向现代化全面迈进的新特征。

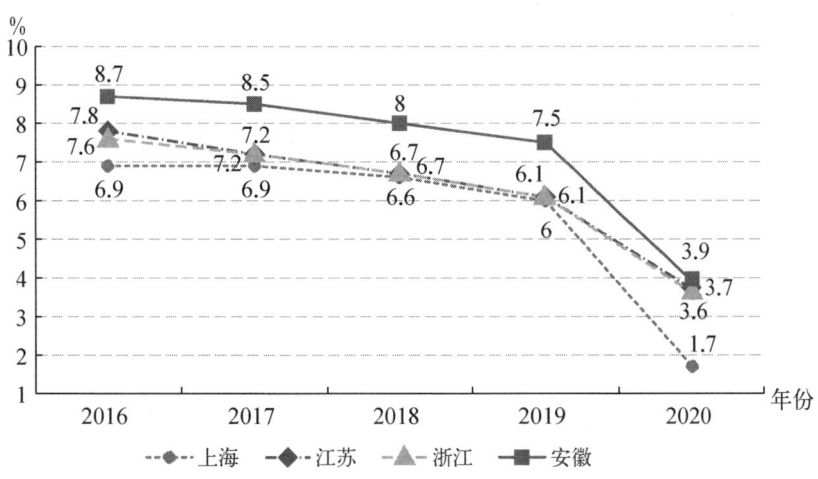

图1-1　2016—2020年长三角三省一市经济增速

资料来源:各地历年统计公报。

注:2020年因全球新冠肺炎疫情严重影响,各地增速明显下落。

表 1-2 长三角各省市地区生产总值结构变化

(单位：%)

地区	2000年 一产	2000年 二产	2000年 三产	2010年 一产	2010年 二产	2010年 三产	2020年 一产	2020年 二产	2020年 三产
上海	1.8	48.1	50.1	0.7	42.3	57.0	0.3	26.6	73.9
江苏	12.0	51.7	36.3	6.2	53.2	40.6	4.4	43.1	52.5
浙江	10.8	53.0	36.2	5.0	51.9	43.1	3.3	40.9	55.8
安徽	24.2	42.8	33.0	14.1	52.1	33.8	8.2	40.5	51.3
长三角	11.2	50.1	38.7	5.9	50.8	43.3	4.1	39.5	56.4
全国	15.9	50.0	34.1	10.2	46.8	43.0	7.7	37.8	54.5

资料来源：各地和全国历年统计公报。

表 1-3 钱纳里工业化阶段划分

阶段	特征
不发达经济	农业为主，极少有现代工业，生产力低
工业化初期	农业为主转向现代化工业为主，工业以初级产品生产为主，产业以劳动密集型为主
工业化中期	制造业由轻型工业转向重型工业，非农劳动力开始占主体，第三产业开始迅速发展，产业属于资本密集型
工业化后期	第一、二产业协调发展，第三产业持续高速增长
后工业化	高档耐用品被推广普及，制造业由资本密集型转向技术密集型
现代化	第三产业开始分化，知识密集型产业占主导地位，消费观呈现多样性和多边性

资料来源：[美]钱纳里、[以]塞尔昆：《发展的型式 1950—1970》，李新华等译，经济科学出版社 1988 年版。

2. 人均经济实力整体上达到发达国家初级水平，一些地区已达到中等水平

根据全国第七次人口普查公报数据，长三角地区 2020 年常住人口为 2.35 亿人，比 2010 年增加 1 961 万人。其中上海 2 487 万人，江苏

8 475万人,浙江6 457万人,安徽6 103万人。① 2021年长三角GDP总量达到27.61万亿元,其中上海为4.32万亿元,江苏为11.64万亿元,浙江为7.35万亿元,安徽为4.30万亿元。2021年长三角地区人均GDP为11.75万元,高出全国平均水平45.06%。按照2021年人民币对美元的平均汇率6.44计算,长三角地区2021年人均GDP水平达到1.82万美元。一般认为人均GDP达到1万美元即可认为已达到发达经济体的初级水平,而人均GDP超过2万美元,则可认为已跨上发达经济体的中级台阶。也就是说长三角地区整体上已接近发达经济体的中级台阶,特别是上海、江苏,已超过2万美元。详见表1-4。从城市看,长三角地区人均GDP水平最高的是无锡市,已达到2.91万美元;其次是苏州市,为2.77万美元;第三是南京,为2.76万美元。

表1-4 2021年长三角各省市人均GDP水平

地 区	GDP (万亿元、增速%)	人均GDP (万元人民币)	人均GDP (万美元)
上 海	4.32(8.1)	17.37	2.70
江 苏	11.64(8.6)	13.73	2.13
浙 江	7.35(8.5)	12.04	1.87
安 徽	4.30(8.3)	7.05	1.10
长三角	27.61(8.4)	11.75	1.82
全 国	114.37(8.1)	8.10	1.26

资料来源:根据各地政府工作报告数据计算。人民币对美元汇率为6.44,为2021年平均汇率。

3. 伴随高铁、跨江跨海大桥的高覆盖及市场化、信息化的不断深化,区域发展进入深度同城化阶段

进入21世纪初,长三角地区进入同城化时代,也就是以高速公路

① 《长三角常住人口总量达2.35亿人 人口密度为全国平均水平的4.5倍》,人民网浙江频道2021年9月30日。

网、跨江跨海大桥和高铁网建设为标志,越来越多的城市与上海的交通时空距离大大缩短,要素流动越来越频繁,城市化差距加快缩小。比如上海到合肥,没有高铁前,需要6个小时的铁路里程时间,现在的高铁只需要2个多小时就可到达;又如上海到南通,没有长江大桥时,需要轮渡到南通,时间需要半天以上,现在2个小时不到就可到。特别是各地工业化、城市化水平趋于接近,城市之间差距加快缩小。如无锡、苏州的人均GDP水平超过了上海,常州、宁波、南通的人均GDP也都超过了2万美元,这就推动了这些城市之间的同城化不断深化。

特别是最近几年,随着高铁网的密织、产业链空间分布的扩散、跨地区就业养老的普遍化,以及各地对共享中心城市优质公共服务的更强期盼,长三角地区的同城化发展也开始迈入新阶段,我们将其称为深度同城化阶段。所谓深度同城化,就是在时间空间同城距离、经济发展同城水平的同城化基础上,城市之间的关系进一步向基础设施同城、要素流动同城、核心功能同城、就业通勤同城、社会治理同城、公共服务同城等更高层级迈进。传统同城化的着力点在于交通时空的同城化和缩小城市间工业化、城市化发展差距,其典型特征就是各地纷纷提出并付诸接轨上海、融入上海。深度同城化的着力点在于构建区域一体化体制机制,包括通过建设区域高标准要素市场,促进资源要素畅通流动;通过流域性、系统性治理,建设高质量生态环境;通过公共资源相互开放、流动,推动优质公共服务便利共享。当然在长三角整个区域,毕竟空间很大,像江苏北部、安徽北部等城市与上海、南京、杭州、苏州等城市比,差距仍然比较明显,因此深度同城化将在各个都市圈内部展开,特别是上海大都市圈,将在公共领域的规划、建设、管理及政策制度方面构建"标准统一、规则一致、平台链接、数据共享、一网通办"的框架体系和体制机制,推动上海与苏州、无锡、常州、南通、宁波、嘉兴、湖州、舟山等城市深度融合。

4. 地区城乡之间仍然存在一定差距,不均衡不协调问题仍较突出

根据表1-4,2021年安徽全省人均GDP为7.05万元,与江苏全省水平有近一倍之差。从表1-5可以更加清晰地看到,长三角地区41个城市中,有13个城市人均GDP已超过2万美元,但有8个城市人均GDP低于1万美元,都集中在安徽省,比如阜阳、亳州与无锡、苏州相差3倍以上。

表1-5　2021年长三角地区41个城市人均GDP水平

（单位：万美元）

>2.0	1.5—2.0	1.0—1.5	0.5—1.0
无锡(2.91) 苏州(2.76) 南京(2.72) 上海(2.70) 常州(2.59) 宁波(2.41) 杭州(2.36) 镇江(2.30) 舟山(2.29) 扬州(2.28) 南通(2.21) 泰州(2.07) 绍兴(2.00)	合肥(1.89) 芜湖(1.83) 嘉兴(1.82) 湖州(1.68) 马鞍山(1.75) 淮安(1.55) 盐城(1.53)	徐州(1.40) 铜陵(1.38) 台州(1.36) 温州(1.23) 滁州(1.31) 衢州(1.28) 连云港(1.25) 金华(1.18) 池州(1.16) 宣城(1.14) 宿迁(1.12) 黄山(1.12) 丽水(1.06)	安庆(0.99) 淮北(0.96) 蚌埠(0.94) 淮南(0.75) 六安(0.68) 宿州(0.63) 亳州(0.61) 阜阳(0.58)

各地城乡之间的差距也客观存在。根据图1-2,多数城市的城乡居民可支配收入比都在2:1以上。浙江嘉兴、宁波、杭州、舟山、湖州和江苏的无锡、常州等,城乡可支配收入比都在2:1以下,这是因为这

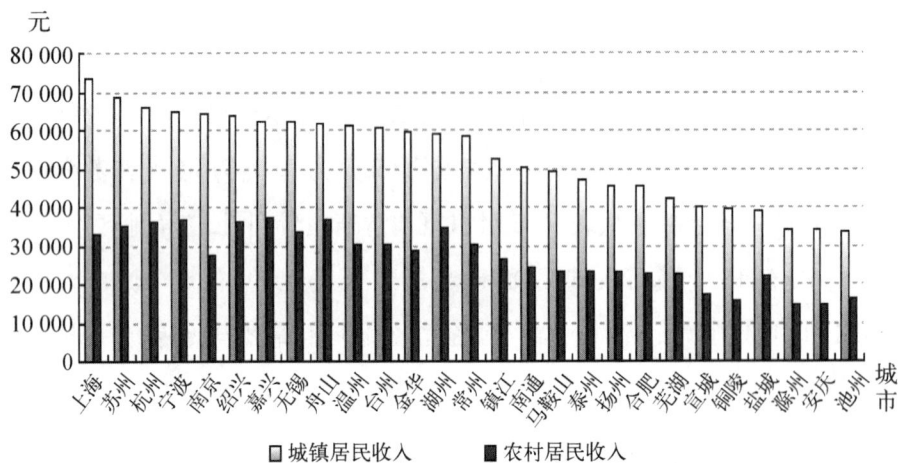

图1-2 2019年长三角城市群27城市城乡居民收入差距

资料来源:三省一市统计年鉴(2020年)。

些城市县域经济或镇域经济比较发达,对缩小城乡差距发挥了积极作用。

(二)长三角一体化高质量发展的创新发展使命

《长江三角洲地区一体化发展规划纲要》(以下简称《规划纲要》)明确提出了长三角一体化发展的战略定位,即全国发展强劲活跃增长极、高质量发展样板区、率先基本实现现代化引领区、区域一体化发展示范区、新时代改革开放新高地(一极三区一高地)。同时在深化区域合作和一体化体制机制创新上,明确提出了"五个坚持"原则,即创新共建、协调共进、绿色共保、开放共赢、民生共享。围绕创新共建,要求"推动科技创新与产业发展深度融合,促进人才流动和科研资源共享,整合区域创新资源,联合开展卡脖子关键核心技术攻关,打造区域创新共同体,共同完善技术创新链,形成区域联动、分工协作、协同推进的技术创新体系"。

聚合力量、分工协作,激发一体化发展动能,加快打造创新共同体,在增强国家科技自立自强、稳定宏观经济大盘中发挥更大作用,是新时代长三角地区一体化高质量发展的最重要使命之一,也是深入推进一体化高质量发展的关键抓手。

长三角地区的创新共同体建设,重点要围绕科技创新策源力建设、世界级产业集群建设和全球资源配置功能建设三大领域展开分工与合作。分工,基于各个城市的比较优势和各扬所长,基于要素的自由流动和有效配置。合作,基于各个城市间的取长补短、优势互补,基于地区一盘棋,以建设全球影响力的服务功能体系、创新链体系、产业链体系为导向,在长三角地区这个大共同体中形成完整布局和功能整合。目前来看,要达成这样的分工合作架构和效果,需要一个中长期过程。

1. 科技创新策源力建设的分工合作

从纵向区分,科技创新策源力可分为支撑基础科学研究原始创新的基础科学策源力、支撑产业技术研发原始创新的关键技术策源力和产业技术转化应用孕育出新产业、新产品、新业态的产业创新策源力。三个策源力组合起来才能形成完整的科技创新策源力。三个策源力建设都需要以持续性的大量研发投入、多领域的一流科研院所集群、多样化的高端人才集聚和丰富的社会风险投资等四大资源要素供给为基础和前提。从长三角地区三大策源力现状和四大资源要素供给能力看,以上海的集聚度和供给能力为最强,且在建设全球影响力科技创新中心的战略部署下,呈现出强劲的发展趋势;同时在苏、浙、皖三省,对应上海的战略部署,江苏提出建设具有全球影响力产业科技创新中心,浙江提出建设"互联网+"世界科技创新高地,安徽提出建设有重要影响力综合性国家科学中心和产业创新中心,这些战略部署的空间落地,基本都落在了各个中心城市,特别是南京、杭州、合肥这3个省会城市,呈现出省域内中心城市资源配置更集中,比较优势更突出,且与上海并行奔跑的发展趋势。因此,整个长三角地区的科技创新策源力建设更要做好上海与各个中心城市之间深化分工合作的这篇大文章。

在分工方面,立足区域创新比较优势,在信息、生物、材料、海洋、能源等重要科技创新领域推动形成三大分工:一是大平台建设分工。重点在大科学装置配置和国家级实验室建设上,依托中国科学院在各中心城市的科研院所布局,同时对应国家科技创新 2030 年重大专项,深化区域分工。如上海的 X 射线未来网络试验设施、航空发动机与燃气轮机设施、脑科学与类脑研究设施;合肥的量子通信与量子计算机设施、核聚变与物质材料设施;杭州的大数据设施;南京的天体一体化信息网络设施等。二是一流学科建设分工。可依据教育部的一流学科建设布局和优势学科评估结果(A+评级),在高端人才培养和基础性原创研究上形成分工,让优势学科更优,引领力更强。如上海的生物学、船舶与海洋学、化学、数学、医学、药学、环境学等,南京的天文学、大气科学、地质地理学、建筑学、农学、水利学等,杭州的计算机科学与技术、光学、园艺学等,合肥的计算机科学与技术、物理学、化学、核科学,无锡的食品科学等。[①] 三是创新成果转化分工。围绕各地的大平台优势和学科优势,依托各地的国家级开发区和科学城建设,增强创新成果孵化产业化基地的综合配套和双创活力,培育壮大产业创新策源功能。依托周边城市的产业领域集聚优势和产业化用地优势,建设一批飞地型创新成果转化基地。

在合作方面,围绕资源共享、扩大溢出,在科技创新公共服务领域探索更加积极有效的合作机制。一是深化各类科技创新公共服务平台

---

① 依据全国第四轮学科评价。

的共建共享机制建设。以大平台建设为抓手,以基金会模式、公司化模式为探索实践,促进大型科学仪器设备共享平台、技术交易市场、技术转移服务平台等跨区域共建共享。二是发挥各自优势合作共建高水平新型研究机构。在区域上有分工,同时进一步深化相互赋能,如合肥的量子通信优势与上海的需求优势、资源优势紧密结合,在上海共建国家级量子通信实验室;上海的核物理优势与合肥的核聚变优势紧密结合,在合肥共建大装置,推进大研究,实现大转化。三是各大平台机构与各个产业集聚地共建高水平技术创新中心。跳开传统合作机制框架,以更加市场化的模式创办一批更有活力的技术创新中心。

2. 世界级产业集群建设的分工合作

《规划纲要》提出,要在电子信息、生物医药、航空航天、高端装备、新材料、节能环保、汽车、绿色化工、纺织服装、智能家电等十大领域形成若干个世界级产业群。习近平总书记在浦东开发开放30周年庆祝大会上的讲话中特别要求,要聚焦关键领域发展创新型产业,加快在集成电路、生物医药、人工智能等领域打造世界级产业集群(2020年11月12日)。长三角地区在这些产业领域不仅拥有产能规模优势,而且还有市场需求优势、供应链配套优势、发达物流优势和科技创新优势。从这些产业领域的区域分工合作看,将聚焦在两大方面:

(1) 发挥各地比较优势形成更有竞争力的产业链空间分工

一方面,商务成本比较优势在空间上正在发生较大变化,各中心城市因房价和用工成本居高不下,原先的商务成本优势快速弱化,而位处相对内陆的中小城市,这一优势明显放大,必然带来产业链布局的空间洗牌;另一方面,一体化的立体交通建设和公共服务一网通等安排,正迅速改善内陆中小城市的区位条件,有利于这些地区加入产业链分工体系。将要推出的财税分享试点政策,以及各种区域合作新举措,将对促进中心城市疏解部分产业,支持中小城市承接产业转移,深度参与产业链分工,提供了积极的推动力。有很多的大企业已经实施两个总部和多个生产基地空间布局,即第一总部在中心城市,第二总部在产业集聚核心区。

（2）在产业链与创新链趋于空间分离的趋势下,构建两者深度融合的区域合作体系

产业链向中小城市转移,创新链更加集聚中心城市,这种区域分工趋势已非常明显。而在共建创新共同体框架下,产业链与创新链的合作正在不断深化,除了多年来上海、南京、杭州、合肥的科研院所及大学到各地共建产业创新中心外,最近几年各地企业反向在各中心城市建立研发机构,把中心城市的人才、平台和综合配套优势,与本企业的成果中试、转化优势有机结合起来,取得了很好的效果。各中心城市采取的开放政策,如对符合条件的外来研发机构提供与本地研发机构同等待遇,包括申办户口、申请资助、分享公共服务等,促进了产业链与创新链的深度融合。各地政府也反向在各中心城市建立创新中心,把本地产业链升级的创新驱动力、公共服务平台直接配置到中心城市,构建起产业链与创新链深度融合的区域一体化模式。

3. 全球资源配置功能建设的分工合作

这是针对各个中心城市而言的,特别是上海与南京、杭州、合肥、苏州、宁波等中心城市之间的服务功能分工。按照世界级城市群的战略定位以及长三角地区在提升中国国际影响力和竞争力中承担的战略使命,以上海为核心引领的全球资源配置功能建设,不仅要服务长三角、长江经济带和全国,更要服务于"一带一路"建设和中国的全球化战略。

资源配置包括金融、技术、人才、产权、信息、大宗原材料,以及贸易资源、航运资源等。资源配置功能建设,重点在于功能大平台建设和专

业服务能力建设。前者包括了世界级的交易市场主体、网络平台、展示平台、全球网络、平台规则等；后者包括了专业化的信息服务、数据服务、金融服务、咨询服务、法律服务等。长三角地区各中心城市要在功能平台建设和专业服务能力建设上加强分工与合作。

在分工方面，上海将全面对标纽约、东京等全球城市，在战略性资源配置领域，重点承担枢纽型功能大平台建设与国际一流专业服务能力建设，其中也包括了加快接轨国际最高标准的开放规则和服务规则。各个中心城市则立足自身优势和发展定位，一方面，依托上海的枢纽功能和桥头堡功能，厚植区域性功能平台和专业化服务能力，加快拓展海外网络，增强和发挥支点作用；另一方面，补上海之不足，在一些专业性的资源配置领域积极建设全球性功能平台，如杭州的数字贸易平台、舟山的成品油交易平台等。

在合作方面，在上海的牵头组织下，围绕功能大平台建设，通过资产纽带、区域性联网、管理输出等方式，把各地的区域性功能平台更加紧密地连接起来，形成一体化的运营构架；围绕专业服务能力建设，通过收购兼并、合作共建、人才输出、行业联盟等方式，推动各地专业服务机构接轨上海，向国际一流迈进。同时对于其他中心城市主打的全球性功能大平台，上海将通过疏解非核心功能、协同共建特色平台、提供高水平专业服务等方式，构建双向合作格局。

二、数字经济牵引长三角经济数字化转型

经济数字化转型，就是最前沿的数字技术在各个产业领域广泛应用，形成以数字驱动为动能、以数字经济为主导的产业结构。其中既有新一代信息技术创新带动的数字产业化，包括在人工智能、大数据、云计算、区块链、5G、工业互联网、云宇宙等新兴领域不断孕育出新产业、

新业态、新商业模式，形成更具前瞻性、强劲性的数字产业，也称之为数字经济核心产业；也包括了把新一代信息技术创造的新技术、新产品、新业态、新商业模式注入各行各业，共享数字资源，推动农业、工业和服务业的智慧化发展与数字化转型。当下科技创新更多呈现为新一代信息技术领域的持续突破，以及数字继土地、劳动力、资金、技术成为第五大重要生产要素，信息技术与数字资源的结合所催生的数字技术、数字经济，正激发出强大新动能，推动经济数字化转型。

　　长三角地区已全面进入数字经济时代。一般认为，21世纪初，世界进入互联网经济时代，也被称为新经济时代或知识经济时代，其最典型的变革特征就是信息技术迎来新的突破，互联网技术引领信息技术创新，电子商务迅速崛起，并形成了平台经济、共享经济等新经济概念与发展新动能。进入2010年以后开始进入数字经济时代。2012年，美国著名经济学家里夫金的《第三次工业革命》出版，提出了以分布式智能电网为牵引的能源变革，预见了互联网时代将进入新的变革阶段，一场新产业革命正在孕育而生。这一概念的提出引发了全球对新一轮科技革命与产业变革的大讨论，英国《经济学人》杂志的相关文章则将"第三次工业革命"界定为"数字化革命"。以2016年9月在杭州举办的G20峰会为标志，世界全面迎来了数字经济新时代。杭州G20峰会公布了《二十国集团数字经济发展与合作倡议》，对数字经济进行了规范化的定义，即"数字经济是指以使用数字化的知识和信息作为关键生产要素、以现代信息网络作为重要载体、以信息通信技术的有效使用作为效率提升和经济结构优化的重要推动力的一系列经济活动"。也正是自杭州G20峰会后，我国，特别是长三角地区开始全面布局数字经济这一新赛道。

　　积极响应杭州G20峰会对数字经济的聚焦，浙江省在聚力推进数字经济发展方面走在了全国最前列。2016年8月印发的《浙江省信息化发展"十三五"规划(数字浙江2.0发展规划)》在政府正式文件中最早把信息经济提升为数字经济。在2017年12月的省经济工作会议上提出,把数字经济作为"一号工程"来抓,深化数字浙江建设,这是全国各省市中第一个把数字经济确立为经济发展主动力,并予以强力推进的省份。2018年9月省政府印发的《浙江省数字经济五年倍增计划》提出,到2022年,全省数字经济增加值较2017年的2.07万亿元翻一番,达到4万亿元以上,数字经济增加值占地区国民经济总产值的比例从2017年的39.9%上升至2022年的55%,也就是通过5年努力,浙江全省经济将率先实现以数字经济为主的结构转型。

长三角各地聚焦数字经济领域抢抓新经济风口。浙江依托互联网平台经济优势全面拓展数字经济,上海、江苏、安徽三地则依托电子信息制造和软件服务业优势全面推进数字经济发展。2020年,长三角数字经济规模已达到10.83亿元,占全国数字经济规模总量约为28%,其中数字产业化2.78亿元,占比为26%,产业数字化8.05亿元,占比达74%。[1] 其中三省一市2020年数字经济规模,上海为2.06万亿元,江苏为4.40万亿元,浙江为3.02万亿元,安徽为1.35万亿元。[2]

集成电路和人工智能两大关键核心技术产业是长三角地区数字经济重点布局的领域。2020年,上海集成电路产业销售收入达到2 071亿元,同比增长21.37%,成为国内产业链最完备、综合技术最领先、自主创新能力最强的集成电路产业基地之一;江苏集成电路规模超过

---

[1] 中国信息通信研究院(以下简称"中国信通院")和浙江清华长三角研究院《长三角数字经济发展报告(2021)》。
[2] 上海数据来自新华三集团数字经济研究院与中国信息通信研究院云计算和大数据研究所在城市数字化峰会上发布的《中国城市数字经济指数蓝皮书(2021)》,江苏、浙江数据来自两省"十四五"数字经济发展规划,安徽数据根据长三角总量数据与上海、江苏、浙江数据推算。

2 000亿元,其中无锡989亿元,位列全国城市集聚规模第二;浙江集成电路规模达到1 168亿元,位列全国第六;安徽省集成电路产出规模600多亿元,其中合肥市为500多亿元。①2020年上海人工智能产业集聚核心企业1 000余家,获批国家新一代人工智能创新发展试验区和人工智能创新应用先导区;②2020年,浙江省人工智能产业总营业收入2 693.43亿元,同比增长11.99%,利润总额337.41亿元,同比增长14.84%。其中,智能安防、智能零售、智能制造、智能计算等位居全国前列,AI芯片、AI软件、区块链等全国领先。③

数字经济的迅速发展牵引长三角各地产业结构进入新一轮转型升级阶段。这一轮的结构升级已显示出以数字经济为牵引的新一轮新经济正在产生更加积极深远的影响,不仅体现为新一代信息技术推动下产业结构高科技化趋势,更是呈现以数字资源、数字渗透为牵引的产业结构数字化趋势。2020年长三角地区数字经济规模占区域GDP比重已达到44%,比全国38.6%的比重高出5个多百分点。可以预见,再经过2—3年的聚力发展,长三角地区数字经济占整个经济的比重很快将超过50%,在数字经济的牵引下,将形成数字经济为主的经济结构。

我国在5G及新一代网络领域获得的全球领先优势,以及数据成为新的关键生产要素凸显我国拥有海量数据的巨大优势,两大优势的叠加,接续出我国经济发展的新动能、新优势。充分把握数字经济发展的新浪潮,从国家层面到各个地方,都在深入布局这一战略新赛道。国家"十四五"规划纲要专设独立篇章,即"第五篇,加快数字化发展,建设数字中国",提出"迎接数字时代,激活数据要素潜能,推进网络强国建设,

---

① 上海数据来自集成电路行业协会统计,江苏、浙江、安徽数据根据三地数字经济"十四五"规划提供的数据推算。
② 《上海市全面推进城市数字化转型"十四五"规划》(沪府办发〔2021〕29号)。
③ 浙江省发改委、浙江省科技厅:《2021年浙江省人工智能产业报告》。

加快建设数字经济、数字社会、数字政府,以数字化转型整体驱动生产方式、生活方式和治理方式变革"。全面部署"打造数字经济新优势",要求"充分发挥海量数据和丰富应用场景优势,促进数字技术与实体经济深度融合,赋能传统产业转型升级,催生新产业新业态新模式,壮大经济发展新引擎"。

长三角地区抢抓数字化发展先机,把数字牵引作为推动高质量发展的强劲动能,促进数字技术赋能经济发展,更加积极地推动经济数字化转型。

上海"十四五"规划明确提出,大力发展数字经济,打造国际数字之都。激活数据新要素,培育产业新动能,引领数字新消费,打造数字可信安全环境,推动数字经济向更深层次、更宽领域发展。重点是加快建设集成电路、人工智能等世界级数字产业集群,以数据流动牵引资金、人才、技术、知识等要素的全球化配置,建立跨地域科技资源的协作网络,疏通基础研究、应用研究和产业化双向链接快车道。

江苏"十四五"规划明确提出,加快发展数字经济,打造数字中国,建设江苏样板。充分发挥数据资源丰富、物联网发展先行和应用场景多元优势,加快构建数据驱动发展新模式。重点是实施数字经济核心产业加速行动计划,完善信息通信、软件服务等数字产业链,推动大数据、云计算、工业互联网、人工智能、区块链等先导产业发展;实施"上云用数赋智"行动,推动数据赋能全产业链协同转型。

浙江"十四五"规划明确提出,深入实施数字经济"一号工程2.0版",打造全球数字变革高地。重点是建设数字科创中心,形成一批具有国际竞争力的数字产业集群;推进"产业大脑"和智慧企业建设,优化工业互联网生态,打造工业互联网国家示范区;打造全球数字贸易中心和新兴金融中心。

安徽"十四五"规划明确提出,打造数字经济发展高地。推进关键核心技术突破,持续增强数字技术和产业创新能力,推动数字经济和实体经济深度融合,壮大经济发展新引擎。重点建设合肥国家新一代人工智能创新发展试验区,做大做强"中国声谷";积极构建数字化产业链,建设工业大脑和数据通道,促进全渠道、全链路供需调配和精准对接。

三、数字经济推动长三角一体化高质量发展

一体化和高质量是实施长三角一体化发展战略的两个关键词。习近平总书记指出,以一体化的思路和举措打破行政壁垒、提高政策协同,让要素在更大范围畅通流动,有利于发挥各地区比较优势,实现更合理分工,凝聚更强大的合力,促进高质量发展。①

数字经济已经成为长三角三省一市共同重点布局的发展领域,正是有了各地共同一致的发展布局和发展诉求,这也为聚力推进区域一体化高质量发展提供了更加积极有效的抓手和路径。主要体现在以下四个方面:

(一)增强新基建投资驱动,提升基础设施互联互通水平

围绕"新基建"投资新重点,长三角三省一市协同建设新一代信息基础设施,推动信息基础设施达到世界先进水平。新基建即为新型基础设施建设,主要包括5G基站建设、特高压、城际高速铁路和城市轨道交通、新能源汽车充电桩、大数据中心、人工智能、工业互联网等七大领域。在构建双循环新发展格局中,"新基建"已经成为基础设施领域的

---

① 《习近平总书记在扎实推进长三角一体化发展座谈会上的讲话》(2020年8月20日)。

投资新重点,更重要的是已经成为培育壮大我国经济新动能的支撑新力量。其中5G基站、大数据中心、人工智能、工业互联网等新一代信息基础设施是新基建的重中之重。

对长三角地区来说,大型基础设施具有最强的一体化基础。因为综合立体交通、信息网络、能源供应、重大水利等都有跨区域互联互通的特性,而且都有国家层面的强有力规划和布局,还有建设运营的央企主导。新基建更具互联互通的本质要求,走在全国新基建前列的长三角地区,将依托新基建推动大型基础设施实现更高水平的互联互通,通过信息网络的迭代升级,带动各类重大基础建设的数字化、智能化建设,实现基础设施跨区域的高度融合和一体化运营。《规划纲要》提出,建设高速泛在信息网络,共同打造数字长三角。在电信三大运营国家队的支持和协调下,将加快推进5G网络建设和综合应用示范,深入推进IPv6规模部署,打造下一代互联网产业生态;在长三角生态绿色一体化发展示范区和安徽芜湖市建设长三角数据枢纽中心,实现数据中心和存算资源协同布局;统筹布局和规划建设量子保密通信干线网,实现与国家广域量子保密通信骨干网络无缝对接;推进长三角一体化建设等。

(二)突出数据要素关键作用,建设区域一体化高标准市场

数据作为数字经济的关键资源要素,只有在自由流动、一体化市场中才能激发出更多的要素价值。数据资源在我国新发展阶段的引领型、功能型、关键型要素地位不断突出。各地都把数字经济作为新动能新优势予以大力培育,必然要为数据要素的自由流动创造更好的条件和生态,包括行业间的流动、地区间的流动,以及跨境流动,也包括与资金、劳动力、技术等要素一样,必须建立区域一体化数据要素市场;而且

与资金、劳动力、技术要素市场比,数据要素市场的区域一体化,在建设数字经济新兴产业世界级产业集群、实现技术与产业创新弯道超车中更加重要和关键。

2022年1月1日起实施的《上海市数据条例》第四章对数据要素市场建设进行了界定和制度描述,特别规定,"市人民政府应当按照国家要求,深化数据要素市场化配置改革,制定促进政策,培育公平、开放、有序、诚信的数据要素市场,建立资产评估、登记结算、交易撮合、争议解决等市场运营体系,促进数据要素依法有序流动"。第六章对浦东新区数据改革,予以法规层面的支持,"推进数据权属界定、开放共享、交易流通、监督管理等标准制定和系统建设""依照国家相关法律、法规的规定,在临港新片区内探索制定低风险跨境流动数据目录,促进数据跨境安全、自由流动"。

浙江省政府鲜明提出,以数字化改革撬动各领域各方面改革,为数字经济发展蓄积动能。从改革特征看,有"五个关键词",即一体化、全方位、制度重塑、数字赋能和现代化。对于"一体化",提出"纵向要一体化,省市县乡各层级一体推进、步调一致、高效协同,实现自上而下的顶层设计和自下而上的应用场景创新相结合;横向要一体化,各部门各领域一体推进、步调一致、高效协同,实现相互贯通、系统融合和综合集成;业务之间要一体化,网络、平台、数据、场景要统筹规划、整体设计、一体考虑,发挥整体的最大效应"。[①]

长三角地区要激发海量数据优势和丰富场景优势,必须围绕建设高标准的数据要素市场开展深层次合作与改革。主要包括:以上海数据交易所为核心平台,加快建设跨区域数据交易机构和交易网络平台;

---

① 《浙江省数字化改革总体方案》(浙省委改发〔2021〕2号)。

按照区域数据共享需要,协同建设长三角区域数据标准化体系;依托全国一体化政务服务平台建设长三角数据共享交换平台,共同推动建立长三角数据共享机制和跨区域数据异议核实与处理、数据对账机制;协同建设全国一体化大数据中心体系长三角国家枢纽节点,全面支撑长三角地区经济数字化、生活数值化和治理数字化;共同推动区块链、隐私计算等数据安全流通技术的利用,建立跨区域的数据融合开发利用机制;共同促进数字认证体系、电子证照等的跨区域互认互通,支撑政务服务和城市运行管理跨区域协同。

(三) 强化数字技术创新驱动,激发区域创新共同体强大合力

当前和未来世界科技创新的最前沿领域,主要集中在以数字技术为主导的新一代信息技术。我国在数字技术创新领域既与世界最先进的国家紧紧跟随,但同时在关键核心技术方面又面临比较严重的"卡脖子"挑战。因此在构建双循环新发展格局中,突出强调把科技自立自强作为国家发展的战略支撑。习近平总书记特别要求长三角地区,"三省一市要集合科技力量,聚焦集成电路、生物医药、人工智能等重点领域和关键环节,尽早取得突破"。[①] 除了国家层面要求长三角地区聚力攻关的集成电路、人工智能两大关键核心技术,在面向未来的先导技术如未来网络、量子信息、工业互联网、高端工业软件、智能网络汽车、机器人、类脑智能、分布式电网等,也都要求长三角地区聚力攻关,增强科技创新策源能力。这些技术创新前沿领域都是数字经济发展的新赛道和新兴领域。

长三角地区聚集了全国 1/3 的科技创新资源,特别是北京、上海张

[①] 《习近平总书记在扎实推进长三角一体化发展座谈会上的讲话》(2020 年 8 月 20 日)。

江、安徽合肥、广东广深等四大国家综合性科技创新中心,两个布局在长三角地区。长三角地区要遵循科技创新规律,激发各地创新比较优势,以数字技术联合攻关和共建世界级产业集群为抓手,加快构建区域创新共同体。围绕数字技术关键核心领域,整合区域创新资源,共同完善技术创新链,形成区域联动、分工协作的技术创新体系,联合开展卡脖子关键核心技术攻关,推动创新链与产业链深度融合。在创新共同体机制建设方面开展积极探索和有效行动。一是推动建立长三角数字技术关键核心技术攻关机制。除了已经在推进的集成电路、人工智能联盟,还要选择其他新兴领域建立联盟,强化三年一个周期的行动计划,共同设立长专项创新基金,建立由行业头部企业引领的产学研合作机制,建立"揭榜挂帅"机制和"赛马"机制。二是深化长三角创新服务大平台建设和运营机制。推进大型科学仪器设备共享平台、技术交易大市场、科技成果转化服务大平台建设,同时围绕关键核心技术领域,共同推进专业服务平台建设,构建共建共享机制。三是构建创新链与产业链深度融合的市场机制。探索财税分享政策,促进飞地经济和合作园区发展,促进产业项目向具有比较成本优势的地区布局,通过利益共享实现合作共赢。

(四)推动数字贸易创新发展,构建区域协同开放新格局

数字贸易是数字经济的重要发展领域,随着数字经济时代的到来,数字贸易已成为引领全球经济新一轮发展的重要引擎,也是国际贸易转型升级的重要突破口,美国、欧盟等主要经济体都提出了发展数字贸易的战略议程。数字贸易包括数字货物贸易和数字服务贸易。数字货物贸易以实物为主要标的,以信息通信技术为手段,主要交易对象为跨境电子商务。数字服务贸易主要包括可数字化的服务贸易,包括国际

收支口径下的六类服务贸易,即电信、计算机信息增值服务、金融服务、保险服务、其他专业服务、文化娱乐服务、知识产权使用费。2019年,美国数字可交付产品出口额5 341亿美元,排名世界第一;我国数字可交付产品出口额为435.4亿美元,与美国有很大的差距;2019年,印度数字服务贸易出口额1 479.29亿美元,排名世界第六,高于我国的1 435.48亿美元(UNCTAD数据库)。数字贸易具有广阔的发展前景和很强的辐射带动效应,然而,数字贸易的发展对现有的贸易规则及政策形成冲击,构建新的数字贸易政策,确保新的贸易模式能够促进经济增长,是数字贸易发展中所面临的重要课题。

长三角地区具有典型的开放型经济特征,与数字经济发展同步,数字贸易也成为贸易转型升级的重要领域乃至创新发展的主阵地。《规划纲要》提出,"积极对接全球电子商务新模式新规则新标准,联合加强数字化贸易平台建设,加强跨境电商国际合作,推动国际贸易制度创新、管理创新、服务创新。加快上海、南京、杭州、合肥、宁波、苏州、无锡、义乌跨境电子商务综合试验区建设,合力打造全球数字贸易高地。推动外贸业务流程改造和各环节数据共享,促进贸易监管数字化转型、便利化发展"。上海在2019年出台了我国首个数字贸易领域的纲领性文件,[①]率先提出打造上海"数字贸易国际枢纽港",聚焦云服务、数字内容、数字服务的行业应用、跨境电子商务等重点领域,建设数字贸易跨境服务集聚区,扶持和激活原创内容IP,支持数字服务重大项目,培育独角兽企业,搭建数字贸易交易促进平台,推动建立全球数字合作城市联盟等主要任务。浙江省数字经济"十四五"规划提出,到2025年建成全球数字贸易中心,"推进传统贸易数字化和数字经济国际化,加快在

---

① 上海市商委、上海市发改委等:《上海市数字贸易发展行动方案(2019—2021年)》(沪商服贸〔2019〕201号)。

线交易、数字支付和智慧供应链等平台集聚,推动贸易规则、标准、纠纷调处等制度创新,优化数字贸易生态,数字贸易进出口总额达到1万亿元"。

各地依托自贸区制度型开放优势,以促进数字贸易创新发展为导向,协同推进长三角地区更高水平的对外开放。上海临港新片区"十四五"规划提出,与国际通行规则相衔接,探索建立安全高效的跨境数据流动体系,建设国际互联网数据专用通道,建立以数字服务和相关企业为核心,建设"国际数据港"与跨境综合数据枢纽。浙江在2020年11月《浙江省数字贸易先行示范区建设方案》中提出,在高新区(滨江)物联网产业园国家数字服务出口基地建设"数字贸易示范区"核心区,立足杭州市余杭区未来科技城和云城建设"数字贸易示范区"数字云区,在浙江自贸区4个片区建设"数字贸易示范区"特色集聚区。以上海自贸区临港新片区为牵引,如何促进数据跨境安全、自由流动,是一项重要的对外开放压力测试任务。

参考文献

[1] 习近平:《不断做强做优做大我国数字经济》,《求是》2022年第2期。

[2] 中共中央、国务院:《长江三角洲区域一体化发展规划纲要》,2019年12月正式公布。

[3] 上海市政府:《上海市全面推进城市数字化转型"十四五"规划》,沪府办发〔2021〕29号。

[4] 浙江省政府:《浙江省数字经济发展"十四五"规划》,省政办发〔2021〕35号。

[5] 江苏省政府:《江苏省"十四五"数字经济发展规划》,苏政办发〔2021〕44号。

[6] 合肥市政府:《合肥市数字经济发展规划(2020—2025年)》,合政〔2020〕13号。

[7] 王振、卢晓菲:《长三角城市群科技创新驱动力的空间分布与分层特征》,《上海经济研究》2018年第10期。

[8] 王振等:《长三角地区协同发展战略研究》,上海社会科学院出版社2017年版。

[9] 王振、刘亮主编:《长三角地区经济发展蓝皮书,2020—2021》,社会科学文献出版社2021年版。

[10] 王振、杨昕主编:《长江经济带发展蓝皮书,2020—2021》,社会科学文献出版社2021年版。

[11] 王振:《"十四五"时期长三角一体化发展的趋势与突破路径——基于建设现代化国家战略背景的思考》,《江海学刊》2020年第2期。

[12] 王振:《长三角地区共建世界级产业集群的推进路径研究》,《安徽大学学报》2020年第3期。

[13] 王振、惠志斌主编:《全球数字经济竞争力报告(2020—2021)》,社会科学文献出版社2021年版。

[14] 中国信息通信研究院和浙江清华长三角研究院:《长三角数字经济发展报告(2021)》。

[15] 上海市商务委员会等九部门:《上海市数字贸易发展行动方案(2019—2021年)》,沪商服贸〔2019〕201号。

执笔:王　振(上海社会科学院信息研究所所长、研究员)

第二章 数字经济理论前沿研究综述

近年来,数字经济飞速发展。数字技术以比先前的技术创新浪潮更快的速度在全球范围内传播,并重塑着商业模式和各个行业。数字经济在世界经济中具有非常良好的前景,影响着能源、银行、零售、出版、运输、教育、卫生和媒体等不同部门,[1][2]被视为经济增长的最重要的催化剂之一。根据相关研究,估计全球国内生产总值(GDP)的22.5%可归因于数字经济,即某种形式的数字技能、资本、商品或服务。[3] 针对数字经济卓越的发展,许多学者从不同角度对其及相关领域进行了研究。

一、数字经济的定义和测量

(一)数字经济的定义

对于"数字经济",一直没有统一的界定,很多学者从自己的角度对其进行了描述和定义。唐·泰普斯科特(Don Tapscott)被誉为"数字经济"之父,他在《数字经济:网络智能时代的承诺与危机》一书中最早提出"数字经济"的概念。他认为,数字经济诞生于"网络智能时代","将

---

[1] OECD, OECD digital economy outlook 2015, www.oecd-ilibrary.org/science-andtechnology/oecd-digital-economy-outlook-2015_9789264232440-en (26 December 2016).

[2] World Bank, Digital Dividends: World Development Report 2016, http://www.worldbank.org/en/publication/wdr2016.

[3] Knickrehm, M., Berthon, B. and Daugherty, P., Digital disruption: the growth multiplier: Accenture strategy, www.accenture.com/us-en/insight-digital-disruption-growth-multiplier.

智能、知识和创造力结合起来以实现突破,创造财富和社会发展"。泰普斯科特之后,很多研究者对"数字经济"也进行了界定,例如塔里克·埃尔马斯利(Tarek Elmasry)等(2016)认为,数字经济"更多的是一种做事方式",它具有三个属性:"在商业世界的新领域创造价值;优化执行客户体验愿景的流程;建立基础支持整个结构的功能。"与此同时,一些机构和组织也对"数字经济"进行了界定,例如欧盟委员会认为数字经济是基于数字技术的经济,有时称为"互联网经济"。美国经济分析局主要根据互联网和相关信息通信技术(ICT)来定义数字经济。中国很多研究机构一般采用2016年G20峰会对"数字经济"的定义:"数字经济是指以使用数字化的知识和信息作为关键生产要素、以现代信息网络作为重要载体、以信息通信技术的有效使用作为效率提升和经济结构优化的重要推动力的一系列经济活动。"

一个事物的定义总是反映它们出现的时代和趋势,早期的定义专门针对互联网,反映了它在20世纪90年代作为主流技术而出现的现象。后来的定义中增加了新技术的内容,例如移动和传感器网络、云计算和大数据等。这些定义尽管不尽相同,但它们表达出数字经济定义中的两个重要特征:一是组成成分存在差异,但基本包括了电信在内的ICT产品和服务的生产;二是对数字经济模糊边界的承认。大家都认识到没有固定的边界能够使所有经济活动被严格放置在"数字经济"范围之内或之外。

(二)数字经济的测量

目前很多研究都采用一定的统计测算或者通过建立指标体系的方法,对某一地区数字经济发展规模或竞争力作出评价。例如,G20制定了衡量数字经济的工具包,并在2020年G20沙特会议上制定了《G20

迈向数字经济测度共同框架路线图》。

在具体的测算上,美国经济分析局于2018年3月首次发布了有关美国数字经济规模和增长率的初步统计数据和相关报告。报告对美国的"数字经济"进行了界定,测算结果显示,2006—2016年,数字经济是美国经济中的一个亮点,年均增速高达5.6%,而同期美国GDP的增速只有1.5%。2016年,美国数字经济占据GDP(18.6万亿美元)的6.5%(1.2万亿美元)。和传统行业相比,数字经济产业的排名位于科技和技术服务业之下。而根据中国信息通信研究院发布的《中国数字经济发展白皮书》,2016年中国数字经济总量达到22.6万亿元,同比名义增长接近19%,占GDP比重超过30%。到了2019年,中国数字经济规模为35.8万亿元,占GDP的比重达到36.2%,名义增长15.6%。可见中国的数字经济增速超过了美国,占GDP的比重也超过美国。数字经济已成为中国近年来带动经济增长的核心动力。

此外,还有学者对数字经济的组成部分,例如新商品和免费商品的价值进行了核算。例如埃里克·布莱恩约弗森(Erik Brynjolfsson,2019)认为数字经济对福利的贡献以新商品和免费商品的激增为特征,但在我们目前的国民账户中没有得到很好的衡量。作者为这些商品的福利贡献进行了界定,并引入了一个新指标——GDP-B来量化其收益而不是成本。例如,如果将脸书的福利收入计算在内,那么美国每年的GDP-B增长将增加0.05—0.11个百分点。

考虑到数字经济活动的增长及其经济重要性的增长,衡量数字经济是一个必不可少的过程。但由于对"数字经济"的界定不同和各国的国情不同,实际中对数字经济的测算和衡量方法也是不一样的。而良好的政策制定、税收政策和资源分配都需要高质量的数据,因此今后还有待进一步对数字经济的统计和核算体系加以研究和改革,从而对数字经济的测算有一个相对科学稳定的标准。

二、数字经济与经济发展的关系

数字经济极大地促进了国民经济的发展,同时促进了产业结构的提升。中国的数字经济占国民经济的比重突出,数字经济越来越成为国家总体经济的引擎和驱动力。关于数字经济与国民经济发展的关系,中国学者的研究较多,并且通过量化计算得出一些重要结论。

(一)数字经济与经济增长的关系

近些年来,伴随着世界经济数字化转型发展的大趋势,中国的数字经济呈现蓬勃发展态势,在国民经济中的地位持续上升。左鹏飞、姜奇平、陈静(2021)认为在后疫情时代,数字经济在充分发挥中国超大规模市场优势和内需潜力方面具有天然的技术优势;同时,在新技术、新业态、新模式的助力下,数字经济是构建以国内大循环为主体、国内国际双循环发展格局的有力助推器。因此要全面把握数字经济发展机遇期,推动新型基础设施建设,培育多层次融合产业体系,打造数字经济发展生态系统。

毫无疑问,当前中国的数字经济蓬勃发展已成为经济增长的新动能。杨慧梅、江璐(2021)通过实证研究发现,数字经济发展显著促进了全要素生产率的提升;同时存在显著的空间溢出效应,有助于提升邻近地区的全要素生产率。因此要营造良好的政策环境,推进数字产业化和产业数字化,助力全要素生产率提升,并构建区域协同发展网络。

可见,中国学者普遍认为数字经济对国民经济的增长具有积极的意义,因此要营造良好的发展环境,建设新型数字基础设施,构建区域协同发展网络等。唯有如此,才能把握好这一轮数字经济发展的机遇,从而提升国家竞争力。

（二）数字经济对产业结构的影响

我国经济进入"新常态"后,经济增长的动力已由原来的要素驱动和投资驱动转向以创新驱动为主,数字经济已经成为我国产业结构持续升级的动力源泉。我们习惯上把"数字经济"分为数字产业化和产业数字化两部分,学者陈晓东、杨晓霞(2021)基于灰关联熵与耗散结构理论研究发现,数字产业化是促进产业结构升级的基础性和先导性条件；但是,产业数字化促进产业结构升级的效应更为显著。因此,加快建立工业互联网的生态系统,实现产业的数字化升级似乎尤为重要。

但是,数字经济促进产业结构升级的效能在不同地区存在差异。李英杰、韩平(2021)通过30个省市的数据分析发现：不论是从全国还是从东、中、西等不同地域的视角进行分析,数字经济的发展都能促进产业结构优化升级,但是数字经济发展对产业结构的影响存在一定地域差异,对于东部和中部地区来说,数字基础设施对产业结构优化升级的效果更为明显；对于西部而言,产业数字化对产业结构优化升级的影响要大于数字基础设施和数字产业化所带来的效应。因此要统筹区域数字经济发展布局,根据区域比较优势制定数字经济和产业发展规划。

无论如何,未来要更加重视和促进数字经济发展,以数字经济的高质量发展引领产业结构升级；加快建立与发展现代产业体系,推动经济体系优化升级。同时根据地区优势,建立健全区域数字经济发展推进体制机制,实现各地区数字经济与产业结构协同发展。

三、数字经济的创新环境与政策

（一）数字经济的创新环境

在过去的几十年中，社会和经济的发展与数字技术和信息技术息息相关。而在技术驱动下发展起来的数字经济，也有赖于特定的创新环境。目前国内外的研究集中于影响创新环境的要素、创新环境的转变、创新环境的可持续性等课题。

首先，受数字技术的影响，创新环境及其构成要素正在发生转变，其转变受到技术因素、经济因素和社会因素等多方面的影响。经济主体要获得当前数字化带来的优势，取决于经济主体与创新环境的一致性。娜塔莉·代普罗夫斯卡亚（Natalia Dneprovskaya，2018）认为，世界经济和社会的全球化趋势意味着，技术和方法的进步不能长期为公司或国家带来竞争优势，而是需要不断地对创新技术进行升级。如果支持创新技术应用的创新环境能够形成，那么技术进步的优势才能更广泛和持久。

其次，创新环境如何能够可持续发展影响到以创新为基础的数字经济本身的发展。阿提姆·萨拉马托夫（Artem Salamatov）等（2020）从"管理生态学"的角度论述了数字经济发展所需要的创新环境。作者认为当前世界经济的发展阶段表明，经济效率越来越与生产环境的友好性背道而驰，发达国家对生态创新极为敏感，甚至在有些发展中国家中也是如此。因此数字经济要可持续发展，需要建立"管理生态学"系统，其中包括复杂的高科技教育和金融领域，这个系统着眼于环境和经济的安全要求，可为创新环境的可持续发展问题提供解决方案。

最后，关于数据政策是否会影响到数字创新，世界银行（2020）研究了东亚15个国家/地区的样本。结果发现，数字技术鼓励公司通过新流程、新产品和新服务进行创新,从而最终增强其在本地和全球市场上的竞争力。在数据政策受到更多限制的国家中,公司不太可能通过许可使用外国技术作为其创新过程的一部分。而可获得数据的特定国家/地区,限制性数据政策与企业使用无形资产进行和发展创新的可能性呈负相关关系;而开放数据政策可能会促进数字创新。

(二) 数字经济的发展政策

作为近二三十年才发展起来的数字经济,国内外有许多文献对其发展政策进行了探讨,主要集中于四个方面:

1. 数字经济政策对于提升国家竞争力的作用

越来越多的国家在选择提高国家竞争力的策略时都将数字化作为主要工具。通过引入数字技术,国家可以改善传统产业或创造新产业。同时,数字技术的进步将创造新的就业机会,优化生产并促进整体经济增长。通过以利益和适当的监管框架等形式及时进行国家支持,可以加强该国在世界上的地位。金尼·科尔帕克(Eugeny Kolpak,2020)提出自己的数字经济轮廓模型,包含3个组成部分:先进技术(区块链、云数据存储、机器人技术等)、能胜任工作的员工以及运行良好的基础架构。这个模型的主要目的是提高国家竞争力,其中政府扮演着重要角色,即一个国家的数字化政策。为了建立成功的数字经济,仅使用最新技术还不够,另外还需要人才储备、制定新的教育和社会政策以及建立商业支持。这样,数字化才能促进国家竞争力的持续提升。

2. 数字经济的发展面临的竞争挑战及政策

尼古拉·范·格尔普(Nicolai Van Gorp)等(2015)认为数字经济的快速发展不仅挑战了现有市场,而且挑战了现有的政策框架,包括竞争政策,例如反托拉斯法、兼并法、国家援助和行业法规等。在当前政策受到挑战的同时,它们最初旨在维护的公共价值可能会受到威胁。因此,竞争主管部门和决策者应着重防止进入壁垒的产生、促进市场进入和创新。竞争管理部门应对竞争问题持谨慎态度,虽然信任市场的自我纠正能力,但前提是某些公共价值(如税收、隐私和安全)受适当的(其他)政策框架保护。

3. 针对发展中国家的数字经济政策分析

数字经济对于发展中国家越来越重要。然而,发展中国家由于数字基础设施不完善、成本高昂且性能不佳、数字生态系统缺少相应人才、融资薄弱或治理不善等原因,数字经济的增长反而加剧了数字排斥、不平等现象以及其他数字危害。数字经济正在削弱这些国家的潜力。朗玛娜·伯克特(Rumana Bukht)和理查德·赫克斯(Richard Heeks)(2018)认为,发展中国家要促进数字经济增长及其对社会经济发展的贡献需要一定的政策目标和措施,例如:(1)确保在经济、社会、环境、法律和政治领域的各种政策之间的包容性,为迈向可持续增长的道路提供支持;(2)建立体制机制、程序和工具,以便在所有部门制定有效、可持续和一致性的政策。克里斯蒂娜·亨辛格(Christina Huntzinger,2020)等具体分析了哥伦比亚的数字经济政策。哥伦比亚在数字经济战略的实施中面临众多挑战:社会不平等、不充足的财政资源、地域偏僻和国内冲突等障碍。要克服这些挑战,哥伦比亚应该继续在政府最高层优先考虑数字化及数字政策的优先次序,朝着包容性经济发展方向迈进,这在伴随全球病毒大流行的经济衰退中尤为重要。

4. 数字经济的升级策略

尽管数十年来,计算机化一直在推动行业结构和经济地理的变化,但最近的公开讨论已集中于"新的"高级数字技术应用,这些技术可以显著减少日常任务的负担,并改变工作的组织和内容。那么这些变化如何影响欠发达经济体的公司和决策者的战略选择？蒂莫西·J.斯特岑(Timothy J. Sturgeon,2019)的研究提炼了支持组织的3个关键业务战略：模块化、开放式创新和平台，并探讨了欠发达地区的公司和决策者可用的战略和政策选择，其重点是创新和市场定位。但无论是富国还是穷国，无论大小公司都可以越来越多地依靠新的、通常是低成本或免费的数字经济工具来提高组织的效率，加快新产品的开发，支持数字经济的升级发展。中国学者张路娜、胡贝贝等(2021)从数字经济演进的角度分析了加快数字经济的升级路径，例如要夯实原始创新能力、完善数字基础设施和人才培养制度、构建和发展数字产业系统等。

四、区域数字经济发展

(一) 对某个国家或地区数字经济的研究

许多学者对一个国家或地区的数字经济进行研究，例如对欧洲、北美、亚洲、印度、新加坡、菲律宾、马来西亚、拉脱维亚等地区或国家的数字经济研究，这部分研究主要集中于以下几方面的内容：一是对一个地区的数字经济进行分析，重点是对与地区或国家层面的一系列政策措施相关的区域驱动因素进行分析；二是通过引入新的社会和人口变量建立指标体系，对区域数字经济进行实证性评价；三是研究旨在加速区域数字经济增长的一系列政策措施是否也对不同区域的经济或不同的国家群体产生了负面影响，以便提出一系列有效的政策措施来帮助决策者刺激区域数字经济的发展。

莫妮卡·雷琳·塞莱斯(Monica Răileanu Szeles)等(2020)根据2001—2016年的欧盟统计数据研究欧盟地区在数字化和数字经济增长道路上取得的进展。研究发现，刺激欧盟地区数字经济的增长对欧盟决策者而言是一项复杂的任务。政策措施要有效，就必须改善数字经济的每个指标,而又不至于使其他指标恶化。研究表明,大多数政策措施在针对不同维度或指标时会产生不同的效果,因此要找到旨在改善多维措施的有效政策组合可能是一项非常艰巨的任务。

马克·林斯格特(Mark Linscott)和阿纳德·拉古拉曼(Anand Raghuramen)(2021)研究了印度的数字经济,认为自从2008年印度进行了最后一次重大立法改革后,其数字经济发生了翻天覆地的变化。印度修正了《信息技术法》,移动设备、社交媒体和电子商务现在方兴未艾。印度公司与美国、中国、日本、韩国公司竞争,使印度成为世界上最多样化、规模最大的数字经济体之一。但同时还有将近10亿印度人尚未上网,将他们纳入数字经济对决策者来说是一项严峻的挑战,也是私营部门在印度投资的巨大机遇和诱因。因此随着政府开发出一种更广泛的规范数字贸易的方法,印度必须看向外部世界,并考虑当前改变个人与技术交互方式的全球结构性转变。

(二)经济数字化转型对区域经济安全的影响

数字技术的使用是许多国家社会和经济政策的战略目标。但是数字经济的发展也带来了经济主体的政治、金融、经济、法律、技术、社会风险和人格风险等。例如,信息操纵的风险被归为政治风险;对经济状况的评估失衡属于财务和经济风险;数字经济中法律主体责任的不确定性是法律风险;电子元器件生产技术滞后以及对外国数字技术的高度依赖属于技术风险;另外还有,社会风险,包括丧失作为生产单位的人类价值;人格风险,包括去个体化。个人对技术的日益依赖也应被视为对个人的威胁(O. V. Korisheva,2018)。这种依赖性逐渐剥夺了个人的自由,对国家的竞争力和经济安全产生了负面影响。当然,其中最重要的风险是与个人数据保护相关的风险、失业的增加、某些专业和行业消失的风险以及人民的福祉受到破坏的风险。

M. A. 尼克拉夫(Nikolaev M. A.,2020)的研究目的是将经济数字化转型对区域经济安全的风险和威胁进行系统化分析。他发现,数字化正在改变各种形式的社会和经济关系格局,不仅在经济活动中,而且实际上在所有活动领域,数字化渗透率的提高都为社会和经济发展创造了新的挑战和威胁。对数字化转型发展缺乏适当的对策,最后会对国家安全构成威胁。从对区域社会经济发展的影响角度来看,最大的风险是与失业率上升、收入差距扩大和贫困加剧有关的社会风险,以及与人力资源有关的风险。在数字化转型发展中,特别要注意贫穷加剧、网络犯罪、人口在收入和工资方面日益分化、对信息安全的威胁、数字不平等等风险,要建立有效的风险管理机制。

(三)数字经济发展的区域比较

数字经济已成为遵循全球道路的国家的重要战略管理任务。基准之一是比较不同国家的数字经济发展水平,以反映它们彼此之间的相对地位,这对于克服国家之间出现的数字鸿沟非常必要。因此,比较各国的数字经济发展参数,改善相关国际评级中的地位,对吸引资源、创造竞争优势或评估数字化有效性(包括监测政府控制的有效性)都至关重要。

弗拉基米尔·毕罗佐贝克(Vladimir Bilozubenko)等(2020)在弥合数字鸿沟的背景下比较了欧盟国家的数字经济发展水平。他创建了包含20个指标特征的数字经济向量,在聚类分析的基础上比较了欧盟各国的数字经济发展参数,并确定其中最重要的参数,诸如家庭—互联网访问水平、个人—移动互联网访问、雇用信息技术专家的企业等,最终为弥合国家之间的数字鸿沟问题提供了解决方案,并可用于制定和评估数字化转型措施的有效性。

中国学者同样关注数字经济发展的区域差异。余丽、冯瑶(2021)对中国国内数字经济发展的差异及影响因素进行了区域分析。研究发现：一是中国数字经济发展地区的总体差异呈现扩张趋势；二是地区间数字发展差异与数字经济发展地区总体差异具有强烈的正相关，但地区内部数字经济发展差异与数字经济发展地区总体差异的变化趋势相反。此外还发现，数字基础是造成数字经济发展地区差异最主要的原因，各因素对数字地区差异的影响程度为：数字基础＞数字交易＞数字产业。关于数字经济发展的区域分析为落后地区追赶先进地区，以及弥补区域间的数字鸿沟提供了有价值的启示。

参考文献

[1] OECD, OECD digital economy outlook 2015, www.oecd-ilibrary.org/science-andtechnology/oecd-digital-economy-outlook-2015_9789264232440-en (26 December 2016).

[2] World Bank, Digital Dividends: World Development Report 2016, http://www.worldbank.org/en/publication/wdr2016.

[3] Knickrehm, M., Berthon, B. and Daugherty, P., Digital disruption: the growth multiplier: Accenture strategy, www.accenture.com/us-en/insight-digital-disruption-growth-multiplier.

[4] Tapscott, D, *The Digital Economy: Promise and Peril in the Age of Networked Intelligence*, New York, McGraw-Hill, 1996.

[5] Elmasry, T. et al. Digital Middle East: Transforming the Region into a Leading Digital Economy, http://www.mckinsey.com/global-themes/middle-east-and-africa/digital-middle-east-transforming-the-region-into-a-

leading-digital-economy.

[6] EC. Expert Group on Taxation of the Digital Economy, http://ec.europa.eu/taxation_customs/sites/taxation/files/resources/documents/taxation/gen_info/good_governance_matters/digital/general_issues.pdf, 2013.

[7] 2016年G20峰会官网, http://www.g20chn.org/。

[8] 王滢波:《美国商务部经济分析局首次界定并测度数字经济》,《互联网研究前沿》2019年5月30日。

[9] 中国信息通信研究院:《中国数字经济发展白皮书2017》, http://www.cac.gov.cn/2017-07/13/c_1121534346.htm。

[10] Erik Brynjolfsson, GDP-B: Accounting for the Value of New and Free Goods in the Digital Economy, http://www.nber.org/papers/w25695, 2019.

[11] Natalia Dneprovskaya, A Study of Innovative Environment of the Digital Economy, International Conference on Intellectual Capital and Knowledge Management and Organisational Learning; Kidmore End, 2018.

[12] Artem Salamatov, Darya Gordeeva, Vladimir Belevitin, Management Ecology: A Modern Concept of Sustainable Development for the Digital Economy, Advances in Economics, *Business and Management Research*, Vol. 137, 2020, pp. 143 – 145.

[13] World Bank, Digital Innovation in East Asia Restrictive Data Policies Matter? https://openknowledge.worldbank.org/bitstream/handle/10986/33260/Digital-Innovation-in-East-Asia-Do-Restrictive-Data-Policies-Matter.pdf; jsessionid=84F85CEBB68432C309FD4C6B0FE34E90?sequence=1.

[14] Eugeny Kolpak, Viktoria Borisova, Elena Panfilova. Contour Model of Digital Economy in The Process of Increasing Competitiveness of Countries and Regions, *Talent Development & Excellence*, Vol. 12,

No. 2s，2020，pp. 1347 – 1357.

[15] Nicolai Van Gorp, Dr Olga Batura, Challenges for Competition Policy in a Digitalized Economy, https://op. europa. eu/en/publication-detail/-/publication/26bb1b17-4715-4f3e-ac64-40a2f273cfbb.

[16] Rumana Bukht, Richard Heeks, Digital Economy Policy in Developing Countries, https://papers. ssrn. com/sol3/papers. cfm?abstract_id=3540027.

[17] Christina Huntzinger, Karolína Kvačková, David Mauer, Digital Economy Strategy in Colombia: An Analysis and Recommendations, https://itif. org/publications/2020/11/30/digital-economy-strategy-colombia-analysis-and-recommendations.

[18] Timothy J. Sturgeon, Upgrading strategies for the digital economy, *Global strategy Journal*, No. 11, 2021, pp. 34 – 57.

[19] 张路娜、胡贝贝、王胜光：《数字经济演进机理及特征研究》，《科学学研究》2021年第3期。

[20] Monica Răileanu Szeles, Mihaela Simionescu. Regional Patterns and Drivers of the EU Digital Economy, *Social Indicators Research*, Vol. 150, issue. 2, pp. 95 – 119.

[21] Mark Linscott and Anand Raghuraman, Aligning India's Data Governance Frameworks, https://www. jstor. org/stable/resrep25999.

[22] O. V. Korisheva, Analysis of risks and threats to the competitiveness of the Russian Federation in the aspect of digitalization of the economy and economic security, *Topical issues of Economics*, Jan. 2018, 78 – 85.

[23] Nikolaev M. A. Risks and Threats to the Economic Security of a Region in the Digital Economy, *Business and Management Research*, Vol. 164, 2020, pp. 374 – 379.

[24] Vladimir Bilozubenko, Olha Yatchuk. Comparison of the digital economy

development parameters in the EU countries in the context of bridging the digital divide, *Problems and Perspectives in Management*, Jun. 2020, pp. 206 - 218.

[25] 余丽、冯瑶:《中国数字经济发展区域差异及影响因素分析》,《市场周刊》2021 年第 3 期。

执笔:徐丽梅(上海社会科学院应用经济研究所副研究员)

第三章　数字经济高质量发展的理论内涵与路径

党的十九届六中全会通过的《中共中央关于党的百年奋斗重大成就和历史经验的决议》（以下简称《决议》）强调，必须实现创新成为第一动力、协调成为内生特点、绿色成为普遍形态、开放成为必由之路、共享成为根本目的的高质量发展，推动经济发展质量变革、效率变革、动力变革。

当前，以数字技术创新为核心驱动力的数字经济已经成为新时代的主要经济形态，已经成为经济高质量发展的重要引擎。数字技术创新驱动各行各业技术创新，同时孕育壮大新兴产业、改造提升传统产业，推动经济数字化转型。而且，推动数字经济自身的高质量发展，有利于提升我国产业链供应链自主可控能力、有利于打造未来竞争新优势，是推动制造业高质量发展、支撑构建新发展格局的重要途径，也是抢占国际竞争制高点、把握发展主动权的战略选择。

一、全球经济的数字化迁移

由于数字经济在计算能力发展速度方面相较人脑具有碾压性的优势，全球经济正在加速数字化，数字经济的占比越来越高。传统经济的全面数字化已经成为不可阻挡的趋势。传统的GDP统计方式大大低估了数字经济对于经济增长的贡献。数字技术不仅已经成为最重要的竞争力和经济增长驱动力,而且正在成为比肩于劳动力和资本的新生产资料和生产要素。数字经济已经成为全球经济的核心动力。

(一)数字经济的定义

经济本质上是一个信息处理系统。传统经济以人脑作为信息处理工具,以基于原子的实物经济为主,信息处理能力的发展速度相对缓慢,呈现出线性发展。数字经济以计算机作为主要的信息处理工具,实物经济占据的比重越来越低,比特经济开始占据更高权重,技术成为最主要的经济发展动力,打破了增长的极限,指数式发展特征越来越明显。

如果我们承认经济是一个信息处理系统,那么我们就可以基于信息处理方式的差异对经济发展的阶段进行划分,从而给出数字经济的定义。

数字经济显然是对应于非数字经济而言的。数字化英文叫作digital,事实上是一种计算机语言。数字经济即采用计算机作为主要信息处理方式的经济形态。非数字化经济即采用传统的计算方式,利用我们的人脑来作为主要信息处理方式的经济形态。

尼古拉斯·尼格鲁庞蒂(Nicholas Negroponte)(1996)在《数字化生存》一书中提出,数字经济是利用比特而非原子的经济,其实代表的是同一个意思。据此,我们可以将人类经济划分为两个发展阶段,即传统经济和数字经济,或称为人脑经济和电脑经济,或者称为原子经济和比特经济。

长期以来,数字经济通常被称为 IT 或 ICT 行业。1998 年 OECD 对于 ICT 行业的定义受到了广泛认可:"以电子方式捕获、传输和显示数据和信息的制造业和服务业的组合,目前包括 ISIC 工业代码 26(计算机、电子和光学产品的制造)、582(软件出版)、61(电信)、62(计算机编程、咨询和相关活动)和63(信息服务活动)。"

原子经济正在高速地数字化,与比特经济高度融合。以阿里巴巴为例,在大力发展天猫、淘宝等电子商务的同时,也积极进行线下投资,投资了银泰、苏宁和盒马鲜生等多家零售企业,力争构建完善的生态链。我们在实体店购物,但通过数字方式支付,线上和线下已经密不可分。

面对这种情况,如何界定数字经济的范围就变得异常困难。我们依然从计算方式的不同来界定数字经济的范围。首先,鉴于人机结合相对于纯粹人脑的巨大优势,数字化将成为一切经济活动的基础算力,这也意味着未来所有的经济都将成为数字经济的一部分,但是目前,我们正处于从传统经济向数字经济迁移的过程中,因此从研究角度而言,有必要对数字经济的范围进行定义,以便明确研究对象。从信息处理方式的角度出发,目前存在三种经济形态:人脑经济、人机结合经济和纯粹的数字经济或称为智能经济,后面两种可以统称为数字经济,也是广义上的数字经济(见表3-1)。第一种人脑经济即几乎不使用,或很少使用数字化工具的传统行业,这类行业正在变成"稀有动物",计算机和数字化的应用几乎已经无处不在。第二种是人机结合经济,这是目前主流的经济形态,依据数字化程度的高低也可以分为三类:高级人机结合经济、中级人机结合经济和低级人机结合经济。高级人机结合经济即我们惯常讨论的数字经济,包括软件产业、硬件产业、数字服务产业等,诸如数字基础设施、芯片产业、互联网产业、电子商务、数字媒体、手机产业等。中级人机结合经济,即和数字经济深度融合的传统经济,例如新零售、O2O、工业4.0等。低级人机结合经济是使用普通数字化处理工具,但未形成数字网络的传统产业。第三种是纯粹的数字经济,即智能经济,完全依赖计算机进行决策的产业,也就是我们所谓的人工智能产业,目前这一产业还处于探索阶段,尚不存在完全依靠机器决策的产业。但有些软件已经显示出远高于人类的决策能力,例如打遍天下无敌手的 AlphaGo 及其升级版 AlphaZero。导航系统和自动驾驶也日益显示出这方面的能力,正在驾驶领域逐渐取代人类。

表 3-1 按照计算方式进行的经济形态分类

经济形态	计算和决策方式		所涉行业
人脑经济	人脑		不使用数字化工具的传统行业
人机结合经济	人脑＋计算机	低级人机结合	使用数字技术辅助的传统行业
		中级人机结合	工业 4.0,新零售,共享经济
		高级人机结合	软件、硬件、芯片、信息服务
智能经济	计算机		可以自我决策和进化的人工智能行业

资料来源:作者自制,参考 Mary Meeker. Internet Trends 2018,https://www.recode.net/2018/5/30/17385116/mary-meeker-slides-internet-trends-code-conference-2018。

(二) 数字经济占全球经济的比重不断上升

数字经济的诞生不过区区几十年,但是目前全球前十大市值公司除了巴菲特的伯克希尔哈撒韦之外,几乎已经是清一色的数字经济企业(见表 3-2)。

全球数字经济的年均增幅高达两位数,远远高于全球 GDP 的增幅,数字经济占 GDP 的比重也在不断上升。以美国为例,2005—2019年,美国数字经济在其经济总量中的份额不断扩大。2005 年,数字经济占经济总量的 7.8%(以当前美元计为 10 158 亿美元),2019 年美国数

表3-2　2021年美股市值十强

排名	名称	总部	所属行业	市值（百万美元）
1	苹果	美国	手机	2 913 000
2	微软	美国	软件	2 525 000
3	谷歌	美国	网络搜索	1 922 000
4	亚马逊	美国	电子商务	1 691 000
5	特斯拉	美国	电动汽车	1 061 000
6	Meta(脸书)	美国	在线社交	935 640
7	英伟达	美国	GPU	732 920
8	伯克希尔哈撒韦	美国	保险	668 630
9	台积电	中国台湾	芯片	623 930
10	腾讯	中国	在线社交	623 930

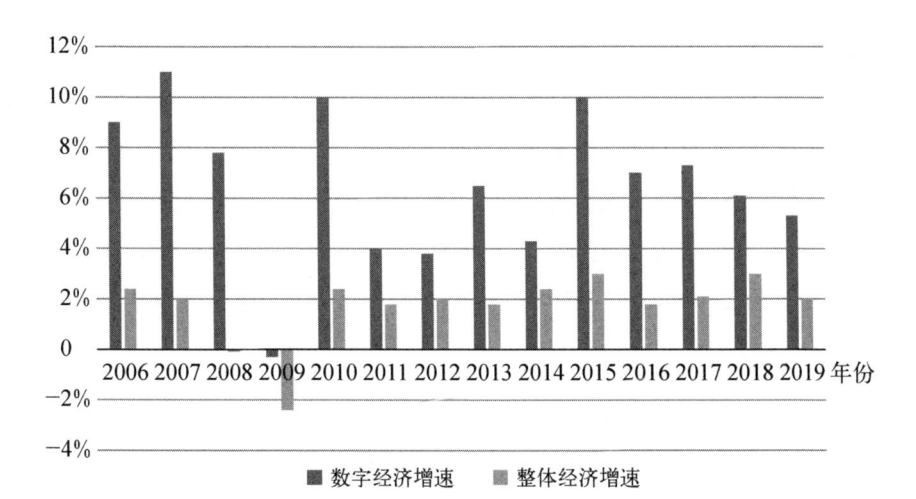

图3-1　2006—2019年美国数字经济年度增速与整体经济增速对比

字经济占国内生产总值(GDP)(214 332亿美元)的9.6%(20 516亿美元)。2005—2019年,美国数字经济的实际增加值(经通胀调整后对美国GDP的贡献)年均增长6.5%,而经济总量的增长率为1.8%。这一趋势在2019年继续,数字经济的实际增加值增长了5.2%,而整体经济的增长率为2.2%。

整体而言,即使不考虑数字产品性能的改进、价格的下降以及大量的免费服务,数字经济占据GDP的比重仍在持续上升。毫无疑问,新技术已经成为整体经济最重要的驱动力。但事实上,传统的GDP统计方式极大低估了数字经济对于整体经济的贡献度。

(三) 传统的GDP统计方法大大低估了数字经济的贡献度

传统的GDP统计方式主要针对农业和工业经济设计,以货币来衡量经济活动,但无法统计产品本身性价比的改进以及大量不直接创造收入的活动,例如免费的互联网服务,因此大大低估了数字经济对于整体经济的贡献度。数字产品质量的改进、价格的下降、免费的产品和服务以及对其他行业效率的提升都无法反映在GDP统计中。

社会经济发展的最终衡量标准应该是社会成员能够享受到的产品和服务数量以及质量。数量越多,质量越高,经济发展程度就越高。数字产品价格的大幅下跌和质量的快速改进在传统GDP的度量方式中无法体现,以计算能力为例,1960年代,一个晶体管要10美元左右,现在一根头发丝上可以放置数千个晶体管,每个晶体管的价格已经下降到0.001美分。现在1美元可以买到的计算能力大约是1960年代的150亿倍。我们可以使用更少的钱享受到更快的运算速度,更超值的服务,而这些显然都无法反映在GDP中。此外,我们使用诸如脸书、谷歌、微信等免费数字产品提供的服务也无法体现在GDP统计中。例如知名的可汗学院就提出让中国西部的孩子也能免费享受到与美国孩子相类似的教育。可汗学院(Khan Academy)目前在全球190个国家和地区拥有超过150多万名注册教育家和3700万注册学生。这些服务创造了巨大的价值,但显然也游离在传统的GDP统计之外。玛丽·米克尔(Mary Meeker)在2018年发布的报告中指出,成年人每天在数字媒体上大约花费5.9个小时,而2008年,则只有大约2.7个小时,其中主要得益于移动互联网的普及。2008年,每个成人在移动互联网媒体上花费的时间只有0.3个小时,2018年则提高到3.3个小时,而所有这些服务几乎都是免费的。[①] 当然你也可以说,羊毛出在猪身上,总归还是有人要为此付费,但整体而言,这些服务的价值是GDP所无法统计得到的。

数字经济为我们提供了大量免费的产品和服务,而且这些产品和服务的性能还在以令人瞠目结舌的速度进行改进。此外,数字经济在其他行业的应用也大幅提高了行业效率,降低了整体的物价水平,但是这些在GDP中都无法统计。澳大利亚经济学家凯文·福克斯(Kevin Fox)与麻省理工学院(MIT)教授埃里克·布林约尔松(Erik Brynjolfsson)等4位经济学认为诸如脸书等免费的社交媒体平台创造了巨大的价值,但在GDP中无法统计。他们认为,这些免费社交媒体平台具有巨大的价值。如果将脸书等免费社交媒体平台的活动计入GDP,那么将把美国的GDP提高接近1%。[②] 一家数字经济公司即可对美国的GDP产生如此重要的影响,美国这么多数字经济巨头对于GDP的影响可想而知。从这个角度而言,即使不考虑数字经济创新导致的技术外部性,数字经济产业对于GDP的作用也被大大低估了。有鉴于

[①] Mary Meeker. Internet Trends 2018, https://www.recode.net/2018/5/30/17385116/mary-meeker-slides-internet-trends-code-conference-2018.

[②] 吉联·高迪:《在社交媒体时代重新计算GDP》,http://www.ftchinese.com/story/001080530?full=y&from=timeline&isappinstalled=0#ccode=2G188002。

此,福克斯提出在GDP中计入免费的数字服务。而经济学家查尔斯·赫尔滕(Charles Hulten)和伦纳德·纳卡穆拉(Leonard Nakamura)则建议采用EGDP来取代传统的GDP,其中的E代表expanded,可以简单翻译为"广义GDP",将免费的数字经济产品和服务统计在内。纳卡穆拉(Leonard Nakamura)和黛安娜·科伊尔(Diane Coyle)在一篇论文中提到,我们不仅应该使用货币,而且还应使用时间来衡量产出,要在数字化时代重新衡量人类福祉,我们需要影子价格,尤其是时间的影子价格。一项研究显示,亚马逊(Amazon)目前所拥有的数据价值大约为1 250亿美元,而且每年增长35%。

(四) 人工智能正在成为比肩于劳动力和资本的新生产资料

随着技术的不断进步,技术正在成为比肩于劳动力和资本的新生产资料。埃森哲在其最新的报告中将人工智能视为新的生产要素,与劳动、资源和技术等价,并认为到2035年,AI有能力将平均利润率提升至38%的水平,将导致12个经济体16个行业的经济增长达到14万亿美元。

围棋曾经被视为机器人永远也不能战胜人类的一个项目。几年之前,即使一个不入流的棋手也能轻松战胜最强大的机器人。但是机器进化的速度显然远远超出人类的预测。2016年3月,AlphaGo横空出世,先是以4∶1的总比分战胜围棋世界冠军韩国的李世石。战胜李世石时,AlphaGo还曾输了一局,但是仅仅8个月后,AlphaGo的棋力就已经远远超越人类。2017年5月,在中国乌镇围棋峰会上,AlphaGo以3∶0干脆利落地击败世界围棋冠军柯洁。柯洁赛后承认,AlphaGo的棋力远超人类,他完全没有机会。至此,机器在围棋领域完成了对人类的全面超越。

第三章　数字经济高质量发展的理论内涵与路径

作为机器学习更高形式的深度学习正在快速发展,范围涉及从字迹、脸部、一般物体和语音识别到自然语言处理、物体识别和机器人技术。① Rethink 公司开发的可训练机器人 Baxter,波士顿动力公司制造的一种能够穿越崎岖地形的四足机器人 BigDog,以及亚马逊仓库中使用的 Kiva 机器人都证明机器完全能够部分胜任人类的工作。②

由此可见,技术成为比肩于劳动力和资本的新生产资料已经成为现实。事实上,机器已经在很多领域取代了人类的工作。例如在美国自动交易或算法交易额已经占到市场总规模的 75%。③ 机器人语音客服、机器人编辑、机器翻译已经屡见不鲜。在著名的电动汽车特斯拉的生产车间里,从冲压、车身制造、烤漆到组装所有的工序都由 150 个机器人来完成,每一个机器人都可以完成多种动作,6 秒钟就可以完成一个发动机盖的冲击,365 天 24 小时无休,而且不需要支付工资和各种福利,只需要提供电力就行。对于 AI 的投资正在迅猛增长,目前虽然规模较小,但增速却是最高的。④

二、数字经济是高质量经济

(一)数字经济是创新驱动的经济

相较于传统的经济,数字经济的技术进步速度更快,创新驱动能力更强。这是因为数字经济和传统经济的差别在于信息处理方式的差

---

① Ben-Bright Benuwa, Yongzhao Zhan, Benjamin Ghansah, Dickson Keddy Wornyo, Frank Banaseka Kataka. "A Review of Deep Machine Learning". *International Journal of Engineering Research in Africa* 24, 2016:132.

② Erik Brynjolfsson, Andrew McAfee. *The Second Machine Age: Work, Progress, and Prosperity in a Time of Brilliant Technologies*. New York: W. W. Norton. 2014: 30-33.

③ Atul Prakash, Rocky markets test the rise of amateur "algo" traders, Reuters, Jan. 28, 2016.

④ Mary Meeker. Internet Trends 2018, https://www.recode.net/2018/5/30/17385116/mary-meeker-slides-internet-trends-code-conference-2018.

别,也就是比特和原子的差别。相较于进化非常缓慢的原子,比特经济的进化则遵循摩尔定律,其计算速度几乎每两年都会翻一番,呈现出显著的创新驱动特性。

人脑几千年来呈缓慢的线性发展,而电脑则基于摩尔定律呈现指数式发展。人类认知能力的提高主要源于大脑皮层和局部区域内的褶皱增多。这些褶皱增加了大脑的表面积,为容纳更多的神经元提供了可能。[①] 大脑虽然是强大的计算工具,但其增长速度非常缓慢,每隔数十万年才增长大约一立方英寸,这也是为什么几千年前老子和亚里士多德的智慧当今依然只有少数人能够企及,莎士比亚和李白的作品今天依然被奉为圭臬。

相较而言,计算机的发展遵循摩尔定律,其计算能力每隔不到两年的时间就会翻一番,而且这一趋势还远远看不到尽头。埃里克·布林霍夫森(Eric Brynjolfsson)、安德鲁·迈克菲(Andrew McAfee)和马丁·福特(Martin Ford)指出,"IT革命显著区别于人类历史上的其他技术进步。计算机的计算能力、存储能力、连接能力等都在呈指数式发展,每1~2年就会翻一番。工业革命中无论是能源效率、世界的连通速度还是载货量都从没有出现过这么高的增长率。指数级的效率改善已经覆盖到数字经济的所有领域,而非仅仅是微芯片"。[②]

摩尔定律似乎一直行之有效,但是否会一直持续下去,何处才是尽头?目前为止,众说纷纭,尚无定论。

虽然摩尔定律面临质疑,但是计算能力的提高却呈现日益加速的

[①] M. Cacares. "Elevated Gene Expression Levels Distinguish Human from Nonhuman Primate Brains". *Proceedings of the National Academy of Sciences*, Oct. 28 2003: 13030 - 13035.

[②] Erik Brynjolfsson, Andrew McAfee. *The Second Machine Age: Work, Progress, and Prosperity in a Time of Brilliant Technologies*. New York: W. W. Norton. 2014: 49.

第三章　数字经济高质量发展的理论内涵与路径

态势,特别是GPU的异军突起使得计算能力开启了新的跑道。英伟达的创始人黄仁勋认为传统CPU的摩尔定律已经失效,设计人员无法再创造出可以实现更高指令级并行性的CPU架构,晶体管数每年增长50%,但CPU的性能每年仅增长10%,但计算能力的指数式增长并未停滞,取而代之的是更为强大的GPU(GPU是一种图形处理器,可以广泛用于机器学习和深度学习,是人工智能的基础)定律,黄仁勋将其称为"超级摩尔定律",其计算处理增长速度较摩尔定律更快,每10年性能会增长1 000倍。[①]

2018年,OpenAI也发布了一份分析报告,指出虽然CPU的增速放缓,但是从2012年开始,AI所用的算力增速是摩尔定律的6倍,平均每3.43个月就会翻一番,6年来一共增长了30万倍,而同期如果按照摩尔定律的速度,则只会增长12倍。[②]

无论如何,相较于人脑,数字化的算力仍在狂飙,尽头尚未可知。如果机器算力和人脑都各自按照目前的速度发展,那么计算机的计算能力赶超人类只是时间问题,而且一旦超越,考虑到计算机的进化速度,人类就再也没有赶超的可能。10年前,一个水平一般的一段围棋棋手可以轻松击败全球最厉害的计算机,但是10年后,计算机在围棋领域已经可以横扫全球,打遍天下无敌手。毫无疑问,未来还会有更多领域会重复这一过程。数字化决策取代人脑决策已经成为一个不可逆转的趋势,从人脑经济向数字经济的转型也势在必行。

2012年8月,波士顿咨询集团要求1 600名全球创新专业人士排出2021年50家最具创新力的公司,最终前10名分别是苹果、谷歌、亚

[①] 《超越摩尔定律,NVIDIA再提黄氏定律:每10年GPU性能增长1 000倍》,http://news.mydrivers.com/1/598/598286.htm。

[②] 《AI算力增速》,https://openai.com/research/。

马逊、微软、特斯拉、三星、华为、IBM、索尼和辉瑞,其中8家都是标准的数字经济企业,可见创新驱动是数字经济的基本特征。

(二) 数字经济是绿色可循环经济

数字技术能够有效降低碳排放,促进经济的可持续发展。例如,经济的数字化可以大幅减少传统的经济活动,从而降低能耗。以数字通信技术为例,互联网的出现大幅提高了沟通效率,降低了因为人们活动而导致的碳排放。比如说会议、办公,甚至教育,以前都需要人们聚集到一个地方才能开展,数字经济的普及将这些活动从线下转到线上,就会大幅降低包括交通、建筑等一系列的线下活动所导致的碳排放。此外,经济的数字化可以精准匹配需求和供给,减少不必要的生产和浪费,提供更加符合人们需求的高质量产品,从而大幅降低碳排放。

2016年,全球数字技术可持续发展组织(Global e-Sustainability Initiative,GeSI)发布报告,认为数字经济可以有效降低碳排放,实现经济的绿色和可持续发展。该组织估计,随着数字技术在制造业、交通运输业、农业、教育业、建筑业、能源业等多个领域的普及和应用,资源配置的智能化程度会大幅提高,可将全球的碳排放减少120亿吨二氧化碳当量,约占全球总排放量的1/5。这一预测也得到了不少机构的认可,全球气候行动峰会(Global Climate Action Summit,GCAS)、德国信息技术协会(Bitkom)和苏黎世大学等多家机构都认为,数字技术可以将全球温室气体排放量减少15%—20%。

数字经济虽然可以大幅降低整体经济的碳排放,但数字经济本身的发展也会消耗大量能源,制造出新的碳排放,以全球市值最高的芯片代工公司台积电(TSMC)为例,随着芯片尺寸的降低和密度的提高,单位芯片的能耗量和整体的耗电量也在不断提高,面对这种情况,数字经济企业都纷纷制订了自己的减排和碳中和计划。台积电表示,将采用更积极的再生能源采用计划,更新2030年目标为全公司生产厂房25%用电量以及非生产厂房100%用电量为再生能源,并进而以全公司使用100%再生能源为长期目标。其他一些数字经济巨头,例如腾讯、阿里、苹果、谷歌也都已经宣布了自己的碳中和计划。未来随着技术的进步,对于化石能源的需求有望进一步降低。

(三) 数字经济是协同发展的经济

数字经济不仅自身发展迅速,而且具有强烈的外部性,能够助推其他行业的发展,提高整体经济的增速。保罗·克鲁格曼(Paul R. Krugman)指出,技术具有强大的外部性,会导致产业集聚和区域专业化。[1] 任何一项技术的产生都会导致知识和创新的扩散,并最终使得全社会受益。以谷歌的网络搜索技术为例,网页搜索技术的诞生极大降低了人们获取信息的成本,成本的降低使得不同行业的利润率都会有所提高,利润率的提高会刺激新的投资和消费,从而带动整体经济的成长。另一方面,网络搜索技术的产生也会大幅提高内容生产的收益,从而使得网络内容更为丰富。这种持续的链式反应会导致经济的迅速发展。

经济是一个信息处理系统,技术进步是经济发展的核心动力。所以,我们可以看到,数字经济出现后,人类社会进入了持续高速发展的模式。以美国为例,自数字经济诞生以来,美国经济的增长呈现逐步加速的态势,经济周期显著弱化,经济长期停滞几乎再没有发生。沉迷于凯恩斯理论的多数经济学家都未能预料到美国经济能够迅速从2008年危机中复苏,并持续保持高速增长,或者将其归功于货币政策的量化

---

[1] 转引自李小建、李庆春:《克鲁格曼的主要经济地理学观点分析》,《地理科学进展》1999年第2期。

宽松。事实上,美国能够从次贷危机中迅速复苏,而未像1930年代大萧条那样二次探底显然更加得益于技术进步加速所创造的大量利润和投资空间,平滑了因为预期悲观而导致的信用波动,而非单纯量化宽松货币政策的结果。技术进步使得2008年的金融危机变成了美国经济持续增长过程中的一朵小小浪花,而未像1930年代大危机那样演变成全面的萧条。

2019年,美国商务部下属的经济分析局对于1997—2017年的美国数字经济①发展进行了分析,结果显示,数字经济是20年以来美国经济的最重要增长引擎。1998—2017年,美国数字经济的年均复合增长率高达9.9%,而同期整体经济增长的规模只有2.3%。2017年,美国数字经济的规模约为1.35万亿美元,占同期美国GDP 19.5万亿美元的6.9%,1997年这一比例仅为5.9%。和传统行业相比,美国的数字经济产业规模仅次于职业、科学和技术服务业,其规模约为1.45万亿美元,占GDP的7.4%,排名在数字经济后面的是批发贸易行业,规模约为1.17万亿美元,占GDP的6%。

根据BEA的初步预测,在整个统计周期内,数字经济都是美国GDP增长的重要引擎。2017年,数字经济经通胀调整后的增加值为1.48万亿美元。1998—2017年的每一年,数字经济的实际增加值增速都超出美国经济的整体增速,大大缓解了到2008年金融危机对于经济

---

① 2018年3月,美国商务部经济分析局将数字经济定义为包括ICT行业、计算机网络存在和运行所需的数字使能基础设施、通过计算机系统产生的数字交易(电子商务)以及数字经济用户创造和访问的数字内容(数字媒体)。2018年3月公布的初步预测数据仅包括主要为数字内容的产品和服务。基于北美工业分类系统(NAICS)的商品和服务类别既包括数字商品和服务,也包括非数字商品和服务。尽管美国商务部经济分析局对数字经济的定义包括所有的数字产品和服务,但并不包括那些只有部分为数字内容的产品和服务。这意味着数字经济的部分门类,例如P2P电子商务,也就是所谓的共享经济并不包括在其统计的数字经济范围中。诸如共享出行等P2P交易依靠互联网匹配供给和需求,但同时包括个人提供服务的非数字经济内容。将这种混合交易区分为数字和非数字部分需更多的数据和资源,这一工作目前正在进行中。

的不利影响。如果排除 2008 年和 2009 年的衰退期,数字经济实际增加值每年的平均增速都比美国 GDP 的整体增速高 3 倍以上。

(四) 数字经济是开放共享的经济

数字经济的进步速度越来越快,技术的复杂度也越来越高,产业链之间的依存度也日益紧密,开放共享已经成为必然的选择。美国虽然在全球数字经济产业链独占鳌头,但是也无法脱离全球的数字经济产业链。美国在数字经济产业链的每个环节几乎都拥有世界级的公司,例如智能终端领域的苹果、软件和云服务领域的微软、电子商务和云服务领域的亚马逊、网络搜索领域的谷歌、社交领域的脸书、智能电动汽车领域的特斯拉、芯片设计领域的英特尔和 AMD、人工智能芯片领域的英伟达、在线视频领域的 Netflix、办公软件领域的 Adobe、在线支付领域的 Paypal、CRM 软件领域的 Salesforce、数据库管理领域的甲骨文、通信芯片领域的高通、视频会议领域的 Zoom、虚拟化基础设施领域的 Vmware、共享出行领域的 Uber、DRAM 领域的美光科技、Eda 领域的新思科技、可编程平台领域的赛灵思。这些公司都是其所在领域毫无疑问的龙头企业。

表 3-3 数字经济各细分行业龙头一览

细分行业	龙头企业	市值(亿美元)	所属国家或地区
智能终端	苹果	24 600	美国
软件和云服务	微软	22 900	美国
电子商务和云服务	亚马逊	17 600	美国
网络搜索	谷歌	19 400	美国

续表

细分行业	龙头企业	市值（亿美元）	所属国家或地区
在线社交	脸书	10 500	美国
芯片代工	台积电	6 301	中国台湾
智能电动汽车	特斯拉	7 571	美国
芯片设计	英特尔	2 236	美国
人工智能芯片	英伟达	5 585	美国
在线视频	Netflix	2 579	美国
综合电信业务	Verizon	2 259	美国
办公软件	Adobe	3 149	美国
在线支付	Paypal	3 318	美国
通信设备	华为	未上市	中国
CRM 软件	Salesforce	2 507	美国
数据库管理	甲骨文	2 402	美国
ERP	SAP SE	1 701	德国
光刻机	阿斯麦	3 644	荷兰
通信芯片	高通	1 559	美国
视频会议	Zoom Video 通讯	829	美国
虚拟化基础设施	VMware	594	美国
共享出行	Uber	725	美国
DRAM	美光科技	831	美国
软件外包	Infosys	991	印度

续表

细分行业	龙头企业	市值(亿美元)	所属国家或地区
Eda	新思科技	512	美国
可编程平台	赛灵思	390	美国
短视频	Tiktok	未上市	中国

资料来源：美国证券交易委员会。
注：数据截至2021年9月14日。[①]

尽管如此，美国的芯片仍然无法保持自给自足，美国几乎所有的重要数字经济公司都要依赖台积电来代工芯片，都要采购来自荷兰ASML公司的光刻机。为了逆转这种情况，2022年2月初，美国众议院通过《2022年美国竞争法案》(America COMPETES Act of 2022)，授权政府拨款近3 000亿美元用于半导体、汽车关键部件等行业的研发和补贴，以及解决日渐严重的供应链问题，但是效果如何尚待观察。

三、数字经济高质量发展的推进路径

数字经济是经济增长的核心动力。得数字经济者得天下，未来国家之间的竞争也会围绕着数字经济展开。我国经济要实现高质量发展，就必须做强做优做大数字经济。正如习近平总书记强调的，"面向未来，我们要站在统筹中华民族伟大复兴战略全局和世界百年未有之大变局的高度，统筹国内国际两个大局、发展安全两件大事，充分发挥海量数据和丰富应用场景优势，促进数字技术和实体经济深度融合，赋能传统产业转型升级，催生新产业新业态新模式，不断做强做优做大我

---

① www.sec.gov.

国数字经济"。①

(一) 发挥体制优势和规模优势,强化关键核心技术攻关

当前我国很多核心技术都需要依赖境外市场,以芯片为例,高端芯片对于英伟达、高通、英特尔、AMD、阿斯麦等企业的依赖仍然较重,要解决这种核心技术问题,单独依靠市场可能并不现实,因为市场具有强烈的先发者优势,会导致赢者通吃的马太效应,在充分的市场竞争环境下,领先者和后来者之间的差距会越来越大。所以,必须坚持科技自立自强,在集成电路、人工智能、区块链、物联网、工业互联网,以及新一代信息基础设施等前沿领域发挥我国社会主义制度优势、新型举国体制优势、超大规模市场优势,集合力量、创新机制,实施关键核心技术攻关,突破"卡脖子"难题。

(二) 推进算力提升,释放数据要素潜力

数据是新石油,是数字经济发展的基本动力。促进数据的集聚和开放,释放数据要素潜力,才能有效促进数字经济和整体经济的高质量发展。近日,"东算西数"工程全面启动,将在京津冀、长三角、粤港澳大湾区、成渝、内蒙古、贵州、甘肃、宁夏等8地启动建设国家算力枢纽节点,并规划了10个国家数据中心集群。新一轮科技革命和产业变革正在重塑全球经济结构。算力作为数字经济的核心生产力,成为全球战略竞争的新焦点。截至目前,我国数据中心规模已达500万标准机架,算力达到130 eflops。随着数字技术向经济社会各领域全面持续渗透,全社会对算力需求仍十分迫切,预计每年仍将以20%以上的速度快速

---

① 习近平:《不断做强做优做大我国数字经济》,《求是》2022年第2期。

增长。算力已成为国民经济发展的重要基础设施。加快推动算力建设,将有效激发数据要素创新活力,加速数字产业化和产业数字化进程,催生新技术、新产业、新业态、新模式,支撑经济高质量发展。

(三)发展产业互联网,促进数字经济和实体经济的融合

要推动制造业、服务业、农业等产业数字化,利用互联网新技术对传统产业进行全方位、全链条的改造,提高全要素生产率,发挥数字技术对经济发展的放大、叠加、倍增作用。在微观层面,企业的决策应该基于对数据的智能收集、分析和判断,形成数据驱动的智能决策能力,以快速满足客户和市场的需求,提高企业的弹性;企业的管理和商业模式也应该基于数据分析,准备理解客户痛点,不断推进流程重组,尝试建立新的组织形态、新的商业模式,尤其是企业的创新和绿色发展,更要充分利用数字技术、互联网平台,实现数字化、智能化,提高创新效率和竞争力。

(四)加强数字经济治理,营造良好数字生态

数字经济对基于传统经济模式的宏观治理、市场治理都具有较大的挑战性,诸如平台垄断、数据跨境流动、个人信息保护、数据资产权属、数据市场交易等都是亟待破解的问题。既要大力推进数字经济的创新发展、包容发展,也要积极构建与数字经济发展规律相符的治理体系。国家"十四五"规划纲要提出,"营造良好数字生态",就是要建立健全数据要素市场规则、营造规范有序的政策环境、加强网络安全保护。要健全市场准入制度、公平竞争审查制度、公平竞争监管制度,建立全方位、多层次、立体化监管体系,实现事前事中事后全链条全领域监管。要加强数字经济安全风险预警、防控机制和能力建设,实现核心技术、

重要产业、关键设施、战略资源、重大科技、头部企业等安全可控。

参考文献

[1] [美]卡尔·夏皮罗、哈尔·瓦里安:《信息规则——网络经济的策略指导》,张帆译,中国人民大学出版社2000年版。

[2] [美]雷·库兹韦尔:《奇点临近——2045年,当计算机智能超越人类》,李庆诚、董振华、田源译,机械工业出版社1900年版。

[3] 汪丁丁:《经济学思想史进阶讲义》,上海人民出版社2015年版。

[4] [美]布莱恩·阿瑟:《复杂经济学——经济思想的新框架》,贾拥民译,浙江人民出版社2018年版。

[5] 姜齐平:《网络经济:内生结构的复杂性经济学分析》,中国财务出版社2017年版。

[6] 李长江:《关于数字经济内涵的初步探讨》,《电子政务》2017年第9期。

[7] 马化腾:《数字经济——中国创新增长新动能》,中信出版集团2017年版。

[8] [美]尼古拉·尼葛洛庞帝:《数字化生存》,胡泳、范海燕译,海南出版社1996年版。

[9] [美]塞萨尔·伊达尔戈:《增长的本质——秩序的进化,从原子到经济》,浮木译社译,中信出版集团2015年版。

[10] 阿里研究院、KPMG:《迎接全球数字经济新浪潮——2018全球数字经济发展指数》,2018年9月。

[11] 王振、惠志斌主编:《全球数字经济竞争力报告(2020—2021)》,社会科学文献出版社2021年版。

[12] Erik Brynjolfsson, Andrew McAfee. *The Second Machine Age: Work, Progress, and Prosperity in a Time of Brilliant Technologies*. New York: W. W. Norton. 2014.

[13] Martin Ford. *Rise of the Robots: Technology and the Threat of a Jobless Future*. New York: Basic Books, 2015.

[14] Sharon Pian Chan. Long antitrust saga ends for Microsoft, *The Seattle Times*. May 12, 2011.

[15] James, Paul. Magee, Liam; Scerri, Andy; Steger, Manfred B. (2015). *Urban Sustainability in Theory and Practice: Circles of Sustainability*. London: Routledge.

[16] OECD. *Measuring the Digital Economy: A New Perspective*. Paris: OECD Publishing, 2014.

执笔：王滢波(上海社会科学院信息研究所助理研究员)

第四章　长三角数字经济发展历程与现状

近些年,中国数字经济发展迅猛。根据中国信息通信研究院的测算,2020年,我国数字经济规模达39.2万亿元,占GDP比重达38.6%,增速高达9.7%,成为驱动中国经济增长的关键力量。长三角地区是中国经济最具活力的地区之一,也是数字经济发展的重要集聚区之一。

一、长三角数字经济发展历程

数字经济的发展离不开信息技术的进步和信息产业的发展。由于数字经济的发生发展与信息技术、互联网密切相关,因而人们通常把数字经济等同于信息经济、信息产业。一般而言,"数字经济"的前期阶段通常被称为"信息经济"或"电子信息产业",后来因数据成为更重要的资源要素,逐步出现"数字经济"的概念。长三角地区的信息产业(数字经济)是在中国信息产业和数字化的大背景下发展起来的,从其源头溯源,其发展历程大致可以分为五个阶段。

(一) 改革开放之前的初创阶段

我国电子信息产业是伴随着中华人民共和国的成立而诞生的。新中国成立后,开始了我国的工业化历程,1950年代—1970年代初步建立起独立的、比较完整的工业体系,与此同时相关信息产业也有了初步发展,半导体技术和工业体系也由此建立起来。在这种背景下,1958年起,上海元件五厂、上海电子管厂和上海无线电十四厂等先后成立,上海的半导体产业开始发展,并且在当时处于全国前列。1968年,为了加速我国集成电路的发展,第四机械工业部组建了我国第一个专门从事集成电路研制生产的专业工厂,即北京东光电工厂。不久,上海仪表局组建了专门从事集成电路研制、生产的上海无线电十九厂,与北京东光电工厂并称为中国集成电路产业的"南北两霸"。

随着上海在集成电路产业上的领先,长三角地区的其他省市在信息产业的发展方面也紧跟上海走在了全国前列。1950年代末,浙江在国内较早建立了单晶硅材料厂(开化601厂);1960年代,江苏建立起一批如南京国营772厂、无锡国营742厂、苏州半导体厂、徐州半导体厂、常州半导体厂、南京半导体厂等代表性的半导体生产企业。

表4-1是1978年我国及长三角地区规模以上电子信息产业工业制造业的统计指标。长三角地区信息产业的增加值、主营业务收入和利润总额都占全国40%以上,而从业人员比例较低,只占全国的27%。可见长三角地区以较少的从业人员实现了较高的信息产业增加值和利润。在长三角地区的4个省市中,上海又独占鳌头,在产业增加值、主营业务收入和利润方面都超过了江苏、浙江和安徽。

表4-1 1978年长三角地区规模以上电子信息产业工业制造业情况

	增加值 (万元)	主营业务收入(万元)	利润总额 (万元)	从业人员 (人)
全国总计	287 703	145 400	26 625	1 052 903
上海市	68 563.6	31 991.1	8 616.1	99 655.0
江苏省	44 997.4	24 415.0	4 592.8	139 184.0

续表

	增加值（万元）	主营业务收入（万元）	利润总额（万元）	从业人员（人）
浙江省	7 625.5	6 507.7	751.9	27 776.0
安徽省	5 041.9	1 811.0	509.1	18 321.0
长三角合计	126 228	64 725	14 470	284 936
长三角占全国比重(%)	43.9	44.5	54.3	27.1

资料来源：周子学主编：《中国电子信息产业统计年鉴（下篇）》，中国电子信息产业60年统计数据。

(二) 改革开放初期的起步阶段

1978年12月党的十一届三中全会后开始启动改革开放。1979年，国务院决定成立国家计算机总局，这是中国计算机的第一个国家级专业主管机构。1982年10月，国务院成立了"计算机与大规模集成电路领导小组"，制订了中国集成电路发展规划。1984年，国务院决定将"计算机与大规模集成电路领导小组"改为"国务院电子振兴领导小组"，把电子和信息产业的服务重点转移到为发展国民经济、四化建设和整个社会生活服务的轨道上来，中国信息产业由此进入快速发展阶段。从改革开放后到1990年代初，可以说是中国信息产业全面奠定基础的时间，同时这一时期也是我国软件产业的萌芽阶段，国内开始出现专业软件开发公司，中国软件业进入了开创性阶段。

这一阶段长三角地区的信息产业发展以国营企业为主力。1980年，无锡江南无线电器材厂（742厂）从日本东芝公司引进彩色和黑白电视机集成电路生产线，成为当时我国首家技术最先进、规模最大，具有现代工业化大生产特点的集成电路生产厂。1988年,"531"战略下,[①]甘肃871厂绍兴分厂改名为华越微电子有限公司,建起了规模化、现代化的集成电路IDM模式,[②]是当时长三角地区仅次于无锡华晶的第二家集成电路制造企业。同样在1980年代,浙江在单晶硅制备方面取得重大突破,逐渐成立了包括浙大海纳、立立电子、立昂微电等一个围绕半导体材料的企业集群。

图4-1是1980年代长三角地区四省市电子信息工业制造业的增加值情况。1980年代初期,上海在四省市中独占鳌头,1980年代后期,江苏省逐渐超过上海市,并且差距逐年拉大。

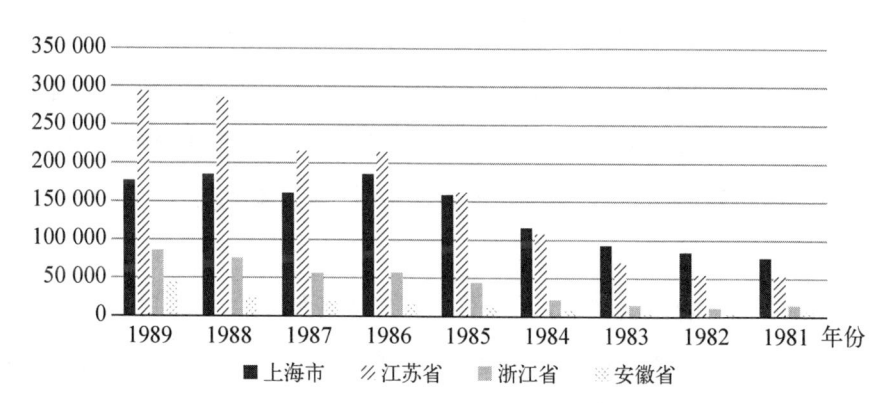

图4-1 1980年代规模以上电子信息产业工业制造业增加值(万元)

资料来源:周子学主编:《中国电子信息产业统计年鉴(下篇)》,中国电子信息产业60年统计数据。

(三) 1990年代的开放阶段

1990年代是我国信息产业增长的黄金时期,年均增长率达到40%以上。1998年,国家新组建了信息产业部,负责推进国民经济和社会服

---

① "531"战略即推广5微米技术、开发3微米技术、进行1微米技术的科技攻关战略。
② 即集设计、制造、封装测试与销售于一体。

务信息化的工作,信息产业得到空前发展。1990年代中后期,国际著名计算机公司、软件公司纷纷进入中国,给信息产业的发展带来了重大的机遇与挑战,同时中国出现了一批专业的软件公司。

  随着外资的大量涌入,以上海为龙头的长三角地区赢得了越来越多的关注,亚洲四小龙(韩国、新加坡、中国台湾和香港地区)开始将产业陆续向长三角地区转移。欧美制造企业则是从1995年开始陆续进入中国。贝尔、阿尔卡特、西门子、惠普、华虹NEC等一大批跨国公司先后进入长三角地区,成为产业集群形成的核心力量。外资的进入,不仅带来了资金,还带来企业家和先进的技术,极大带动了长三角地区信息产业的发展。1988—1995年,上海先后成立上海贝岭、上海飞利浦、上海松下等半导体公司。1998年,上海贝岭在上交所上市,成为中国集成电路行业的首家上市企业。与此同时,信息产品逐渐丰富起来,显示器、打印机、硬盘驱动器、不间断电源设备、扫描仪等成为这一时期的主打产品。

  随着企业的创立和成长,电子信息产业开始在长三角集聚。从上海到苏州、南京,逐步形成一条囊括了从芯片到外壳的所有计算机零部件生产以及各类光电线缆生产的科技走廊,初步形成由微电子、通信及网络、计算机及软件、数字音视频电子产品(含电子元件)和信息服务的信息产业集群。

  图4-2是1990年代长三角四省市规模以上电子信息产业制造业主营业务收入情况。从图4-2中可见,四省市的信息产业主营业收入逐年增长,其中江苏省一直遥遥领先,其次是上海市和浙江省,而安徽省则比较落后,且增长缓慢。

  表4-2是1990年代后半期长三角四省市的部分信息产品产量。可见各省市的信息产品产量呈逐年增长的趋势。

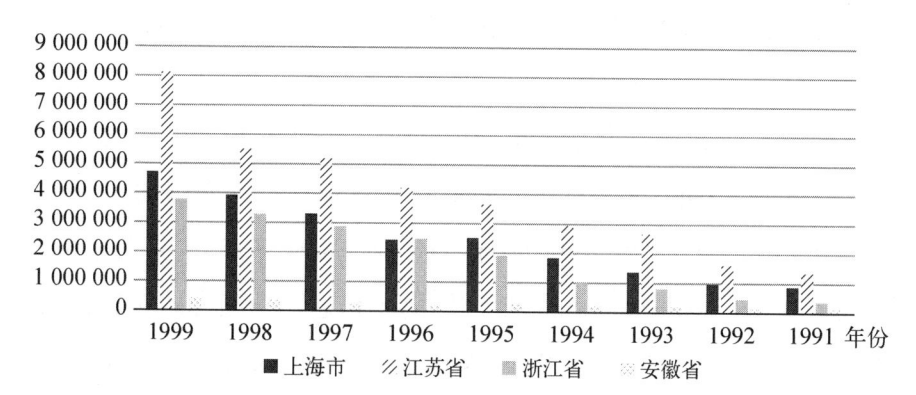

图 4-2　1990 年代规模以上电子信息产业制造业主营业务收入(万元)

资料来源:周子学主编:《中国电子信息产业统计年鉴(下篇)》,中国电子信息产业 60 年统计数据。

表 4-2　1995—1999 年长三角四省市信息产品产量

地区	1999 年	1998 年	1997 年	1996 年	1995 年
\multicolumn{6}{c}{微型计算机产量(单位:台)}				
上海市	113 217	103 038	46 694	38 809	17 933
江苏省	52 352	382 111	214 004	66 722	8 528
浙江省	8 467	60 349	102 893	101 871	5 972
安徽省	80 711	48 665	504	268	448
\multicolumn{6}{c}{半导体集成电路(单位:万块)}				
上海市	4 738	10 839	10 821	3 295	3 899
江苏省	84 126	54 086	52 351	17 873	9 224
浙江省	33 445	27 583	15 718	4 214	4 197
安徽省	—	—	—	—	7

资料来源:周子学主编:《中国电子信息产业统计年鉴(下篇)》,中国电子信息产业 60 年统计数据。

(四) 加入 WTO 后的跨越阶段

进入 21 世纪,信息技术渗透到社会生活的各个领域,信息产业得以高速发展。从 2000 年开始,在国家"信息化带动工业化"的战略指引下,特别是加入 WTO 后的开放带动下,我国信息产业进入了一个全新的发展时期,并逐渐与世界接轨。

首先,2001 年,上海和江苏的信息产业规模已占全国的 23% 左右,2002 年占 29%,2002 年上海有 IT 企业 1 000 多家,从业人员 3.2 万人。2004—2009 年,长三角地区的电子信息产业指标占全国的比重达到 30%—40%。2005 年,上海信息产业制造业累计完成销售收入 4 106 亿元,其增长速度位列六大主导产业之首,成为拉动上海经济增长的重要力量。江苏省的信息产业连续 12 年居全国第二位,连续 5 年年增长率超过 55%,形成了专业门类比较齐全、产业规模较大、国际化程度较高的产业体系,成为带动全省经济增长的战略性产业。表 4-3 是四省一市电子信息制造业的工业增加值和企业数量情况,从中可以看出,4 个地区的电子信息产业规模都呈现出不断增长的趋势。

表 4-3　2002—2009 年长三角四省一市电子信息制造业指标

年份	2002	2004	2005	2007	2008	2009
工业增加值(万元)					
全国合计	27 526 927	51 929 850	67 005 329	70 479 276	114 078 576	120 134 892
上海市	3 193 547	7 162 212	7 846 001	11 836 318	10 736 164	9 978 745
江苏省	3 107 572	10 637 491	15 013 389	24 605 516	26 437 810	28 309 155
浙江省	1 634 722	2 713 535	3 042 772	5 059 695	6 424 295	6 091 955
安徽省	128 396	287 283	353 098	642 186	850 453	1 319 229
长三角占全国比例(%)	29.30	40.06	39.18	59.80	38.96	38.04

续表

年份	2002	2004	2005	2007	2008	2009
企业数量(家)						
全国合计	—	12 411	16 007	14 298	16 511	19 896
上海市	—	1 073	1 215	973	1 045	1 100
江苏省	—	1 949	2 330	2 459	2 842	3 656
浙江省	—	1 982	2 425	2 181	2 606	3 044
安徽省	—	244	296	230	291	368
长三角占全国比例(%)	—	40.32	37.30	39.26	39.33	39.20

资料来源：《中国信息产业年鉴(2003—2010)》。

从产品的产量也可以看出，除了个别地区和个别年份，长三角地区的信息产品产量总体上也呈现出逐步增长态势(见表4-4)。其中上海市和江苏省的微型计算机产量在2004—2009年增长明显，分别从2004年的193万台和26万台增长至2009年的7 320万台和8 180万台，产量增速非常显著。而各地的半导体集成电路和移动电话机产量在这一阶段则存在一定起伏。

表4-4　2004—2009年长三角四省市电子信息产品产量

微型计算机产量(单位：台)				
地　区	2004年	2005年	2007年	2008年	2009年
上海市	1 933 922	21 761 738	43 775 647	57 679 672	73 201 508
江苏省	260 009	29 961 320	50 213 646	52 696 276	81 809 429
浙江省	—	1 391 174	1 302 801	1 056 496	892 045
安徽省	—	—	431	476	326

续表

半导体集成电路(单位:万块)					
地 区	2004 年	2005 年	2007 年	2008 年	2009 年
上海市	548 726.7	677 003.4	891 138	830 487	722 883
江苏省	628 074.3	820 228.8	1 283 921	1 451 533	1 636 970
浙江省	132 387.7	158 186.3	369 369	170 133	213 510
安徽省	—	18.7	—	—	—
移动电话机(部)					
上海市	24 238 514	19 394 949	25 363 871	775 278	3 157 467
江苏省	2 626 400	28 459 476	21 093 078	17 647 015	20 446 791
浙江省	21 558 895	27 912 773	21 164 111	21 704 251	27 777 038
安徽省	—	—	—	—	120 464

资料来源:《中国信息产业年鉴(2003—2010)》。

同时,长三角地区也是我国软件业最为发达的地区,其中上海是我国软件的第三产业基地,图4-3是长三角四省市2002—2009年的软件业增加值情况。

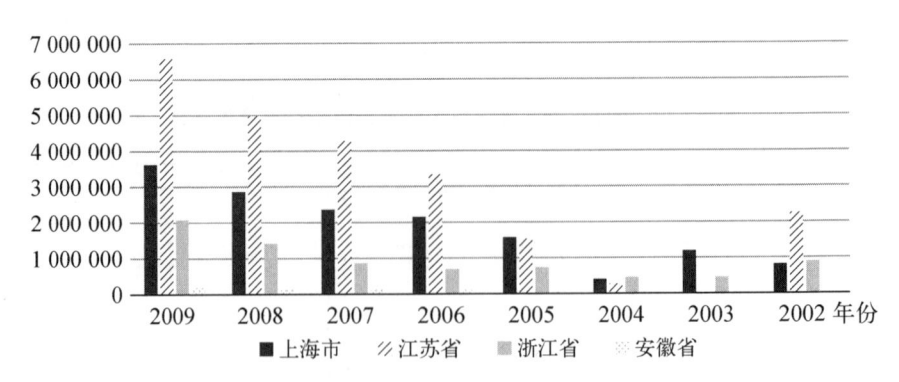

图4-3 2002—2009年长三角四省市软件业增加值(万元)

资料来源:周子学主编:《中国电子信息产业统计年鉴(下篇)》,中国电子信息产业60年统计数据。

与此同时,长三角各省市的互联网及相关产业也得到快速发展。截至2010年,我国网民规模超千万的省(市)数量达到19个,处于全国互联网发展第一梯队的有14个。其中上海、浙江和江苏都处于互联网发展的第一梯队,尤其上海,互联网普及率达到64.5%,仅次于北京的69.4%(见表4-5)。

表4-5 2010年各省网民规模及增速

省份	网民数（万人）	普及率（%）	增长率（%）	普及率排名	网民增速排名
上海	1 239	64.5	5.8	2	31
浙江	2 786	53.8	13.6	4	27
江苏	3 306	42.8	19.6	8	22
安徽	1 392	22.7	30.2	28	4

资料来源：第27次中国互联网络发展状况统计报告。

在互联网普及率大幅提高的情况下,互联网相关产业得以快速发展。上海积极发展互联网服务业。2009年,上海市信息服务业经营收入达2 108.11亿元,相比上年同期增长20.2%。2009年底,上海开始研究部署物联网产业推动工作,以及积极打造全国云计算与服务中心。上海还出台《上海推进软件和信息服务业高新技术产业化行动方案(2009—2012年)》,目标是在未来3年内,使上海在互联网相关服务业方面成为全国高地。

2000—2010年是我国电子商务腾飞的10年,也是长三角地区电子商务腾飞的10年。2009年,浙江省电子商务占到全国的50%,省会杭州集聚了一批网络优质企业,涌现出诸如阿里巴巴、淘宝、盘石、网盛等众多著名电子商务企业。2010年1—8月,杭州市的电子商务服务收入达 32.1 亿元,同比增长 36.2%,杭州成为"中国电子商务之都"。2009 年,浙江在全省范围内实施"万家企业电子商务推进工程",以有效整合资源,打造全省综合性电子商务平台,推进电子商务发展。

江苏省的互联网产业在过去的 10 年里也得到快速发展。据调查显示,截至 2010 年底,江苏省网民数为 3 306 万人,互联网普及率达到 42.8%;手机上网用户数高达 3 626 万人。网络购物、网上支付、网上银行的使用率分别达到了 38.2%、31.7% 和 31.1%,均高于全国水平。此外,网络炒股的应用率为 18.1%,超过全国平均水平 2.6 个百分点;旅行预订应用比例为 8.8%,超过全国网民的使用率 0.9 个百分点。

这一阶段,安徽省的互联网也得到发展。2009 年,安徽省成为全国开通信息化网站数量最大的省份,电子商务、物联网、云计算等各个产业都在发展或开始发展。

(五) 2010 年以来数字经济发展的黄金阶段

2010 年后,数字技术的进步极大促进了信息产业和经济社会的发展。2016 年杭州 G20 峰会通过《G20 数字经济发展与合作倡议》,对"数字经济"的充分发展给予更高重视。到 2019 年,长三角地区经济总量占全国近 25%,但数字经济规模占全国的 30%。随着 IT 技术、大数据、物联网、人工智能等广泛应用,数字经济在国民经济中的地位不断提升。近年来,长三角地区致力于打造区域协同创新共同体,推动产业一体化发展,三省一市共同制订了《长三角科技创新共同体建设发展规划》《长三角 G60 科创走廊建设方案》等,推动各地产业园区深度合作,共建集成电路、智能传感器等国家创新中心,探索协同创新新机制、新模式、新领域,以推动数字经济一体化发展。特别在以下 5 个关键的新兴领域,长三角地区已形成一定的产业集聚规模。

1. 集成电路

长三角地区的集成电路产业规模占据我国的半壁江山,是我国集成电路产业基础最扎实、产业链最完整、制造技术水平最高的区域。根据阿里研究院的《长三角数字一体化发展报告2019》,上海是我国集成电路产业发展的首位城市,2018年,上海集成电路产业规模达到1 450亿元,同比增速实现23%,位居全国城市之首。其次是无锡市,位居全国集成电路产业规模第二位,2018年集成电路产业规模达1 014亿元,同比增速实现14%,成为上海之后第二个产业规模超千亿元的城市。排在上海、无锡后面的有苏州、合肥、南通、杭州、南京等城市,集成电路产业的规模均超过了百亿元,并且都进入我国集成电路行业的前15位城市(见图4-4)。

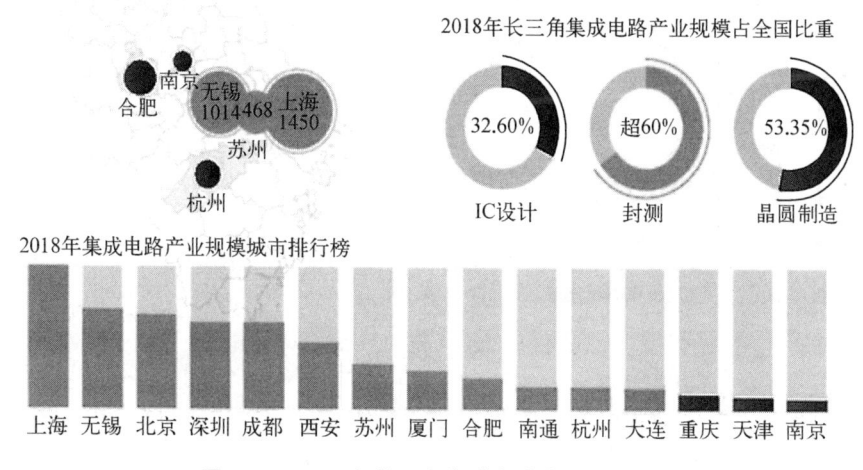

图4-4 2018年长三角集成电路产业规模概况

资料来源:阿里研究院:《长三角数字一体化发展报告》。

2. 软件与信息服务业

长三角地区的软件和信息技术服务业呈快速增长趋势。2019年,上海市实现信息服务业增加值2 863.1亿元,增长15%;信息传输、软件和信息技术服务业投资增速增长达到14.8%。浙江省信息传输、软件和信息技术服务业营业收入8 445亿元,比上年增长22.0%。长三角地区软件和信息技术服务业各项收入情况请见表4-6。

表4-6 2019年1—11月长三角地区软件和信息技术服务业收入情况

(单位:亿元、%)

地区	企业数(个)	软件与信息服务 本期累计	同比增	其中:软件产品收入 本期累计	同比增	信息技术服务收入 本期累计	同比增
上海	1 700	5 502.13	13.0	1 600.64	10.0	3 680.50	14.8
江苏	7 409	8 852.78	15.4	2 090.37	10.9	4 837.34	19.4
浙江	1 892	5 460.42	16.8	1 341.01	12.8	3 527.01	23.2
安徽	760	430.95	30.6	151.84	20.8	218.55	38.1

地 区	信息安全收入 本期累计	同比增	嵌入式系统软件收入 本期累计	同比增	利润总额 本期累计	同比增
上 海	30.99	10.7	190.00	5.6	756.76	16.8
江 苏	79.92	14.3	1 845.15	11.0	1 021.35	10.0
浙 江	8.30	−52.6	584.10	−3.9	1 450.90	6.5
安 徽	0.75	12.0	59.81	31.8	59.60	7.1

资料来源:中国工业和信息化部,http://www.miit.gov.cn/n11293472/index.html。

3. 云计算产业

2019年,全国用云量总量最高的三地依次为上海、北京、广东,三者用云量合计占全国总量的83%。长三角地区的浙江、江苏两省也持续保持领先。上海成为2019年全国用云最高的地方,以418点总"用云量"居榜首。拼多多、哔哩哔哩、小红书等上海新生代互联网企业的崛起带动了用云量的快速增长,首次超过广东等地区。在云计算产业,上海早在2010年就开始布局。而今,上海云计算产业生态丰富,在各种技术方向和应用领域都有许多优势企业,从而形成了支撑"云创新"转型的整体优势。上海还是国内最早的8个国家级两化融合试验区之一,在全国的云计算产业处于龙头地位。

4. 人工智能

目前长三角地区已经形成人工智能产业链和产业集群,区域合作也在有条不紊地展开。截至2019年底,上海人工智能产值超过700亿元,拥有人工智能领域重点企业1 100多家,人工智能企业数居全国第二,占全国20.3%。上海的AI企业应用行业分布广泛,其中企业服务领域的企业最多,达到146家,其次是硬件领域的企业,达到85家(见图4-5)。浙江省人工智能产业增长快速。浙江省首次发布的《人工智能产业发展报告》显示,截至2019年,浙江省人工智能产业企业已达482家,实现总营业收入1 987.4亿元,规模以上人工智能产业增加值达到21.3%。江苏省的人工智能产业在国内基本处于第一梯队,形成以苏南城市群为重点、以南京和苏州为核心的"一带两核"发展格局。

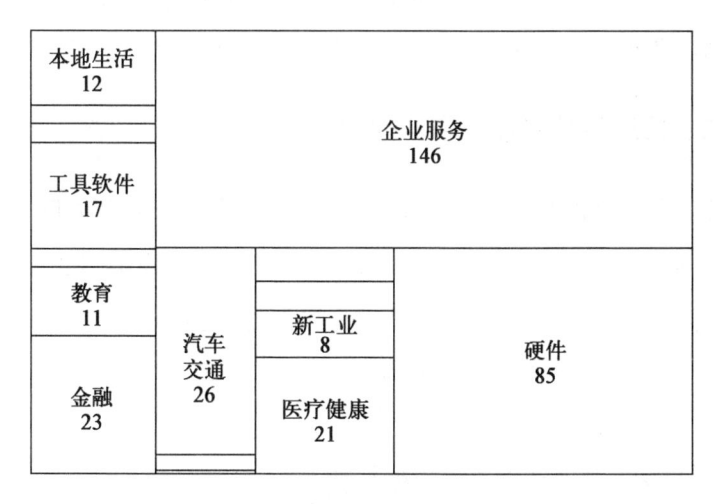

图4-5 上海AI企业行业分布情况

资料来源:《2020上海人工智能产业发展报告》。

安徽省人工智能产业链已初具规模，集聚了以科大讯飞为代表的数百家上下游相关企业，形成了相对完整的人工智能产业链条。

5. 物联网产业

从空间分布来看，中国围绕北京、上海、无锡、杭州、广州、深圳、武汉、重庆等八大城市建立产业联盟和研发中心，形成了长三角、珠三角、环渤海和中西部等四大物联网行业聚集发展区。其中，长三角地区产业规模位列四大区域的首位。早在2013年，上海在全国物联网产业产值率先达到1 000亿元，年均增长20%—30%。目前，上海正加快形成"一体两翼"的集成电路产业发展格局。2019年，江苏全省物联网相关产业规模近7 000亿元，形成了以支撑层、感知层、传输层、平台层和应用层为代表的物联网产业结构，全省物联网企业已超3 000家，从业人员达到30余万人。浙江省注重建设物联网基础设施，在此基础上浙江物联网创新应用覆盖了农业、能源、环保、医疗、交通、金融、安防等各大领域。安徽省的物联网产业发展紧随长三角其他省市之后，2019年，合肥完成5 000余个NB-IoT物理站点部署，实现市区物联网全覆盖，并且计划到2022年物联网产业规模达到450亿元，新引进培育物联网企业超过200家。

二、长三角数字经济在全国的地位

长三角地区的数字经济规模占全国近30%，占本地区GDP的比例超过全国平均水平5个多百分点。长三角地区已成为全国数字经济发展的新高地，无论是数字产业化、产业数字化，还是数字治理水平以及数据价值化，都领先于国内其他地区。

(一) 长三角数字产业化领先全国

长三角地区已经建成以集成电路、电子元器件、新型显示等为代表的新一代信息技术产业体系,新兴数字产业发展走在全国前列。在人工智能方面,长三角地区人工智能相关专利申请总量已超过12.8万件,其中医疗领域的人工智能专利申请总量超过4 640件。根据相关数据,截至2020年底,上海人工智能重点企业1 149家,围绕人工智能核心技术、基础软硬件、智能产品和行业应用,构建了较为完备的产业链。浙江、江苏和安徽等地也不甘落后,据《2021年浙江省人工智能产业发展报告》,2020年,浙江省人工智能产业总营业收入达2 693.43亿元,利润总额达337.41亿元,分别同比增长11.99%、14.84%,智能安防、智能零售、智能制造、智能计算等都位居全国前列,AI芯片、AI软件、区块链等也全国领先。江苏已基本形成以苏南城市群为重点、以南京和苏州为核心的"一带两核"发展格局,人工智能产业在国内处于第一方阵。安徽拥有国家级人工智能战略性新兴产业集群,合肥智能语音及人工智能与智能装备、芜湖工业机器人、蚌埠智能传感器等产业蓬勃发展。

在数字基础设施和数字产业发展方面,长三角地区也走在全国前列。目前长三角三省一市累计建成5G基站22.1万个,占全国总量的26.9%。上海在固定网络和移动网络建设方面已率先实现"双千兆宽带城市"的建设目标;浙江已形成电子元器件及材料、应用电子以及软件与信息服务业等优势产业。江苏2020年软件和信息服务业收入达到1.08万亿元,首破"万亿大关",成为继广东和北京之后中国第三个软件产业规模突破万亿规模的省份(见图4-6)。南京作为全国首个"中国软件名城",软件与信息服务、电子信息制造等数字经济核心产业成为主导产业。

(二) 长三角产业数字化领跑全国

长三角各地都在加速产业的数字化转型。有数据显示,2020年,我

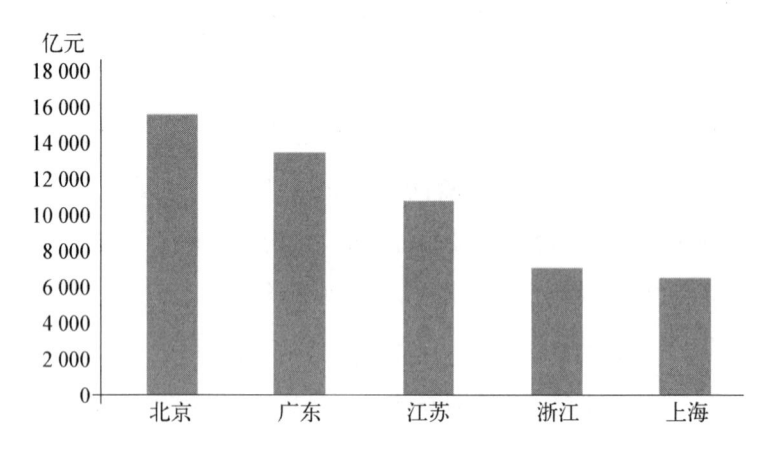

图 4-6　国内部分地区 2020 年完成软件业务收入情况

资料来源：中国信息通信研究院：《长三角数字经济发展报告(2021)》。

国产业数字化占 GDP 比重达到 31.2%，江苏、浙江的产业数字化规模超过 2 万亿元。从数字经济的范围来看，长三角"三省一市"产业数字化规模在数字经济总体规模中占比超过 60%，上海、浙江、安徽产业数字化占比更是超过 80%，具体见图 4-7。

从长三角各省市的产业数字化发展来看，据上海市经信委的数据，2021 年，上海制造业数字化发展水平持续居全国第一梯队，工业互联网平台普及率达 19.1%（全国第一），工业云平台使用率 61.1%（全国第三），数字化研发设计工具普及率 87.7%（全国第二），工业互联网模式创新突破比例 9.5%（全国第三），累计创设工业互联网相关标准规范 70 余项。同时，上海加快建设国际消费城市，培育发展在线新经济，数字技术深入融入各行各业。江苏拥有以智能制造为代表的产业数字化基础，全面提速"5G+工业互联网"融合发展。2020 年 11 月颁布《江苏省加快推进工业互联网创新发展三年行动计划（2021—2023 年）》，大力推进制造业的数字化发展。浙江全力构建新智造体系，打造全国产业数字化转型标杆区，上云企业超过 43 万家，

■ 产业数字化增加值 —— 产业数字化占GDP比重(右轴)

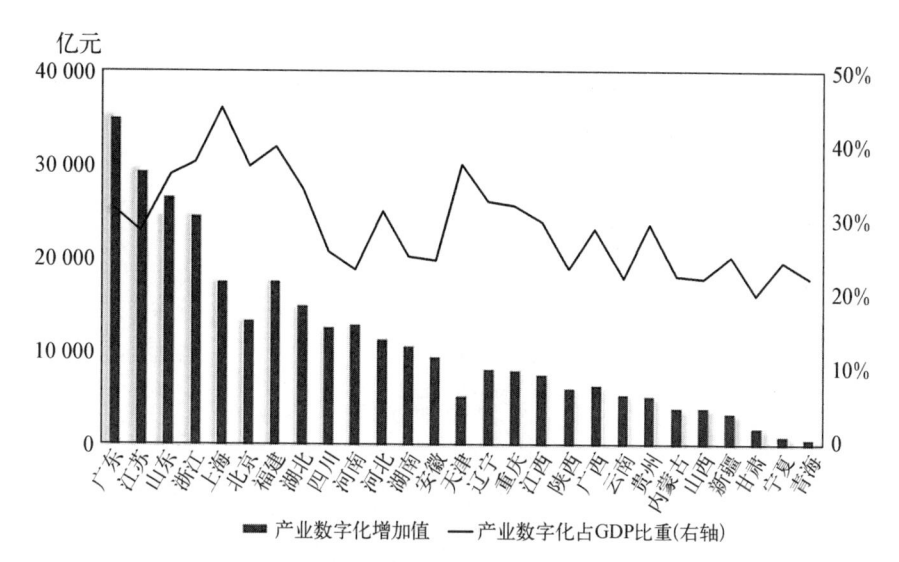

图 4-7 部分省市产业数字化规模及占GDP比重

资料来源：中国信息通信研究院：《中国数字经济发展白皮书(2021年)》。

以新智造体系带动中小企业全面数字化转型。安徽数字经济日益深入发展，以"中国声谷"为基地，打造世界级产业地标。同时，持续实施"皖企登云"行动，深入开展机器换人"十百千"工程，促进传统工业企业数字化转型。

(三) 长三角数字化治理走在全国前列

长三角地区聚焦数字政府和智慧城市建设，不断拓展社会治理新格局。早在2019年，长三角地区共同推进"一库(基础数据库)""一章(网上身份互认)""一卡(民生一卡通)"建设，携手开通了政务服务"一网通办"，通过政务服务数据跨区域共享，开展政务服务一体化工作，实现了长三角区域跨省身份认证和电子证照共享，使得长三角主要城市在线办理和在线服务能力均位于全国前列。上海"一网通办"在全国省级政府一体化政务服务能力评估中位列第一；江苏首创"不见面审批

(服务)"模式;浙江进行"最多跑一次"改革;安徽全面创新升级建成"皖事通办"平台,实行全省政务服务事项"一库管理"。同时,长三角许多城市的数字化治理也走在全国前列(见图4-8)。

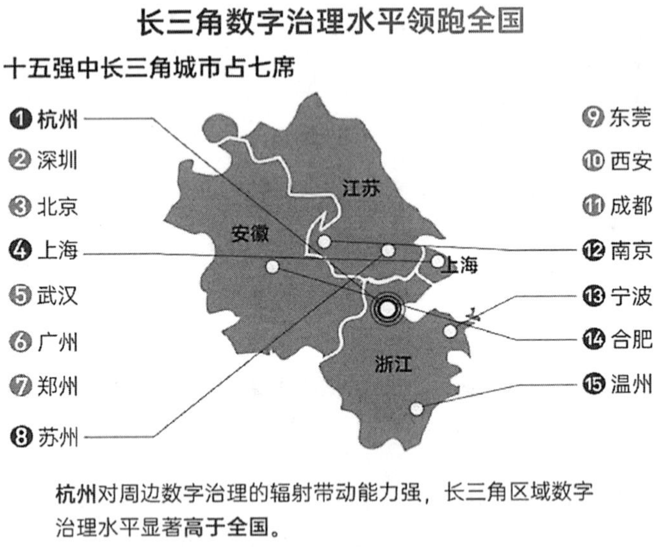

长三角数字治理水平领跑全国

十五强中长三角城市占七席

❶ 杭州　　❾ 东莞
❷ 深圳　　❿ 西安
❸ 北京　　⓫ 成都
❹ 上海　　⓬ 南京
❺ 武汉　　⓭ 宁波
❻ 广州　　⓮ 合肥
❼ 郑州　　⓯ 温州
❽ 苏州

杭州对周边数字治理的辐射带动能力强,长三角区域数字治理水平显著高于全国。

图4-8 数字治理十五强城市

资料来源:《中国城市数字治理报告(2020)》。

从未来发展趋势看,长三角地区的数字一体化治理正向纵深发展。上海市发布了《关于进一步加快智慧城市建设的若干意见》,全面推进城市治理数字化智能化转型,以实现大部分社区政务事项从"直接受理"到"全市通办"。浙江2020年通过《浙江省数字经济促进条例》,成为全国第一部以促进数字经济发展为主题的地方性法规。安徽出台《安徽省"数字政府"建设规划(2020—2025年)》,致力于建成"线上政府、智慧政府"。进入2022年,长三角地区共同签订《长三角生态绿色一体化发展示范区公共数据"无差别"共享合作协议》,促进区域数字治理一体化深入发展。

(四) 长三角数据价值化率先做出探索

长三角拥有丰富的数据资源,一直在推进数据要素的跨区域流动和融合利用,积极打造"数字长三角"。具体表现在:

(1) 数据交易主体活跃,《2020 长三角政府数据开放一体化报告》显示,长三角地区是我国地方政府数据开放一体化实践的重要发源地,上海 2012 年就推出我国第一个地方政府数据开放平台。

(2) 数据交易中介丰富,目前长三角已建成华东江苏大数据交易中心、上海数据交易中心、浙江大数据交易中心、安徽大数据交易中心、钱塘大数据交易中心等多个大数据交易中心。

(3) 在数据交易监管方面,通过立法实施严格监督。例如浙江通过《浙江省公共数据开放与安全管理暂行办法》,江苏拟订了《江苏省公共数据管理办法(草案)》,安徽制定了《大数据管理条例》等。

与此同时,长三角地区的大数据产业得以飞速发展。近几年三省一市政府相继出台大数据发展规划,提出大数据产业发展目标和行动计划。浙江率先提出建设"数据强省"、助推大数据与各产业加速融合。上海提出打造"国际数字之都",强化金融、医疗等领域的大数据服务;目前上海市大数据核心企业已超过 1 000 家,累计开放公共数据 5 000 余项。江苏省传统制造业借力大数据,加快产业转型升级,南京、苏州、无锡作为江苏省重要城市,大数据公司众多。安徽省在 2021 年发布《大数据发展条例》,提出发挥数据要素作用,建设"数字江淮",合肥、淮南等城市作为后起之秀,把大数据作为未来重要的发展方向之一。除此之外,2021 年 11 月,上海数据交易所揭牌成立,为长三角地区的数据交易和数据开发提供了广阔平台。长三角三省一市因地制宜,逐渐形成大数据产业发展的新模式、新机制。

三、长三角三省一市数字经济发展比较

随着 IT 技术、大数据、物联网、人工智能等广泛应用,近年来长三角地区的数字经济发展取得了优异成绩。根据中国信通院的数据,2020 年长三角数字经济规模总量达到 10.83 万亿元,比 2019 年高出 2.23 万亿元,占长三角 GDP 规模总量的 44.26%,比 2019 年高出 3.26 个百分点。

另一方面,长三角地区三省一市由于发展基础不同、社会经济环境不同,以及政策存在差异,因此数字经济发展也呈现出不同的特征。

(一) 从发展政策看,三省一市都非常重视,同时各有地方特点

长三角地区数字经济发展规划起步较早,政策体系配套较为完备,同时各省市的数字经济规划各有其地方特点,结合地方产业优势,规划起点高、布局全。首先,长三角地区各省市都提出了各自的数字经济发展目标,例如上海提出要建"亚太数据之都",成为中国国家战略数据储备中心;浙江省把数字经济作为"一号工程",要"争创国家数字经济示范省";江苏省提出建设"智慧江苏"的目标,并制订了相应的行动计划;安徽提出要加快建设"数字江淮",大力发展数字经济。

2020 年和 2021 年,全球疫情带来前所未有的挑战,但也造就了在线新经济重大发展契机。长三角各地政府积极制定新的配套政策,在加快在线新经济发展的同时,全面发力数字化转型和数字经济发展。例如上海制定了《关于全面推进上海城市数字化转型的意见》,指出要坚持整体性转变,推动"经济、生活、治理"全面数字化转型,引导全社会共建、共治、共享数字城市。浙江制定了《数字经济促进条例》,从数字基础设施、数据资源、数字产业化、产业数字化、治理数字化等方面提出

目标和措施等。值得注意的是,为推动区域一体化发展,长三角信息化专题组制订了专门的三年行动计划,从行动目标、主要任务、保障措施等方面对构建形成数字基础设施共建共享、数字产业联动互补、数字智治高效协同的"数字长三角"发展新格局做出了部署。表4-7是2019年以来长三角三省一市制定数字经济发展的相关政策规划。

表4-7 2019—2021年长三角地区出台的数字经济发展政策文件

地 区	时 间	政 策 与 规 划
长三角地区	2021年8月	长三角区域一体化发展信息化专题组三年行动计划(2021—2023年)
浙江	2021年6月	《浙江省数字经济发展"十四五"规划》
	2021年3月	《浙江省数字化改革总体方案》
	2020年12月	《浙江省数字经济促进条例》
	2020年12月	《浙江省国家数字经济创新发展试验区建设工作方案》
	2019年4月	《浙江省人民政府关于加快推进5G产业发展的实施意见》
	2019年3月	《关于加快数字经济发展的若干政策措施》
	2019年2月	《浙江省促进新一代人工智能发展行动计划(2019—2022年)》
	2019年1月	《浙江省数字经济发展综合评价办法(试行)》
上海	2021年12月	《上海市数据条例》
	2021年10月	《上海市全面推进城市数字化转型"十四五"规划》
	2021年12月	《上海市电子信息产业"十四五"规划》
	2021年8月	《上海新一代人工智能算法创新行动计划(2021—2023年)》
	2021年1月	《关于全面推进上海城市数字化转型的意见》

续表

地 区	时 间	政 策 与 规 划
上海	2019年10月	《上海加快发展数字经济推动实体经济高质量发展的实施意见》
	2019年8月	《上海市数字贸易发展行动方案(2019—2021年)》
	2019年4月	《上海市经济和信息化委员会关于公布本市首批人工智能试点应用场景的通知》
	2019年1月	《关于本市推进电子商务与快递物流协同发展的实施意见》
江苏	2021年6月	《江苏省"十四五"数字经济发展规划》
	2020年11月	《关于深入推进数字经济发展的意见》
	2019年6月	《江苏省推进车联网(智能网联汽车)产业发展行动计划(2019—2021年)》
	2019年5月	《江苏省政府办公厅关于加快推进第五代移动通信网络建设发展若干政策措施的通知》
	2019年2月	《江苏省政府办公厅关于印发江苏省"互联网＋监管"系统建设方案的通知》
安徽	2021年7月	《支持中国声谷创新发展若干政策》《中国声谷创新发展三年行动计划(2021—2023年)》
	2020年3月	《关于支持人工智能产业创新发展若干政策》《合肥市数字经济发展规划(2020—2025年)》
	2020年3月	《关于印发支持5G发展若干政策》

资料来源：根据相关政府网站资料整理。

(二) 从数字基础设施看,苏浙沪并驾齐驱,安徽省稍显薄弱

数字基础设施是数字经济发展的基础。近几年长三角地区的网络基础设施建设得到积极的推进。表4-8是2018年长三角各省市的互

联网接入端口及用户情况。从中可以看出,江苏和浙江的互联网接入端口和用户的绝对数量较高,如果考虑到人口数量,上海的互联网设施并不落后于江苏和浙江。总的来说,苏浙沪三省市的互联网基础设施较为完善,为数字经济的发展奠定了良好的基础;而安徽省的网络基础设施落后于其他3个省市。

表 4-8 2018 年互联网用户情况(年底数)

地 区	互联网宽带接入端口(万个)	移动互联网用户(万户)	互联网宽带接入用户(万户)
上 海	1 871.8	3 032.0	772.9
江 苏	7 131.5	7 979.5	3 351.9
浙 江	5 971.0	6 833.6	2 653.8
安 徽	3 374.0	4 596.3	1 662.4
长三角合计	18 348.3	22 441.5	8 441.0

资料来源:国家统计局网站。

从域名数量和网站数量来看,如图 4-9 所示,2018 年,上海、江苏、浙江三省市的域名数和网站数都较多,3 个省市基本不相上下;相比之下,安徽省的域名数量与网站数量都较少,显示出安徽省离其他 3 个省市还有不小的差距。

从新基建的情况来看,4 个省市都在积极建设 5G 基站,但进度稍有差别。截至 2020 年第一季度,上海市完成超过 1 万个 5G 基站建设,江苏省已有 5G 基站 2.6 万个,浙江省有 5G 基站 1.6 万,安徽省有 5G 基站 4 500 个。可见,相比于其他三个省市,安徽省的 5G 建设稍显落后。2020 年,4 个省市都推出相应计划,大力发展新基建。上海计划未来 3 年总投资约 2 700 亿元,推动工业互联网平台与 5G、人工智能、区块链等深度融合,打造 10 个"5G+工业互联网"先导应用。浙江省计划

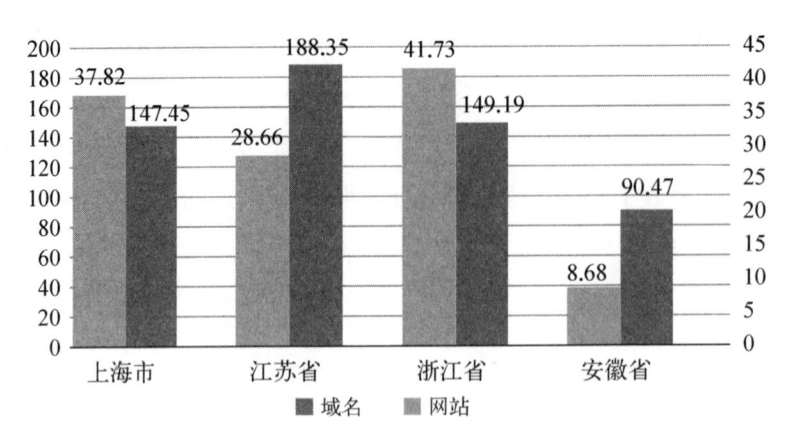

图 4-9　2018 年互联网的域名数量和网站数量（单位：万个）

资料来源：国家统计局网站。

未来 3 年完成新基建投资近 1 万亿元，大力实施"5G+""工业互联网+"等工程，到 2022 年建成 5G 基站 12 万个。江苏计划在以 5G 为核心的"新基建"领域投资 2 000 亿元。安徽也计划积极投资，建设包括 5G、人工智能、工业互联网、数据中心、超算中心、物联网等领域的新技术、新产品和新服务。

（三）传统电子信息产业方面，苏浙沪体量较大，安徽速度较快

从统计数据来看，4 个省市的信息产业都保持了较快的增长速度，增速均超过 10%。上海市 2019 年全年实现信息产业增加值 4 094.6 亿元，比上年增长 10.1%。江苏省 2019 年高技术产业增加值平均增长 6.8%，浙江省 2019 年数字经济核心产业增加值达到 6 229 亿元，比上年增长 14.5%，新一代信息技术产业增加值增长 18.4%。安徽省新一代信息技术产业增长 16.4%，其中计算机、通信和其他电子设备制造业增长 21.1%。表 4-9 是 2019 年长三角地区电子信息产业与 GDP 的数据。

表4-9 2019年长三角地区电子信息产业发展情况

地 区	GDP(亿元)	电子信息产业增加值(亿元)	电子信息产业占GDP比重(%)
上 海	38 155.32	4 094.6	10.7
江 苏	99 631.5	—	—
浙 江	62 352.0	6 229.0	9.9
安 徽	37 114	—	—

资料来源：各地2019年国民经济和社会发展统计公报。

具体到信息制造产业，安徽省的增长速度要快于苏浙沪三地。根据统计数据，2019年上海市实现电子信息产品制造业总产值6 140.9亿元，比上年下降2.1%。江苏省电子制造业在2019年稳步增长，其中代表新型材料、新型交通运输设备和高端电子信息产品的新产品产量实现较快增长。浙江省规模以上的数字经济核心产业制造业实现增加值2 074亿元，比上年增长14.3%，其中平板电脑（59.2倍）、3D打印设备（18.3倍）、光纤（1.5倍）、工业机器人（8.7%）等产量快速增长。安徽省的电子信息制造业继续往年快速增长势头，2019年，计算机、通信和其他电子设备制造业增长21.1%。工业新产品中，微型计算机设备、集成电路、移动通信手持机产量分别增长11.5%、14.6%和16.7%。

表4-10是长三角各省市2019年的电子信息产业主要产品及增长情况。上海的3D打印设备增长突出，浙江的微型计算机设备、集成电路以及3D打印设备增长也较突出，安徽的集成电路和微型计算机设备增长较快。从信息产品角度看，其增长出现分化，很多产品呈现负增长态势，因此各地之间的差别并不明显。

表 4-10　2019 年电子信息产业主要产品产量/产值及增长速度

地区	产品名称	单位	产量/产值	比上年增长(%)
上海	智能电视	万台	134.09	-2.6
	智能手机	万台	4 173.06	-11.4
	3D 打印设备	台	780	34.9
	服务器	万台	19.93	4.9
江苏	微型电子计算机	万台	6 032.4	-3.1
	光纤	万千米	13 301.0	-4.7
	智能手机	万台	4 679.6	-7.9
	智能电视	万台	1 034.6	-1.1
	集成电路	亿块	516.3	0.6
浙江	微型计算机设备	万台	277.7	35.2
	集成电路	亿块	143.5	21.3
	电子元件	亿只	978.7	2.8
	智能手机	万台	4 359.2	-12.0
	工业机器人	套	10 822	8.7
	3D 打印设备	台	1 236	18.3 倍
安徽	集成电路	亿块	59.7	14.6
	工业机器人	套	9 521.2	-6.9
	微型计算机设备	万台	2 253.8	11.5

资料来源：2019 年各省市国民经济和社会发展统计公报。

(四) 数字技术与产业融合方面，江苏最强，其次是浙江、上海和安徽

根据腾讯研究院的数据，总体数字指数方面，长三角四个省市中有 3 个省市排在了全国数字经济综合指数前 10 位，它们是江苏、浙江和上

海,分别位居全国第二位、第四位和第八位;安徽则排在全国前10省市之外,可见安徽的数字产业融合发展水平比起长三角其他省市较为落后(见图4-10)。

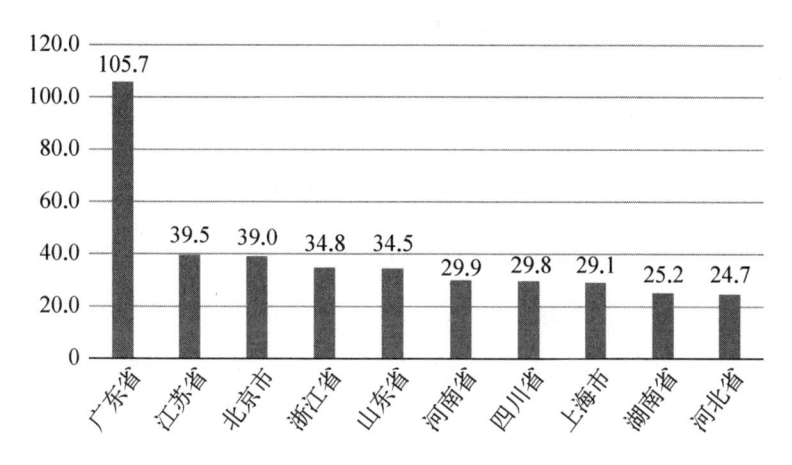

图4-10 2019年数字总指数前10位省份

省份	指数
广东省	105.7
江苏省	39.5
北京市	39.0
浙江省	34.8
山东省	34.5
河南省	29.9
四川省	29.8
上海市	29.1
湖南省	25.2
河北省	24.7

资料来源:腾讯研究院,"数字中国"网站。

由于数字技术与产业融合部分没有具体的统计数据,这里我们分别来看4个省市的具体情况。

上海市:上海市的数字经济发展水平在全国处于第一梯队,在长三角地区更是带动区域发展的龙头。根据亿欧智库联合天眼查发布的《2021上海市数字经济发展研究报告》,数字经济在上海的GDP占比已超过50%。从数字产业化发展来看,上海市数字产业化增加值超过1000亿元,且与地区产业结构密切相关。从产业数字化发展来看,上海市产业数字化增加值规模超过1万亿元,产业数字化占GDP比重超过40%,产业数字化已成为上海市驱动数字经济发展的主引擎。2020年4月,上海市出台《推进新型基础设施建设行动方案》,计划未来3年内,在发展数字经济上总投资2700亿元。

江苏省：江苏省发改委相关数据显示，2019年，江苏省数字经济规模超过4万亿元，占GDP比重超过40%，数字经济发展水平总体位于全国前列。江苏上云企业超过22万家，工业App有2 200余个，物联网业务收入占全国"半壁江山"，信息通信基础设施主要指标全国领先，工业互联网建设发展位于全国第一方阵。2020年4月，江苏省出台《加快新型信息基础设施建设扩大信息消费的若干政策措施》，计划重点推进5G、工业互联网、数据中心、车联网基础设施等领域的建设。

浙江省：作为制造业和互联网产业大省，浙江全面实施数字经济五年倍增计划，深入推进"云上浙江""数字强省"建设，数字经济已成为经济发展的关键引擎。数据显示，2020年，浙江数字经济核心产业增加值达7 020亿元，占GDP比重达10.9%。浙江提出要以"数字产业化、产业数字化"为主线，全面实施数字经济"一号工程"，已出台了《数字经济发展规划》《浙江省信息经济人才发展规划（2017—2022年）》和推动《浙江省数字经济促进条例》立法等系列配套文件，加快新基建的建设和网络覆盖及保障能力的提升。

安徽省：中国信通院《中国数字经济发展白皮书（2020年）》显示，安徽省2019年数字经济增加值首次超过1万亿元，5家企业入选全国上云典型案例、数量居全国第四位。在加速新基建方面，安徽加快5G建设，2020年全省共完成5G基站29 415个。同时，大力发展工业互联网，"十三五"期间共建成国家级工业互联网示范平台59个，省级制造业与互联网融合发展试点企业305个。安徽省相继出台了《安徽省人民政府关于印发支持数字经济发展若干政策》《关于加快建设"数字江淮"的指导意见》等政策，以推进数字产业化和产业数字化为路径，做大数字经济规模，全面支持各领域数字经济的发展。

四、长三角主要城市数字经济发展比较

无论从省市的角度看,还是从城市的角度看,上海作为直辖市,其数字经济发展水平在长三角地区都处于龙头地位。《中国区域与城市数字经济发展报告》显示,2019年,长三角四个省市都进了数字经济竞争力指数前15位。如表4-11所示,上海排名第三,江苏排名第四,浙江排名第五,安徽排名第十二。可见,上海、江苏和浙江的数字经济竞争力都稳居全国前列。安徽省在长三角地区稍显落后,但在全国范围内也是表现较好。

表4-11 2019年我国区域数字经济竞争力前15位

排　　名	省　　市	数字经济竞争力指数
1	广东	85.56
2	北京	84.19
3	上海	82.17
4	江苏	81.83
5	浙江	78.40
6	山东	76.46
7	天津	74.93
8	福建	74.55
9	四川	73.62
10	重庆	73.57
11	湖北	73.47

续表

排　　名	省　　市	数字经济竞争力指数
12	安徽	72.14
13	河南	70.78
14	陕西	70.57
15	湖南	69.59

资料来源：中国信息通信研究院：《中国区域与城市数字经济发展报告2020》。

如果从城市角度看，上海在长三角地区的数字经济排名仍然位于首位。新华三集团数字经济研究院与中国信息通信研究院联合完成的《中国城市数字经济指数蓝皮书(2021)》精确地计算了长三角地区40个城市的数字经济规模及在全国城市中的排名(见表4-12)。

表4-12　长三角城市数字经济排名及规模(2020年)

(单位：亿元)

全国排名	城市	数字经济规模	全国排名	城市	数字经济规模
1	上海	20 590	26	常州	3 549
5	苏州	9 827	27	温州	3 323
8	杭州	8 429	33	绍兴	2 674
9	南京	7 337	37	徐州	2 612
12	无锡	6 147	38	嘉兴	2 594
13	宁波	6 043	39	扬州	2 485
19	合肥	4 867	40	台州	2 413
22	南通	4 619	42	泰州	2 159

续表

全国排名	城市	数字经济规模	全国排名	城市	数字经济规模
44	盐城	2 157	148	蚌埠	509
45	金华	2 119	149	衢州	503
49	镇江	1 862	160	宿州	423
59	芜湖	1 508	161	舟山	423
61	连云港	1 418	170	亳州	363
71	湖州	1 287	175	六安	344
88	淮安	1 064	178	宣城	340
110	滁州	730	187	铜陵	330
123	阜阳	632	209	淮南	265
135	安庆	571	224	黄山	217
136	马鞍山	571	225	淮北	214
144	丽水	526	229	池州	191

资料来源:《中国城市数字经济指数蓝皮书 2021》。

2020 年,上海数字经济规模达到 20 590 亿元,不仅在长三角地区居于首位,在全国城市中也排名第一。上海数字经济指数总量在长三角地区占比达 28.7%,处于领先地位,并且呈现 85.6% 的高速增长。2019 年,上海发布了《上海加快发展数字经济推动实体经济高质量发展的实施意见》,数字经济步入高速发展期。

其次是苏州、杭州和南京,数字经济发展齐头并进,都进入了全国城市排名前 10 位,分别是第五位、第八位和第九位,数字经济规模分别为 9 827 亿元、8 429 亿元和 7 337 亿元。2021 年 1 月,苏州出台《推进数字经济和数字化发展三年行动计划(2021—2023年)》,制定了"12345"数字化转型推进策略,全方位服务对接上海打造"具有世界影响力的国际数字之都"。杭州自2014年以来,全市数字经济核心产业已经连续21个季度保持两位数增长,对经济增长贡献率超过50%。《关于制定杭州市国民经济和社会发展第十四个五年规划和二〇三五年远景目标的建议》指出,杭州将建设世界级数字产业集群,推进中国区块链之都、全国云计算之城和全球数字安防产业中心、国际金融科技中心建设。南京也积极发展数字经济,《数字经济发展三年行动计划(2020—2022年)》提出以"数字产业化、产业数字化、数字化治理"为主线,努力打造世界级数字经济名城。到2022年,南京数字经济增加值将达到1万亿元,占GDP比重达56%以上。

无锡和宁波仅次于南京。2020年,无锡抢抓数字经济发展新机遇,数字经济核心产业规模达5 500亿元。宁波把发展数字经济作为"一号工程",2019年,宁波市数字经济增加值总量为5 300亿元,占GDP的44.2%。位于无锡和宁波之后的是合肥,合肥也进入全国前20位城市。合肥将数字经济发展列入"一号工程",人工智能、5G、物联网、信息安全等产业快速发展。紧随其后的是南通、常州和温州,数字经济规模都超过了3 000亿元。

总的来看,长三角各城市的数字经济发展水平有着较大差距,上海作为直辖市,其数字经济规模超过2万亿元,远远超过苏州、杭州等城市。在这40个城市中,数字经济规模超过5 000亿元的城市有6个,超过3 000亿元的城市有10个,超过1 000亿元的城市有23个。还有17个城市的数字经济规模不足1 000亿元,其中数字经济规模较小的城市有淮南、黄山、淮北和池州,不足300亿元。

总的来看,根据国家工业信息安全发展研究中心发布的《2020长三角数字经济发展报告》,近一年来,长三角城市群数字经济发展水平稳步提升。总分从2019年的58.3上升至2020年的60.5。特别是在新冠肺炎疫情影响下,实体经济加速数字化转型升级,公共服务加速数字化变革,产业数字化和公共数字化有力地推动着长三角地区整体数字经济发展。

参考文献

［1］21世纪经济研究院:《打造全球数字经济高地:2019数字长三角一体化发展报告》。

［2］王振、刘亮主编:《长三角地区经济发展蓝皮书,2020—2021》,社会科学文献出版社2021年版。

［3］王振、杨昕主编:《长江经济带发展蓝皮书,2020—2021》,社会科学文献出版社2021年版。

［4］《2020上海人工智能产业发展报告》,https://www.ofweek.com/ai/2020-04/ART-201721-8420-30437547.html。

［5］腾讯研究院:《数字中国指数报告》。

［6］新华三集团、中国信息通信研究院:《中国城市数字经济指数蓝皮书(2021)》。

［7］亿欧智库、天眼查:《2021上海市数字经济发展研究报告》。

［8］中国信息通信研究院政策与经济研究所:《长三角数字经济发展报告(2021)》。

［9］《进击的安徽:安徽优势产业系列之人工智能》,《华安证券》。

［10］金叶子:《打造世界级集成电路产业地图,长三角三省一市如何错位发展》,第一财经,2019年9月10日。

［11］中商产业研究院:《一文读懂"十四五"时期长三角地区半导体及集成电

路产业发展思路》，https://www.163.com/dy/article/G3HNCSIH05198SOQ.html,2021-02-23。

[12] 丽娜：《我国电子信息产业发展历程与发展现状分析》，《电子技术与软件工程》2013年第18期。

[13]《国产半导体设备技术加速追赶，国产替代正当时——半导体设备行业深度报告》，光大证券。

[14] 张宣、王拓、徐嘉曼：《江苏人工智能产业：因势而谋补短板》，《新华日报》2020年8月19日。

[15] 黎文娟、邵立国、赛迪智库：《区域协同发展的长三角经验及启示》。

[16]《上海布局建设智能传感器及物联网产业集聚基地》，新华社，2020年11月17日。

[17] 金叶子：《传感器市场规模已超2000亿，十大园区长三角占6个》，第一财经，2020年9月3日。

[18] 郑琼洁、刘勇：《加快推动江苏省物联网产业高质量发展》，《中国发展观察》2021年第9—10期合刊。

[19]《浙江省物联网产业发展布局规划解析》，https://f.qianzhan.com/chanyeguihua/detail/200213-39f364e2.html,2020-02-13。

[20] 浙江省经信厅：《浙江企业上云势头喜人，累计上云企业已达37.78万家》，2020年5月29日。

[21] 范克龙：《安徽：云计算产业迅猛发展，正悄然改变我们的生活》，《安徽日报》2017年7月3日。

[22] 中国信息通信研究院：《云计算发展白皮书》。

[23] 葛菁：《长三角地区电子信息产业集群劣势分析》，http://www.istis.sh.cn/list/list.aspx?id=2816,2006-5-24。

[24] 算力智库：《电子产业科创园区哪家强？长三角电子产业集群独领风骚》，https://www.sohu.com/a/329194650_100180364,2019-07-25。

[25] 宋林飞、长三角联合研究中心:《长三角年鉴(2006)》,社会科学文献出版社2007年版。

[26] 孙克强执行主编、长三角联合研究中心:《长三角年鉴(2011)》,河海大学出版社2011年版。

[27] 中国信息通信研究院:《中国区域与城市数字经济发展报告(2020年)》。

[28] 《中国信息产业20年惠普亲历记》,人民网,2005年6月9日。

[29] 池宇:《数字经济:江苏高质量发展新动能》,《群众(决策资讯版)》2020年3月24日。

[30] 《网联新时代,数字经济撑起江苏高质量发展新脊梁》,中国江苏网,2019年8月16日。

[31] 《2020年浙江集成电路产业销售规模破千亿 "两极多点"产业格局逐步形成》,《21世纪经济报道》,https://emwap.eastmoney.com/a/202106 1919666 36073.html。

[32] 《集成超越发展江苏数字经济》,《新华日报》2019年2月19日。

[33] 《数字经济为高质量发展赋能》,《安徽日报》2019年12月5日。

[34] 《浙江:宁波数字经济进入发展快车道》,《经济参考报》2019年9月5日。

[35] 《长三角云计算产业版图浮现》,《21世纪经济报道》2017年4月12日。

[36] 中华人民共和国国务院新闻办公室:《中国互联网状况》,2010年6月8日。

[37] 《江苏互联网发展状况报告显示866万人用微博》,扬子晚报网,2011年3月29日。

执笔:徐丽梅(上海社会科学院应用研究所副研究员)

第五章　长三角共建数字经济世界级产业集群

打造世界级产业集群,是长三角地区贯彻落实国家创新驱动发展战略、建设现代化经济体系的重要任务和抓手。长三角地区的数字经济不仅在全国处于领先位置,而且从全球看,在各个产业领域,数字经济是最接近美国发展水平的,也就是说,在数字经济领域,长三角地区是最有可能跟世界最发达的经济体实现并跑的。习近平总书记特别要求浦东新区要聚焦关键领域发展创新型产业,加快在集成电路、生物医药、人工智能等领域打造世界级产业集群。[①] 习近平总书记还要求长三角地区三省一市集合科技力量,聚焦集成电路、生物医药、人工智能等重点领域和关键环节,尽早取得突破。[②] 集成电路和人工智能是数字经济发展的重中之重。

一、世界级产业集群的内涵与特征

（一）世界级产业集群的内涵与标准

长三角地区具有产业门类齐全、综合配套力强的特点。在中国加入WTO后,长三角地区吸引和集聚了大量外资外企,也推动本土制造

[①] 习近平总书记在浦东开发开放30周年庆祝大会上的讲话(2020年11月12日,上海浦东新区)。

[②] 习近平在扎实推进长三角一体化发展座谈会上的讲话(2020年8月20日,合肥)。

业积极加入全球产业链,在短短10多年间塑造出"世界工厂"的发展格局,并形成了产业集群空间集聚、产业链空间分工合作的区域格局。

世界级产业集群是指,特定区域内基于产业专业分工和区域比较优势,以国际先进产业发展和科技创新理念为引领形成的链条完整、分工明确、布局合理、创新协同的区域产业网络,并在世界范围内占据领先地位的产业集群高地,具体包括七个方面特征(见表5-1)。

表5-1 世界级产业集群的主要特征

序号	特征	内涵	标杆示例
1	产业规模国际领先	在全球产业发展中占有重要的位置,产品在全球具有较大的市场份额或处于主导地位,具有显著的行业影响力和市场控制力	作为德国第一大制造业的汽车产业,90%以上的产量集中于斯图加特、伍尔夫斯堡与吕塞尔海姆三大汽车产业集群,在全球的市场占有率和影响力都较高
2	创新能力国际领先	有着完善的技术体系,掌握国际先进水平的前沿技术和关键核心技术,不断突破前沿及颠覆性技术,具备较强的、可持续的自主创新能力	英国伦敦世界级生物医药产业集群,主要原因在于伦敦拥有卓越的研发能力,集聚了剑桥、牛津两大世界著名高校以及国际知名的生命科学研究机构,成为技术创新孵化中心和产业策源地
3	品牌价值国际领先	拥有大批占据全球价值链中高端的世界级龙头企业和国际知名品牌,能够主导行业国际标准,是集群全球竞争力和国际地位的集中体现	硅谷以高新技术中小公司群为基础,同时拥有谷歌、Facebook、惠普、英特尔、苹果公司等国际知名品牌公司;日本的东京和丰田城汽车产业集群,拥有丰田、日产、三菱和五十铃等知名品牌公司
4	组织结构国际领先	在龙头企业与科研机构的带动、整合下,产业链、创新链和服务链实现了深度融合,集群内企业、大学、科研机构、配套组织、服务机构与政府机构等形成了紧密交流与合作的"集群网络"共生关系	丰田汽车总装厂与附属的零部件生产厂平均距离约为48千米,与独立的协作配套厂的平均距离约为126千米,丰田公司的零部件供应商平均每天可以进行8次的供货发送

续表

序号	特征	内涵	标杆示例
5	制度环境国际领先	优越的集群制度环境，包括稳定的政府政策、成熟的市场条件与健全的法律服务体系等	美国产业集群的发展就与其科技政策完善，技术创新投入较多，为高科技产业的发展和聚集提供了良好的政策环境有关
6	开放程度国际领先	具有面向全球的多元、开放、包容的文化特点，是一个具有强大组织包容性的开放系统。积极参与全球化和产业分工	美国硅谷是一个多元化的社会，无论何种语言，都可以在这里找到一席之地，才能和特长才是决定个人位置的关键
7	占据全球价值链中高端	集群在全球分工中居于价值链的中高端，通过出口技术含量较高的零部件中间品和成套机器设备等资本品获取超额利润	iPhone手机利润在世界各地的分配状况体现了各地区产业集群在该产品全球价值链中的地位

资料来源：上海社会科学院、浙江省发展规划研究院：《长三角共建世界级产业集群的路径研究报告》，浙江省发改委立项课题，2020年。

（二）数字经济世界级产业集群的内涵特征

数字经济世界级产业集群有美国硅谷、印度的班加罗尔，以及日本、韩国和中国台湾地区等。这些地方从传统的信息产业开始发展，伴随着技术的进步，数字经济也蓬勃发展。虽然不同的产业集群有其自身的特点，但是从产业规模、技术创新、企业龙头等方面可以总结出数字经济世界级产业集群所具有的一些共同特征：

1. 产业规模在全球占有较大份额

数字经济世界级产业集群的一个重要标志是所在区域的数字经济在全球具有领先的规模集聚效应，其产业规模在本国乃至全球占有较大份额。在一个数字经济产业集群内一定会集中大量优秀的数字技术企业，这些企业逐步发展壮大,形成若干龙头企业,在龙头企业的周围,各种各样的中小企业集聚,其总体产值规模将比较突出,占据整个行业的一个显著比例。尽管集群内的单个企业也许绝大部分属于中小企业,但是整个集群却具有显著的规模优势和很高的市场占有率。无论是美国的硅谷,还是印度的班加罗尔,其产业规模都在世界上占有举足轻重的重要地位。

2. 企业拥有突出的技术创新能力

创新是一个世界级产业集群不断更新和发展的动力。创新的主体是企业,集群内一个企业的成功又往往会带动一大批具有分工合作关系的企业,其传播效应呈裂变式扩张。例如美国硅谷地区创新创业活跃,培育和吸引了苹果、英特尔、脸书等众多世界级高技术公司。全球收入最高的200家公司有38%设立了创新中心,而这些有创新中心的公司61%在硅谷开展业务。再如中国台湾地区的新竹高技术园区,经过近40年的发展,以台积电、华硕、联合微电子等著名企业为主导,成为世界信息技术创新和制造中心,高端人才聚集,技术创新活跃,为新竹发展成为"亚洲硅谷"奠定了坚实的基础。在这些集群内拥有大批致力于创新的企业、企业家和人才,会逐渐形成有利于企业创新的制度和文化环境,从而形成一个良性的创新环境。

3. 在群内形成主导型大企业及配套群

一个世界级的企业集群内不仅有着众多相互关联的代表性企业,而且以这些企业为核心,往往会形成产业链上下游、生产性服务以及其他诸如法律、会计等各种中介服务的配套体系。著名的硅谷,每3—5年就会产生一家对全球产业格局都具有重要影响力的企业,例如脸书、谷歌、苹果、思科等都属于世界500强的行列。以这些大企业为核心,在其周围形成配套的产业及服务网络。美国学者安纳利·萨克森宁在他的名著《地区优势:128公路地区与硅谷》一书中认为,硅谷的成功得益于区域内各主体形成的本地网络。在这个网络中,制造商与供应商、销售商、竞争厂商之间,以及与政府部门、大学、行业协会等机构形成区域的创新网络。此种网络能够使劳动力、资本等生产要素以及新知识、新技术、新思想顺畅流动和扩散,从而能够不断提升创新水平。从硅谷、班加罗尔的实践中可以看到,正是其智力、技术、人才资金等大量生产要素的集聚以及有机整合,从而形成区域创新网络、加快创新速度。

二、打造数字经济世界级产业集群需要破解的瓶颈与短板

对照世界级产业集群的内涵和特征,长三角地区打造数字经济产业集群还有一定的差距,要缩小这一差距,存在一些必须破解的瓶颈和短板,主要有四个方面:

(一) 头部企业不强,国际竞争实力与世界水平相比仍存差距

与世界著名的数字经济产业集聚区相比,长三角地区数字经济产业集群的规模仍然很小。区域内虽然集聚了数量众多的企业,但企业规模大多偏小,多数企业仍以中低档产品为主,高附加值数字产品比重还不够大。目前长三角中心区的27个城市共有1014家上市公司,计算机行业的上市公司不到60家。

从具体产业来看,长三角地区虽然有阿里巴巴、海康威视等大公司,但国内著名的华为、腾讯、百度、京东方等企业总部都不在长三角区域内,区域缺少具有垄断竞争能力的企业和产品,与国外的苹果、微软、脸书、亚马逊等更是差距甚大。表5-2是2018年全球数字技术企业前100的部分企业,长三角只有3家企业进入前100强,可以看出,阿里巴巴、海康威视、拼多多等企业与世界巨头还有不小的差距。

表 5-2 2018 年全球信息技术企业前 100 部分企业对比

公司名称	市值（千美元）	总收入（千美元）	净利润（千美元）	员工数量（人）	研发费用（千美元）
苹果	1 090 307 522	265 595 000	59 531 000	132 000	14 236 000
亚马逊	734 416 196	232 887 000	10 073 000	647 500	28 837 000
脸书	314 939 287	55 838 000	22 112 000	35 587	10 273 000
微软	757 640 110	110 360 000	16 571 000	131 000	14 726 000
AT&T	207 714 127	170 756 000	19 370 000	268 000	17 075 600
ALPHABET	312 412 919	136 819 000	30 736 000	98 771	21 419 000
思科系统	198 884 905	49 330 000	110 000	74 200	6 332 000
英特尔	214 188 521	70 848 000	21 053 000	107 400	13 543 000
甲骨文	190 725 668	39 831 000	3 825 000	137 000	6 091 000
阿里巴巴	208 411 681	39 880 486	10 213 373	66 421	3 625 904
海康威视	29 722 166	7 516 093	1 656 628	34 392	719 322
拼多多	1 920 864	1 914 489	−1 502 644	1 500	162 857

资料来源：OSIRIS 数据库。

（二）关键技术缺失，行业自主创新能力有待提升

虽然长三角的数字经济产业已有一定规模，但行业内自主创新能力不足。

在部分关键领域创新能力不足，缺乏核心知识产权技术，部分核心硬件和软件仍然依靠进口。例如集成电路产业，核心技术由欧美企业控制，关键零部件大量依赖进口。

企业创新能力严重不平衡，除了上海、杭州等少数地区和阿里巴巴、海康威视等少数龙头企业的自主研发能力较强，其他很多地区和企业研发投入普遍不足，技术创新水平不高。例如集成电路、高端软件等重点行业仍未进入国际高端产业技术联盟，在国际分工和全球产业链中处于中下游。

（三）地方利益割据，跨区域产业协同有待深化

长三角各地都有自己的产业发展规划，在数字技术产业的发展上也是各成一体。各地虽然在产业门类方面各有侧重，但是在部分热点领域，不同的地区间仍存在同质化布局现象，不利于产业生态的健康发展。如上海、浙江和江苏均把数字技术产业定为未来发展的主导产业，机器人、人工智能这些炙手可热的行业也都是各地发展的重点。

合作政策缺乏协同和可操作性。主要表现在跨区域的平台建设在具体的合作政策、合作机制、合作重点、需求对接等方面缺乏明确规划和具有可操作性的政策。

创新合作不足，除了上海、南京和杭州三地之外，其他城市的专利合作数量都不是很多；从图 5-1 可以看出，除了上海、南京、苏州和常州几个城市之外，各城市之间的专利合作网络比较稀疏。

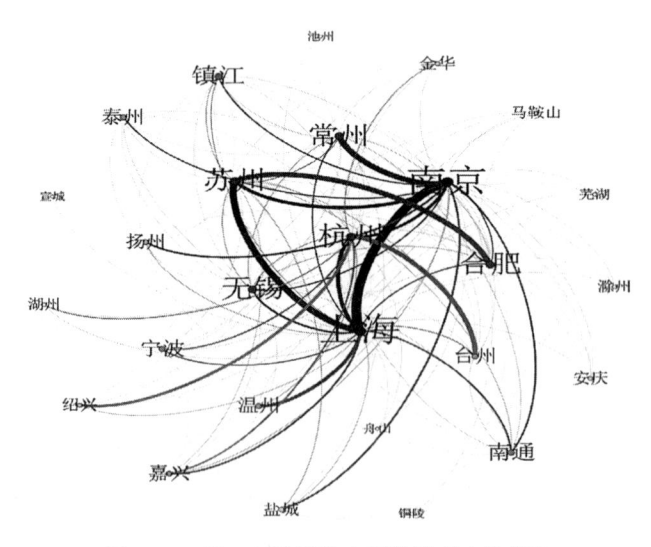

图 5-1 长三角地区数字经济技术合作情况

资料来源：在 INCOPAT 通过 Python 下载长三角数字经济行业的所有发明专利，通过数据整理、分析而得。

（四）创新溢出不足，对中小城市产业支撑不够

长三角地区的创新资源集聚不够平衡，创新资源大多集中在中心城市上海及江浙皖的省会城市，而且从长三角技术转移的区域格局来看，长三角技术转移的中心城市也主要集中在上海、苏州、南京等较大城市，这些城市之间的技术转让与合作频次远高于其他城市（见图5-2），表明无论是创新溢出（专利转让）还是创新收益（专利受让），这几个大城市是其中主要的角色，即长三角数字技术的创新溢出主要是在大中城市之间，而中小城市难以充分获得大城市的创新溢出效应。

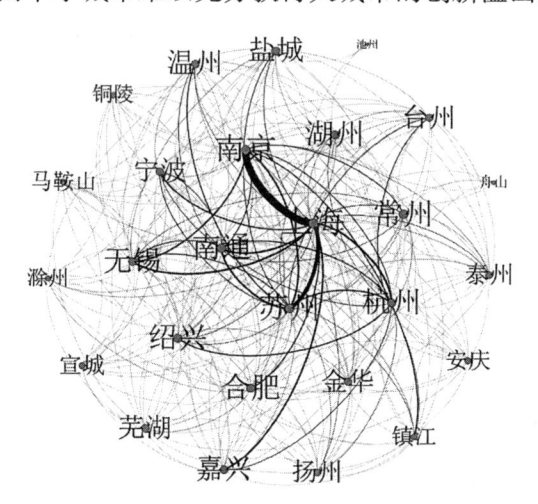

图5-2 长三角地区数字经济技术转让拓扑图
资料来源：同图5-1。

三、长三角共建数字经济世界级产业集群的推进路径

当下是长三角地区发展数字经济、打造世界级产业集群的最好机遇期。从国家层面，"十四五"规划纲要明确提出，把发展数字经济放在前所未有的高度予以部署，"打造数字经济新优势"，"充分发挥海量数据和丰富应用场景优势，促进数字技术与实体经济深度融合，赋能传统

产业转型升级,催生新产业新业态新模式,壮大经济发展新引擎"。长三角三省一市及多数城市都把数字经济列为"十四五"乃至更长一个时期经济发展的重中之重,或列为"一号工程"或"布局新赛道、培育新优势",并且在创新平台、关键核心技术攻关、数据流动与开发、数字贸易等领域发挥开放型经济优势和科技创新优势,集合力量,共同创新突破,为加快打造数字经济世界级产业集群创造最好最优的条件和环境。面对存在的瓶颈和短板,面对世界级产业集群的战略导向,长三角地区要聚焦数字经济这个重点和关键,共谋创新、聚力突破,在集成电路、人工智能和其他数字经济新兴领域向世界级产业集群迈进。

(一) 进一步增强数字技术创新的区域协同

1. 建立和培育一批数字技术创新载体和创新平台

构建高水平的科技创新平台是加强自主创新、突破关键核心技术的重要途径。长三角可以进行地区间合作,支持一些共同合作的科技产业园、科技创新走廊、创新驿站和孵化器等重大创新载体建设,为长三角地区设立研发机构和创新平台提供集聚空间,例如2019年成立的长三角G60科创走廊人工智能产业联盟。可以鼓励新兴的物联网、人工智能等企业和上海交大、浙江大学等著名科研院校和机构参与国际科技创新合作,促进人才、资本、信息、技术等创新要素跨境和跨区域流动,着力形成跨行业、跨区域的创新联动体系,重点围绕数字技术产业的共性技术和关键技术形成创新突破。还可以建设长三角数字技术创新成果产业化公共服务平台,推动科技成果与产业需求有效对接,提高技术成果转化率,提升区域整体创新效率和创新能力。

2. 加强数字经济核心关键技术的联合攻关

突破数字经济行业中的卡脖子核心关键技术,需要长三角地区同心协力,同时合理分工,共同攻克难关。以上海、南京、杭州、合肥、苏州等创新资源高度集聚的中心城市为基础,一方面,可以发挥各个地方的国家重点实验室和企业重点实验的创新优势;另一方面,可以在重点实验室之间加强资源交流与合作,进行联合攻关。例如,上海要重点发展集成电路产业,可以充分发挥复旦大学的专用集成电路与系统国家重点实验室的优势,吸引长三角各地的创新资源,同时可以联合东南大学的国家专用集成电路系统工程技术研究中心,对产业核心领域如国产处理器、安全芯片、存储器、光通信、FPGA等卡脖子关键技术联合攻关;同时依托浦东张江的集成电路产业园区,进行产学研的推广应用。对于创新资源缺乏的中小城市来说,要充分依托上海研发资源丰富的优势,广泛收集本地企业技术攻关的需求,加强与上海各类科研机构的对接,通过签订技术研发外包合同或联合攻关合同,利用上海的研发力量来解决本地的技术问题。

3. 强化区域内对数字技术知识产权的交易与保护

人工智能时代的到来为知识产权保护带来了新的课题。应构建长三角地区技术交易市场体系,建立开放共享、具有全球影响力的技术交易平台,尤其围绕数字经济开展技术交易咨询、知识产权运营、产权评估、产权保护、投融资等专业化服务,促进长三角各地在数字技术知识产权创造、运用、保护和贸易方面的合作。由于以上海为中心的长三角地区具有金融和政策上的优势,可以联合建立区域技术保护和交易的服务统一规范,开展面向中小数字技术企业的综合服务,打造面向全国、辐射全球的国际性技术交易中心,提高科技成果转化效率。

(二) 聚力推动数字经济龙头企业做大做强

1. 发挥各地优势实施世界级龙头企业培育工程

数字技术产业是长三角的优势产业,多年以来长三角各个地方逐步形成了自己的产业特色和技术优势,因此要注重发挥各个地方的积极性,分多个层次全面推进龙头企业的培育。如核心城市上海每年都在评选"高新技术企业""软件和信息技术服务业'百强'企业"等,有效掌握了数字经济的潜力企业,这些企业有的已经在资本市场成功上市,加强对这些企业的关注和扶持,能够逐步培育更多更强的龙头企业。其次,各个中心城市和中小城市也多已形成各自的优势产业,例如杭州在软件与信息服务、集成电路、通信与网络、数字媒体与文化创意等领域,宁波在"三网融合"和平板显领域,嘉兴在光电子和半导体照明领域,金华在新型电子元器件领域等都形成了自己的产业优势,因此可以有目的地关注和培育相关企业的成长,最终扶持它们成为引领性的龙头企业。

2. 支持数字经济企业开展创新创业活动

创新是数字经济企业的关键所在,也是一个企业发展壮大的重要因素。一方面,长三角的各个地方政府可以联合出台相应的政策,支持企业跨区域创业创新,比如打破地区界限,建立众创空间和专业孵化机构,孵化和支持符合条件的中小微企业成长;或者促进区域内数字经济园区与国外创业孵化机构建立合作关系,共同研发攻关,突破一批关键核心技术。总之,各地的政策要协调起来,通过研发费用加计扣除、用地优先审批等政策,对跨区域的创新创业企业加以支持。另一方面,还可以以产业园区为单位,加强地区联合,建立区域性大园区,例如位于上海市金山区与浙江省平湖市交界处的长三角科技城,是由上海市张江高新技术产业开发区、上海市金山区、浙江省嘉兴市三方共同推动建设而成,定位于智能制造、科技信息、生命健康等产业发展。

3. 支持数字经济龙头企业加强创新人才队伍建设

人才是数字经济发展的关键要素。要实行积极的政策激励措施,完善人才培养模式和评价机制,支持龙头企业加强创新人才队伍建设。鼓励龙头企业与国内外科研院所、高等学校加强人员交流与合作,支持企业引进和培养高水平的国际化人才。同时鼓励和支持企业面向全球引进首席科学家等高层次科技创新人才,政府出台相应政策,例如将其纳入优秀专家、享受政府特殊津贴等,以协助推动企业人才队伍的壮大。长三角区域内要注意建立起人才"高地",通过提高待遇、改善交通等措施,使得人才能够在长三角区域内自由流动,但不至流动到区域之外。

4. 加大对数字经济企业成长与发展的金融支持

数字经济企业的成长和发展需要良好的支持体系。要发挥上海等地的资本市场和金融服务功能,构筑开放型区域创新服务体系。同时发挥上海自由贸易试验区"先行先试"的优势,利用现有金融资源,拓展融资渠道,为新兴的数字经济中小企业服务。例如加快构建多层次的投融资体系,支持数字经济企业改制和上市,支持有条件的数字经济企业在境内外资本市场上市或开展海外并购;鼓励企业通过发行债券、增资扩股等多渠道筹集创新资金。鼓励和支持银行等各类金融机构增加对企业创新的信贷投入,提供担保、保险、知识产权质押贷款、股权质押贷款等金融服务,促进数字经济企业的长远发展。此外,长三角中小城市的中小企业融资较有难度,可以通过联合上海等中心城市的股权投资基金,加强对接合作;或者通过出资联合设立专项投资基金,支持本地的数字经济企业集聚发展。

(三) 深入推进数字经济产业链的区域合作

1. 加强数字经济产业链区域合作的顶层设计与推进

从长三角一体化的角度,并结合当前新基建的重要任务,加强数字经济集群打造的研究与规划。可由各地的经信委牵头成立一个专门的联合委员会,对打造数字经济集群的目标、地域、时间以及资源调配等问题进行研究和商讨,加强区域间的政策协同,无论是传统的信息技术产业,还是新兴的数字经济产业,要在各地优势的基础上,加强统一规划和调整。同样由联合委员会牵头,并获得各地政府的支持,进一步推进区域数字经济基础设施建设,加强信息基础设施的互联和整合,合理布局、资源共享;各地要在土地、税收、人才等方面加强区域沟通与协调,避免资源浪费与省市间、城市间的恶性竞争。通过有效协调区域内的各种政策制度,完善产业集群发展的外部环境。

2. 强化省市间数字经济重要产业链的联动与共建

一方面,要整合长三角各地方的数字资源禀赋与产业优势,构建多层次、多元化的地方(城市)分工协作体制,打造有效衔接的数字经济网络组织体系,推动区域联动发展。例如上海、无锡、苏州等地在集成电路产业上都有很强的比较优势,因此可以在联合发展的同时进行分工合作,共同打造集成电路产业集群。再如,上海曾发布《关于本市推动新一代人工智能发展的实施意见》,提出要培育10家人工智能创新标杆企业、打造6个创新应用示范区、形成60个深度应用场景,那么苏浙皖可以采取措施主动嵌入上海人工智能产业链,联合打造长三角一体化的人工智能、智能装备制造产业集群。另一方面,要强化上海、杭州等核心城市在数字经济方面的集聚与辐射效应,可考虑将一部分产业向长三角的中小城市转移,带动周边地区形成专业化的数字经济集群,打造体系完备、合作有序的城市群产业链。除了产业分工布局之外,还需要从加强数字基础设施互联互通、聚集信息人才资源、推进技术创新合作等多方面加强长三角的地区协作,进一步激发区域创新发展潜力,共同打造世界级的数字经济产业集聚区。

3. 推进共建数字经济产业合作示范区

鼓励上海、浙江等地的优势数字经济园区开发商与长三角其他地方共建，推动一批跨省市、跨城市的新一代信息网络、集成电路、新型显示器件、人工智能、信息技术服务等数字经济合作园区发展，通过优势互补，引导数字经济产业集群的升级。例如安徽省铜陵市经济开发区，是由苏州旭创科技光模块产业园投产，园区将在铜陵布局5G高速光通信模块，迎接5G商用浪潮。这种跨区域的园区合作如能进一步推广，将极大促进长三角数字经济产业集群的发展。与此同时，加强引导国内其他区域的领军企业进驻长三角，支持优势企业建立上下游协同的企业集团，通过领军企业带动整个区域数字经济的发展。鼓励园区之间、企业之间创新合作方式，探索产业园区"走出去"的发展模式，依托长三角产业协同创新建设，在长三角范围内建立起数字经济的高端制造生产基地。

4. 深化数字经济的对外开放

一个世界级的产业集群一定是一个开放的集群。要发挥长三角区域对外开放运营的经验优势，进一步引进外资，扩大开放，不断优化营商环境，引导支持外资投向数字经济领域；同时在数字经济集群内引入国际化的技术、经验、资本和人才等要素，支持跨国公司在华设立研发机构。虽然很多研发机构都设立在上海、杭州等中心城市，中小城市也要主动走出去，积极吸收中心城市创新链的扩散溢出效应；鼓励区域内数字经济企业与跨国公司建立长期合作伙伴机制，推动区域内企业融入全球产业生态。与此同时，抓住我国"一带一路"建设契机，支持企业深度参与"一带一路"建设，与"一带一路"相关国家和地区加强产业合作和经贸交流，积极推进数字经济优势产能的对外输出。

(四) 加快破解数字经济发展的制度性瓶颈

1. 共同推进数字化改革

要发挥长三角地区的开放型经济优势,发挥各地自贸区更高水平对外开放和压力测试优势,共同开展两大方面的数字化改革:

(1) 让数据资源流动和活跃起来。在确保个人隐私数据与国家安全数据保护的前提下,积极推动地方公共数据的共享与开放;加快培育数据要素市场,建立资产评估、登记结算、交易撮合、争议解决等市场运营体系,促进数据要素依法有序流动;推进数据权属界定、开放共享、交易流通、监督管理等标准制定和系统建设;在各个自贸区探索促进数据跨境流动的新机制。

(2) 让数字化场景更加丰富起来,产生巨大动能。推动全社会的数字化转型。政府带头引领,深化"一网通办""一网统管""一网交易"建设,推进各领域全方位的流程再造、规则重构、功能塑造、生态构建,创造全新的生产生活方式和发展路径。企业加快适应、抢占先机,建设智慧工厂、无人车间,实现智能化生产、数字化运营,加快接入工业互联网等各种新基建。

2. 积极探索建立区域一体化的数据市场

发挥长三角一体化发展的政策优势,把数字要素作为最重要的要素之一,积极推进数据要素市场的一体化建设,为促进数字技术与实体经济深度融合,激发海量数据资源更大动能,加快建设数字经济世界级产业集群,更好发挥市场在数据资源配置中的基础作用。对接上海数据交易所,推动浙江、江苏、安徽加快设立数据交易所,并以上海数据交易所为核心平台,建设长三角地区大交易平台;按照国家统一部署,依托长三角生态绿色一体化发展示范区和芜湖市,积极建设长三角国家数据中心重要枢纽;按照区域数据共享需要,协同建设长三角区域数标准化体系和长三角数据共享机制。围绕数据流动和共享,以及促进跨境流动、发展数字贸易,积极推进长三角三省一市协同立法,强化制度保障、依法治理。

参考文献

[1] 王振、尚勇敏等:《长三角地区共建世界级产业集群研究》,上海社会科学院出版社2020年版。

[2] 成长春等:《长江经济带世界级产业集群战略研究》,上海人民出版社2018年版。

[3] 黎安:《关于建立电子信息产业集群的建议》,《文史博览(理论)》2012年第8期。

[4] 黄海鹰:《国际电子信息产业集群模式的特征及对我国的启示》,《商业经济》2011年第12期。

[5] 于珍:《中国电子信息产业集群的类型及实证分析》,《山东大学学报(哲学社会科学版)》2010年第4期。

[6] 浙江省发展规划研究院课题组:《浙江省新一代信息技术产业发展路径与对策研究》。

[7] 《2018年中国新一代信息技术行业发展报告》,中国经济信息网。

[8] 华辰资本:《新一代信息技术研究报告》,2019年。

[9] 曲洪建、田丙强、刘若琳等:《长三角共同打造世界级产业集群研究》,《科学发展》2019年第11期。

执笔:徐丽梅(上海社会科学院应用研究所副研究员)
　　　王　振(上海社会科学院信息研究所所长、研究员)

第六章 长三角集成电路高质量发展

长三角地区集成电路产业占据我国半壁江山,可以说是我国集成电路产业基础最扎实、产业链最完整、制造技术水平最高的区域。正因如此,国家层面对长三角地区集成电路发展提出了更高要求。《中共中央、国务院关于支持浦东新区高水平改革开放打造社会主义现代化建设引领区的意见》(2021年4月)明确要求,浦东新区要引领集成电路世界级产业集群建设,同长三角地区产业集群加强分工协作,突破一批核心部件、推出一批高端产品、形成一批中国标准。

一、长三角集成电路发展现状与空间分布

(一) 长三角集成电路总体发展状况

1. 产业基础良好,综合实力全国领先

长三角区域是我国集成电路产业基础最扎实、产业链最完整、技术最先进、产业人才最丰富的区域,产业规模占据全国半壁江山,研究开发、设计、芯片制造、封装测试及支撑业等全产业链主要分布在上海、无锡、苏州、杭州等城市群,已初步形成上海的全产业链、江苏的封测、安徽的制造、浙江的设计等各有侧重的产业链和供应链分工格局。据中商产业研究院统计,如图6-1所示,长三角地区集成电路产品产量由2016年的769.19亿块增至2020年的1306.82亿块,全国占比稳定在50%左右。根据芯思想研究院2020年中国大陆城市集成电路竞争力

排行榜,长三角地区的上海、无锡、合肥、南京、苏州入围前10强。截至2020年底,长三角地区拥有2个国家战略性新兴产业集群(集成电路类),全国占比为40%,集成电路专利约8 889个,全国占比33%。

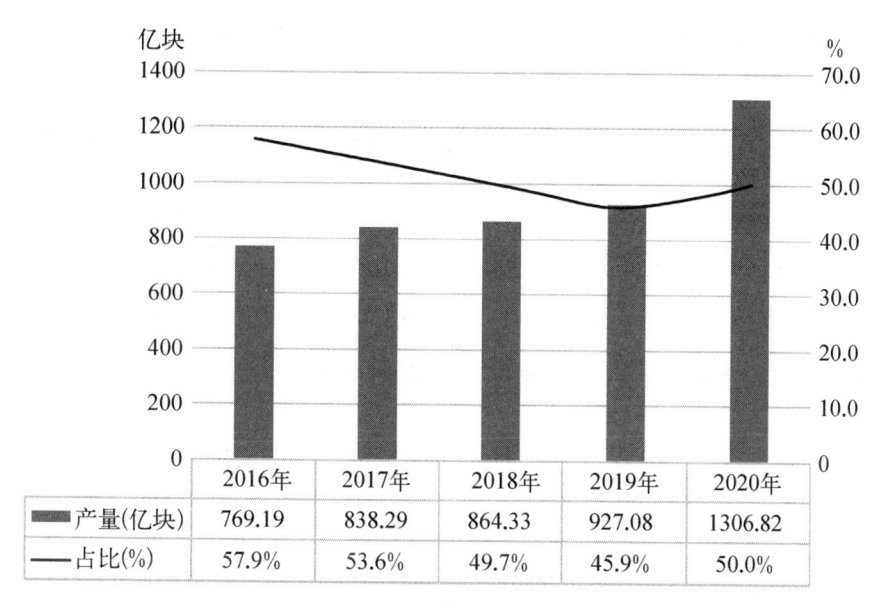

图6-1 2016—2020年长三角区域集成电路产量及占比情况图

年份	2016年	2017年	2018年	2019年	2020年
产量(亿块)	769.19	838.29	864.33	927.08	1306.82
占比(%)	57.9%	53.6%	49.7%	45.9%	50.0%

表6-1 2020年长三角地区集成电路产业规模情况表

地区	产量(亿块)	同比增长(%)	销售规模(亿元)	同比增长(%)
上海	288.67	39.06	2 071.33	21.37
江苏	836.5	22.3	2 200.54	35.39
浙江	174.10	21.37	1 168	49.6
安徽	9.18	13.5	—	—

2. 企业全产业链覆盖,集聚效益日趋明显

长三角地区集聚了全国近半数的集成电路企业,且覆盖集成电路全

产业链,集聚效应日趋显著。2020年全国工商登记注册经营范围涉及集成电路的企业数量有267 757家,长三角地区共有45 103家,全国占比16.8%,销售过亿的集成电路企业107家,全国占比45%。从上市企业来看,我国集成电路行业上市公司达67家,长三角地区拥有36家,占比53.73%,合计总资产4.988 9万亿元。其中上海和江苏各14家,占全国20.9%,浙江8家,占全国11.9%。从企业领域来看,集成电路原材料16家,集成电路设计9家,半导体设备5家,集成电路封测4家,集成电路制造2家。从城市分布来看,上海10 044家,苏州5 460家,南京5 425家,杭州3 798家,无锡2 814家,合肥2 372家,南通938家,呈现上海、苏州—无锡—南京、杭州—宁波、合肥四大集聚片区,具体见表6-2。

表6-2 2020年长三角主要城市集成电路经营范围企业情况

城市	企业数量（家）	占比长三角（%）	注册资本5 000万元以上(家)
上海	10 044	22.90	815
苏州	5 460	12.45	376
南京	5 425	12.37	378
杭州	3 798	8.66	308
合肥	2 372	5.41	172
无锡	2 814	6.42	209
南通	938	2.14	147

资料来源:浙江省发展规划研究院:《促进长三角地区未来产业发展研究》,2021年。

3. 创新资源丰富,科研水平举足轻重

长三角地区拥有以集成电路为重点方向的张江国家实验室,上海智能传感器创新中心、上海集成电路研发中心、无锡集成电路特色工艺及封装测试创新中心、之江实验室、纳米集成电路设计平台等高端平台；在全国7个国家级IC设计业产业化基地中占有3个，包括上海、无锡、杭州，拥有全国国家级IC设计人才培训基地5个，即上海交通大学、复旦大学、东南大学、浙江大学、同济大学；拥有首批国家示范性微电子学院8个，全国约1/4的"双一流"高校、国家重点实验室、国家工程研究中心，1 000余所科研机构、150余所高等院校，在集成电路芯片领域创新能力达到了国内乃至国际领先水平，取得了一系列成果。

（二）三省一市集成电路发展状况

长三角地区作为我国集成电路产业研发生产的最重要区域，"十四五"期间三省一市前瞻布局先进芯片相关产业发展，增强先进芯片自主创新能力，提高集成电路产业链供应链现代化水平。上海聚焦集成电路全产业链重点领域关键芯片、装备、材料研制等国家重大战略任务，建设国家级集成电路综合产业基地。江苏前瞻布局第三代半导体等领域，积极开发商业化应用场景，抢占产业竞争发展制高点。浙江突破第三代半导体芯片、专用设计软件（EDA）、专用设备与材料等材料、前瞻布局毫米波芯片、太赫兹芯片、云端一体芯片，壮大芯片、元器件和材料等基础产业。安徽布局第三代半导体为代表的先进芯片产业，加快培育"国际范"集成电路产业聚集区，推动形成以合肥为龙头辐射带动全省的有序发展格局。

1. 上海

如图6-2所示，2016—2020年，上海集成电路产量呈现先降后升的趋势，2020年上海集成电路产量288.67亿块，同比增长

39.06%,产业实现销售收入2071.33亿元,同比增长21.37%。其中,设计业实现销售收入954.15亿元,同比增长33.39%;制造业实现销售收入467.18亿元,同比增长19.87%;封装测试业实现销售收入430.9亿元,同比增长12.64%;装备材料业实现销售收入219.1亿元,与2019年基本持平。截至2020年底,上海集成电路上市企业共14家,包括:沪硅产业、安集科技、飞凯材料、上海新阳、飞凯材料、至纯科技、中微公司、韦尔股份、澜起科技、富瀚微、博通集成、中颖电子、乐鑫科技、中芯国际。

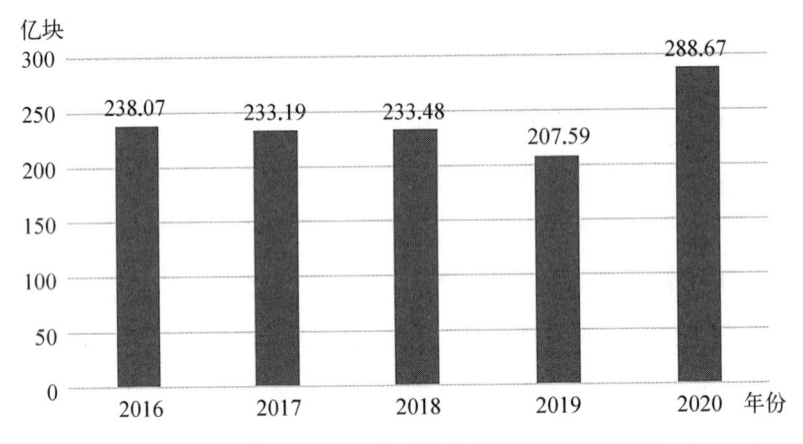

图6-2 2016—2020年上海集成电路产量情况图

就重点区域而言,浦东新区已集聚了中芯国际、华虹宏力、华力微电子、中微公司、紫光展锐、上海微电子、盛美半导体等诸多著名企业。张江科学城已集聚了集成电路设计、芯片制造、封装测试、设备材料等企业共200余家,2020年产业营收规模首超1000亿元,达1027.88亿元,同比增速高达22.5%。临港新片区以发展装备、材料业为起点,产业链不断扩展、完善。目前已引进华大、新昇、格科、闻泰、中微、寒武纪、地平线等40余家行业标杆企业,初步形成了覆盖芯片设计、特色工艺制造、新型存储、第三代半导体、封装测试以及装备、材料等环节的集成电路全产业链生态体系。

目前，上海依托现有的13家集成电路科研平台，攻克多项卡脖子技术和国内技术空白。复旦大学微电子学院张卫教授团队发明了半浮栅器件，实现无电容动态随机存储器（DRAM）芯片，成为可能颠覆DRAM的革命性技术。同时在集成电路设计制造装备等领域也取得了系列突破成果，在设计上，复旦微电子公司研制出亿门级FPGA芯片（现场可编程门阵列），填补了国内高性能FPGA芯片的空白；在制造上，中芯国际14纳米工艺即将量产，正在研发10纳米和7纳米工艺技术；在装备上，中微半导体公司研发的5—7纳米刻蚀机和金属有机化合物化学气相沉淀（MOCVD）设备已进入台积电生产线，得到国际最先进芯片制造企业的认可。

"十四五"时期，上海将加快突破面向云计算、数据中心、新一代通信、智能网联汽车、人工智能、物联网等领域的高端处理器芯片、存储器芯片、微处理器芯片、图像处理器芯片、FPGA、5G核心芯片等研发，推进FPGA、IGBT、MCU等关键器件研发，加强核心装备材料创新发展，加快提升EDA设计工具等集成电路设计工具供给能力。在光子芯片和器件领域，重点突破硅光子、光通讯器件、光子芯片等新一代光子器件的研发与应用，在光子器件模块化技术、基于互补金属氧化物半导体（CMOS）的硅光子工艺、光通信技术、光互联技术、芯片集成化技术、光电集成模块封装技术等方面的研究开展重点攻关。

2. 江苏

如图6-3所示，2020年，江苏省集成电路产业保持高速发展势头，集成电路设计、制造、封测三业销售收入达到2 200.54亿元，同比增长

35.39%。其中,集成电路设计业销售收入同比增长79.59%;集成电路晶圆业销售收入同比增长13.66%;集成电路封测业销售收入增长30.43%。2020年度,江苏省集成电路三业和支撑服务业销售收入合计为2820.69亿元,同比增长28.65%。集成电路产量方面,如图6-4所示,2016—2018年,江苏集成电路产量稳步上升,2019年产量小幅回落,2020年集成电路产量达到近5年最高峰,产量达到836.5亿块,同比增长61.71%。截至2020年底,江苏省集成电路上市企业共14家,包括:苏州6家,分别为南大光电、金宏气体、晶瑞股份、赛腾股份、敏芯股份、晶方科技;无锡5家,分别为雅克科技、卓胜微、长电科技、太极实业、江化微;常州1家,强力新材;南通1家,通富微电;连云港1家,石英股份。

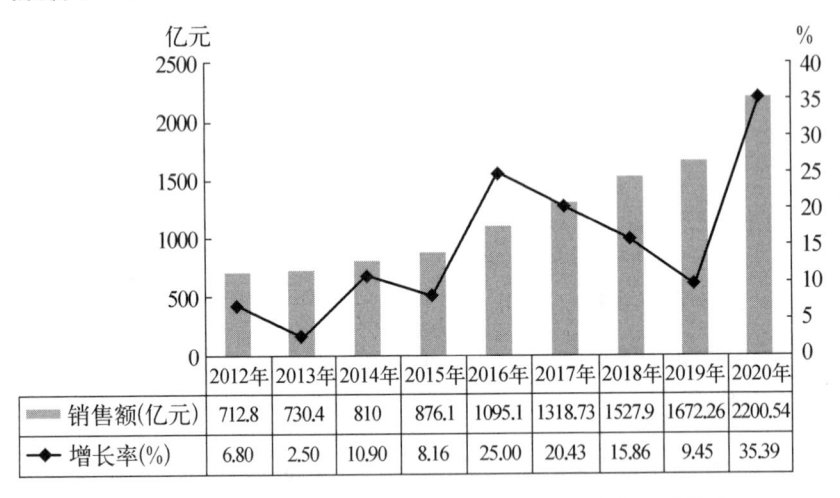

	2012年	2013年	2014年	2015年	2016年	2017年	2018年	2019年	2020年
销售额(亿元)	712.8	730.4	810	876.1	1095.1	1318.73	1527.9	1672.26	2200.54
增长率(%)	6.80	2.50	10.90	8.16	25.00	20.43	15.86	9.45	35.39

图6-3 2012—2020年江苏省集成电路产业销售额及增长率

近年来,江苏陆续引进了台积电南京厂、华虹无锡、SK海力士二厂等重大项目,集聚了一批集成电路重点企业。在集成电路制造领域集聚了海力士、华润上华科技,在集成电路封测领域集聚了长电科技、矽品科技、华天科技、富通微电、晶方科技、华润安盛;在集

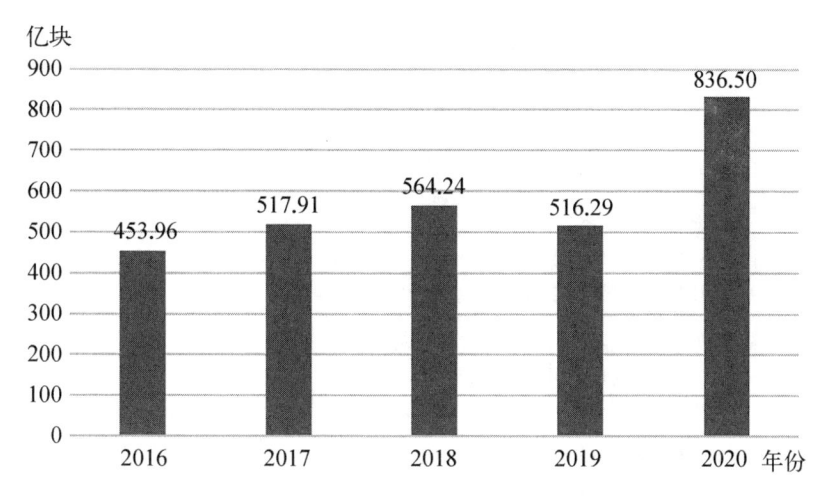

图 6-4 2016—2020 年江苏集成电路产量情况图

成电路材料领域集聚了江苏瑞红、晶瑞股份、南大光电。依托科研力量,在集成电路芯片领域技术创新方面取了一系列成果,如南京网络通信与安全紫金山实验室已研制出 CMOS 毫米波全集成 4 通道相控阵芯片,并完成了芯片封装和测试。苏州已全面掌握晶圆级封装(WL-CSP)、硅通孔技术(TSV)、系统级封装(SiP)等世界三大主流封装技术,与国际主流技术水平同步发展。除此之外,江苏省多个城市还陆续发布"十四五"时期集成电路产业重点布局方向(见表 6-3)。

表 6-3 江苏省集成电路产业重点布局情况

城市	重 点 布 局
南京	重点攻关第三代半导体材料、功率半导体以及国产 EDA 工具,高水平建设国家集成电路设计服务产业创新中心,重点发展面向工业互联网、人工智能、5G、汽车电子、物联网等领域高端芯片设计、晶圆制造、专用前沿材料及设备。在江北新区布局先进工艺的全流程 EDA 工具平台、5G 毫米波芯片等

续表

城市	重 点 布 局
无锡	推动物联网、智能网联汽车、5G通信、高端功率器件等领域的芯片研发,高标准建设江苏集成电路应用技术创新中心,着重开展设计、加工、制造、封装、测试分析、新材料开发等关键共性技术联合攻关,打造微纳加工与测试表征实验室,积极开展化合物半导体的技术研发应用,布局形成新吴区制造设计、滨湖设计、江阴区封装测试、宜兴市材料、锡山区装备等芯片产业链协同分工体系
苏州	突破超摩尔时代的集成电路共享关键设计技术,发展车用芯片、安全芯片、网络芯片、高端数模芯片、硅光芯片等集成电路设计、化合物半导体、MEMS智能传感;着力布局GaN、GaAs、MEMS等特色工艺制造产线
徐州	主攻集成电路材料装备、第三代半导体材料器件、先进封测等领域,形成"材料—装备—设计—制造—封测"产业链
常州	聚焦砷化镓等第二代化合物半导体以及碳化硅、氮化镓等第三代化合物半导体细分产业发展

3. 浙江

如图 6-5 所示,2016—2020 年,浙江集成电路产量小幅波动,总体呈现上涨的趋势。2020 年,浙江集成电路产量 174.10 亿块,同比增长 21.37%;集成电路产业销售规模达到 1 168 亿元,位居全国第六,同比增长近五成。集聚集成电路产业链规模以上企业超 650 家,在集成电路专用制造装备和测试装备、集成电路系列材料、芯片设计、晶圆制造、封装测试、产品应用等方面建立起了比较完整的产业生态链。如在集成电路设计领域,浙江省已聚集了士兰微电子、华澜微电子、中电海康、格科微等一批国内知名企业,在微波毫米波射频集成电路、嵌入式处理器、存储控制器等多个细分领域形成了国内领先的技术水平。在集成电路制造领域,目前浙江省已聚集起包括士兰集成、东芯半导体、立昂微电子在内的一批重点企业。截至 2020 年底,浙江省集成电路上市企业共 8 家,包括:杭州 3 家,分别为立昂微、长川科技、士兰微;宁波 2 家,分别为江丰电子、康强电子;绍兴 1 家,晶盛机电;嘉兴 1 家,斯达半导;衢州 1 家,巨化股份。

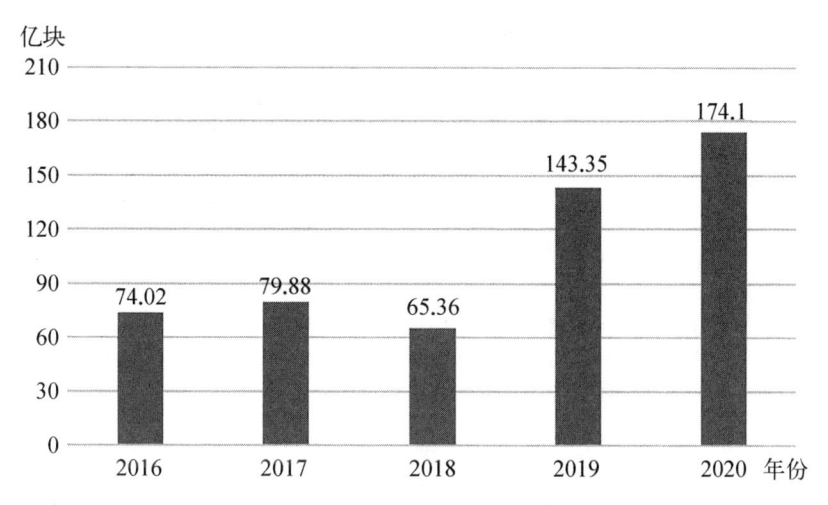

图 6-5 2016—2020 年浙江集成电路产量情况图

在科技创新方面,浙江大学与之江实验室共同发布了我国首台基于自主知识产权类脑芯片的类脑计算机。创建国内第一家集集成电路设计和制造于一体的公共研发平台,并开始为企业提供成套的工艺验证服务和定制化小批量试生产服务。在微波毫米波射频集成电路、嵌入式处理器、存储控制器等多个细分领域形成了国内领先的技术水平。除此之外,浙江省多个城市还陆续发布"十四五"时期集成电路产业重点布局方向(见表6-4)。

表 6-4 浙江省集成电路产业重点布局情况

城市	重 点 布 局
杭州	重点布局高端射频芯片、RISC-V 开源平台、新一代光电芯片、人工智能及视觉处理芯片、信息安全类芯片、类脑计算芯片、存储器芯片和第三代半导体等领域,大力发展微机电系统(MEMS)技术和产品,推动电子设计自动化(EDA)软件、半导体核心设备和关键材料的自主攻关
宁波	发展氮化镓、碳化硅、氧化锌等宽禁带第三代半导体材料;培育发展氧化镓、金刚石、氮化铝超宽禁带第四代半导体材料,锑化铟、锑化镓等超窄禁带半导体材料

续表

城市	重　点　布　局
绍兴	依托中芯国际MEMS(微机电系统)生产线,拓展MEMS领域封装测试及模组制造,形成MEMS传感器领域较为完整的产业链条,向工业控制、汽车电子领域提升,基本建成国内微机电和功率集成系统制造中心;重点聚焦晶圆级封装等先进技术,建立国内领先的先进封测生产线和封装技术研发中心;布局宽禁带半导体产业
嘉兴	重点发展氮化镓、碳化硅等第三代半导体材料,各类微机电系统(MEMS)传感器、半导体芯片等,集成电路材料、集成电路专用装备与制造等,重点布局南湖、嘉善、海宁等半导体产业基地
衢州	突破新一代信息技术、先进半导体芯片与材料、特种气体等关键技术,做大做强省级集成电路材料产业基地,大力发展高端电子材料、高端存储半导体,打造全国具有重要影响力的集成电路产业集群

4. 安徽

如图6-6所示,2016—2020年,安徽集成电路产量较为波动,2018年跌到1.25亿块,2019年飙升至59.74亿块。2020年,安徽集成电路产量9.18亿块,规模以上集成电路产业产值同比增长13.5%。安徽现拥有合肥长鑫、京东方、晶合集成、通富微电等龙头企业和领军企业。其中,合肥市已经集聚了各类集成电路核心产业企业超300家、从业人员超2万人,产值超过500亿元。

科技创新方面,长鑫存储在全国率先将DRAM芯片设计制造一体化投入量产,成功打破美日韩垄断;云塔科技5G宽带滤波器芯片国际领先;芯碁微装双台面激光直接成像设备打破国外高端设备垄断;中电科38所"魂芯二号A"产品单核性能超过当前国际市场上同类芯片性能4倍;安徽大学产出了金属团簇材料、新型量子功能材料、磁斯格明子(skyrmion)存储材料等一批原创性成果,在高灵敏传感装备、毫米波芯片、水性聚氨酯等"卡脖子"关键技术领域取得重要突

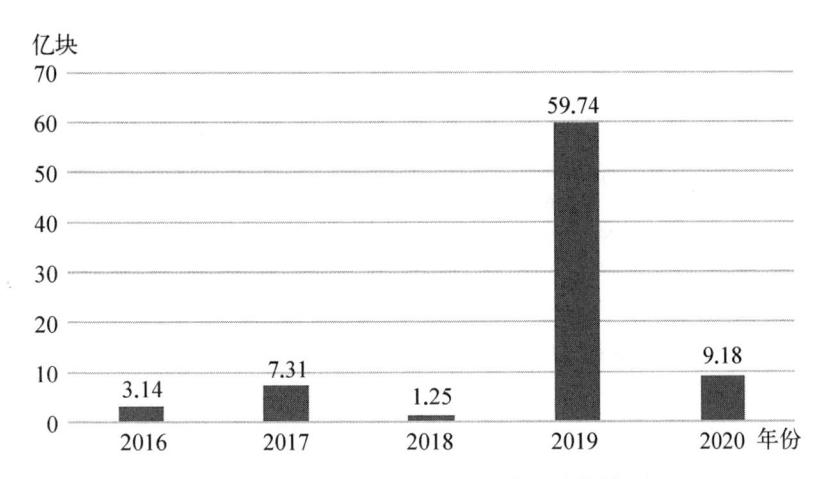

图 6-6　2016—2020 年安徽集成电路产量情况图

破。除此之外,安徽省多个城市还陆续发布"十四五"时期集成电路产业重点布局方向(见表 6-5)。

表 6-5　安徽省集成电路产业重点布局情况

城市	重　点　布　局
合肥	发展定位:打造"中国 IC 之都"; 重点发展:重点开展先进工艺芯片制造技术、新型集成电路芯片、光通信芯片和高端芯片设计技术、集成电路核心设备、新型 MEMS 器件、EDA 软件等研发,开展系统级封装平台建设;鼓励发展基于氮化镓的高温大功率电子器件和高频微波器件,基于砷化镓的光电器件和微波器件等新型功率器件
池州	围绕新能源汽车、5G 通信等重点领域,布局 GaAs、GaN、SiC 等化合物晶圆生产线,重点发展芯片级封装(CSP)、晶圆级封装(WLP)、系统级封装业务(SIP)、三维封装等新型封装,以及逻辑芯片检测、射频芯片测试、存储芯片测试、系统级测试、芯片可靠性测试等检测重点领域
芜湖	重点发展第三代半导体需要的高纯度低缺陷碳化硅和氮化镓外延片,超高频、大功率高端器件研发,加快高频率太赫兹设备、量子通信设备研发与应用示范等,布局氮化镓和碳化硅等化合物半导体材料为代表的亚毫米波器件与电力电子器件

续表

城市	重点布局
蚌埠	重点建设6英寸GaAs微波集成电路制造线和4～6英寸SiC基GaN微波射频电路制造线,发展集成电路用硅片。突破高速高精度数模转换芯片技术,研发高速高精度通信设备的测试仪器,发展微波集成电路设计与制造以及太赫兹测试技术、设备和成套解决方案,扩展太赫兹产品示范使用

二、长三角集成电路专业园区

(一) 上海

1. 上海集成电路设计产业园

上海集成电路设计产业园位于张江科学城核心区域,东至外环高速路、南至高科中路、西至申江路、北至龙东大道,总规划面积4平方千米(一期1.3平方千米),可建建筑面积达170.8万平方米,规划产业人口约6.6万人,是上海市重点建设的集成电路设计产业园。园区通过实施"千亿百万"工程,聚焦千家企业、形成千亿元销售规模、汇集十万人才、打造百万空间,力争建设成为国内领先、世界一流的集成电路设计产业园区,不断凸显上海科技创新中心的集中度、显示度。

目前,上海集成电路设计产业园正围绕人工智能、5G、智能驾驶、物联网、存储器、架构(RISC-V)等重点领域,多方引进行业龙头企业和细分领域领先企业。预计到2025年,上海集成电路设计产业园的销售收入有望达到1 000亿元。

除芯片设计产业外,晶圆制造领域有19条生产线引领全国发展;封装测试集聚了包括日月光、安靠、华岭等在内的龙头企业;装备材料领域自主创新逐步突破,多项技术填补了国内空白。2019年,张江集成电路设计业产值达到400多亿元,占上海集成电路设计产业的70%,占上海集成电路整体产业的28%,初步形成具有国际竞争力的综合性产业集群。设计产品细分领域广,围绕人工智能、5G、智能驾驶、物联网等重点应用领域,在国产处理器、存储器、安全芯片、FPGA、光通信、架构(RISC-V)等"卡脖子"核心技术领域进行了重点布局。

2. 漕河泾新兴技术开发区

漕河泾新兴技术开发区已形成从IC设计、制造、封装测试到集成电路专用设备和配套生产材料的较为完整的产业链,主要产品为6英寸 $0.35\ \mu m$ 芯片、8英寸 $0.25\ \mu m$ 芯片、6英寸BiCMOS芯片、光掩膜、高纯气体、薄膜防尘罩等。漕河泾开发区拥有上海先进半导体制造股份有限公司、上海新进半导体制造有限公司等晶圆制造企业,还有意法半导体、泰鼎、日冲、IDT、澜起、微开、先驱、新茂、盛扬、百利通、矽映等研发企业,以及由凸版光掩膜、液化空气、爱立发封装、爱德万测试、印科防尘罩等组成的配套企业。作为集成电路制造企业的上海先进半导体2016年实现营收7.96亿元,同比增长7.4%。2016年2月,上海先进半导体和国网智能电网研究院签署了战略合作协议,共同研发智能电网用IGBT芯片,为企业发展提供新的动力。

3. 紫竹高新技术产业开发区

上海紫竹高新技术产业开发区是国家级高新技术园区,也是上海集成电路产业的重要基地之一。园区集聚了英特尔、晟碟半导体、爱信诺航芯电子科技有限公司等一批著名集成电路企业。

位于上海紫竹开发区的英特尔亚太研发有限公司主要专注于数据中心研发、软件与服务研发、个人计算机客户平台研发、全球教育行业合作、视觉图形计算机、移动互联平台、物联网、闪存方案研究等。英特尔亚太研发中心快速成长,现有员工2 000多名,包括90余名博士生、1 300余名硕士生和650多名本科生,培养了2位资深首席工程师和7

位英特尔首席工程师。英特尔亚太研发中心荣获21项IAA（英特尔成就奖），已和20所顶级大专院校以及MOE建立深度合作关系。2016年10月25日，上海-英特尔亚太研发中心举办了以"The Next：研发加速实现万物智能互联"为主题的全球性的技术大会，重点分享了英特尔亚太研发中心在云计算、数据中心、物联网、连接和FPGA以及"物"领域的领先技术、产品和解决方案的实质性研发与合作成果，并现场展示了英特尔亚太研发中心在大数据、物联网及可穿戴设备等领域的最新成果。

（二）江苏

1. 南京集成电路产业集群

2019年2月，南京市正式出台了《南京市打造集成电路产业地标行动计划》，明确以江北的高新区命名为"一核"，江宁开发区、南京经济开发区为"两翼"的江苏集成电路技术产业发展空间布局，确立"抓紧抢抓江苏省集成电路技术产业发展新一轮重大发展战略机遇，打造成为全省第一、全国前三、全球最具国际影响力的江苏省集成电路技术产业发展地标"。截至2020年11月，南京市江北新区已经成功聚集了上百家台湾集成电路生产企业，将以台湾台积电为主要龙头企业，围绕台积电的芯片代工生产能力共同打造一个高端电子产业链新生态。同时，台积电与南京市政府签订了战略投资合作协议书，将共同斥资30亿美元在南京市建立一个台积电（南京）有限公司，并在其下设一座12石晶硅电圆厂以及一个电子设计技术服务研发中心。该测试项目已经开始实施，台积电有限公司高级总经理罗镇球在2020年8月世界移动半导体产业大会上介绍说，台积电5纳米系列产品已经进入了最大批量生产测试阶段，而3纳米系列产品将于2021年开始进行批量面市，并于2022年正式开始进行大批量生产。

2. 无锡新区超大规模集成电路产业园

无锡新区超大规模集成电路产业园位于无锡新区，距离无锡硕放机场15千米。产业园于2010年正式启动建设，园区总规划面积3平方千米，规划区域北起泰山路、西至锡仕路、东临312国道和沪宁高速公路、南至新二路。产业园以集成电路设计为核心，打造以芯片制造为核心、封装测试技术为延伸的集成电路全价值产业链，同时配套完备的便捷生活服务设施和高品质景观休闲空间。园区规划主体功能区包括制造业区设计孵化区、设计产业化总部经济区、设计产业化配套服务区等，占地共700亩，规划基础配套区包括建设园内干道网和开放式对外交通网络，同步配套与发展IC设计产业相关联的宽带网络中心、国际卫星中心、国际培训中心等，按照园内企业人群特点，规划高端生活商务区。

园区目前已有国内最大工艺最先进的集成电路制造企业海力士恒亿半导体，南侧有KEC等集成电路和元器件制造、封测企业。园区的目标是建成集科研教育区、企业技术产品贸易区、企业孵化区、规模企业独立研发区和生活服务区于一体的高标准、国际化的集成电路专业科技园区，作为承接以IC设计业为主体、封测、制造、系统方案及支撑业为配套的企业创新创业的主要载体。园区积极吸引跨国企业全球研发中心、技术支持中心、产品系统方案及应用、上下游企业交流互动、规模企业独立研发配套设施、物流、仓储、产品营销代理网点、国际企业代表处等入驻园区，组建"类IDM"的一站式解决方案平台。

(三) 浙江

绍兴集成电路产业园

绍兴集成电路产业园依托高新、袍江两个国家级开发区进行建设，聚焦集成电路设计—制造—封装—测试—设备及应用全产业链发展。

2018年，顺利成为省级集成电路产业基地，并入选全省首批"万亩千亿"新产业平台，并被纳入国家《长三角一体化发展规划纲要》，目标是打造国家级集成电路产业创新中心。

绍兴集成电路产业园总规划面积 9 566 亩，功能布局为"一心四园两区"（一心：创新设计中心；四园：晶圆制造产业园、封装测试产业园、装备材料产业园〈综合保税区〉、终端应用产业园；两区：高新综合服务片区、袍江综合服务片区）。其中，高新区块规划面积 3 367 亩，重点突出生态、生产和生活融合发展，重点建设晶圆制造产业园、封装测试产业园和创新设计中心；袍江片区规划面积 6 199 亩，侧重引进集成电路全产业链项目，重点建设装备材料产业园和终端应用产业园。产业园已成功引进中芯绍兴项目、长电绍兴项目、韦尔（豪威）项目、两岸集成电路创新产业园项目等 70 余个产业项目，意向投资超 2 000 亿元。

（四）安徽

合肥经济技术开发区

合肥经济技术开发区成立于 1993 年 4 月，2000 年晋升为国家级，设有合肥经开综保区、合肥新桥科创示范区等重要平台，是中国（安徽）自由贸易试验区合肥片区核心区。现辖区面积 268.97 平方千米（南区建成区 83.12 平方千米，北区新桥科创示范区 185.85 平方千米），全区设 6 个社区（高刘、芙蓉、莲花、海恒、锦绣、临湖），与肥西县合作共建新港工业园。"大学城"聚集本专科院校 19 所。

园区集成电路产业已初步形成完整产业链，已布局各类企业 35 户，涵盖设计、制造、封测、设备、材料等领域。目前经开区已形成以格易、龙迅、思立微、康佳半导体等为代表的集成电路设计产业；以长鑫存储为代表的晶圆制造产业；以通富微电、三菱捷敏、华东科技、泰瑞达为代表的集成电路封装测试产业；以北方华创、日本荏原、上海至纯、北京悦芯、真萍科技为代表的集成电路装备产业；以美国空气化工、韩国美科、芯物化学，以及中国台湾地区的汉民、强友等为代表的集成电路外围配套产业。

三、长三角集成电路发展趋势

（一）长三角集成电路产业将继续壮大

长三角各地都陆续出台了集成电路产业的"十四五"规划，规划中都提到了产业的规模扩大和质量提升。上海提出集成电路产业到2025年要实现规模倍增，其中浦东新区2025年要达到4000亿元级的产业规模。上海将加快建设上海集成电路产业园、东方芯港、电子化学品专区等特色产业园区载体，引进一批重大项目，建成具备自主发展能力、具有全球影响力的集成电路创新高地。江苏2020年集成电路设计、制造、封测三业销售收入突破2 200亿元，"十四五"末将继续保持高速增长势头。其中江苏南京2025年集成电路产业销售收入将达到2 000亿元，进入国内第一方阵；江苏无锡作为集成电路重镇，2025年产值将突破2 000亿元；浙江集成电路年产值要从2020年的1 168亿元达到2025年的2 500亿元，实现规模倍增。安徽2021年半导体产业规模估计达到1 000亿元。此外，2020年以来有超14个百亿元项目签约落地，其中长三角地区落地百亿元项目最多，浙江有4个超百亿元项目落地，上海、江苏各2个超百亿元项目落地。可以预见，长三角集成电路产业在未来将继续壮大。

（二）长三角集成电路产业和技术支撑能力更加凸显

一是关键核心技术联合攻关能力增强。依托长三角区域内各高校、科研院所和国家实验室形成了良好的创新生态系统,它可支撑长三角集成电路产业的基础研究和应用研究,可围绕芯片设计与架构、特色工艺制程、先进封装测试工艺、化合物半导体、EDA工具、特种装备及零部件等领域开展关键核心技术攻关。

二是公共服务生态圈持续完善。半导体及集成电路公共服务平台加快发展,为长三角中小微企业提供 EDA工具、芯片架构、SoC(系统级芯片)设计、MPW(多项目晶圆加工)、快速封测、部件及终端产品模拟、测试验证等服务。未来将会有更多平台型和核心技术企业出现,为企业提供产品质量测评、环境适应性评价、安全可靠性认证等方面的公共服务。

三是产业协同创新网络不断优化。依托长三角集成电路产业公共服务机构联盟等机构,长三角各地将会进一步加强产学研合作,以芯片设计、芯片制造和设备制造为主,封装测试和关键材料生产为辅,强化企业与高校、公共研发平台的互动合作,结合全产业链加强上下游企业之间的合作创新。

(三) 长三角集成电路技术升级和供需矛盾将更加突出

随着制造业智能化升级浪潮,先进芯片需求将持续增长,传统芯片已远远无法满足市场需求,长三角高端计算芯片、存储芯片、特色工艺芯片等产能不足将进一步加剧。同时,随着物联网、区块链、汽车电子、5G、AR/VR及AI等多项创新应用发展,将刺激先进芯片产业保持高速发展势头。目前国内芯片自给率水平较低,特别是在核心芯片领域,2020年因华为芯片备货和新冠肺炎疫情刺激需求增长影响,芯片进口额近3800亿美元,同比增长14%。长三角地区必须加速推进芯片自主可控计划,以降低外部技术封锁的不确定性影响。此外,随着摩尔定律走向终结,人工智能、物联网、超级计算及其相关应用却提出了更高的性能要求,制程工艺演进升级,可以提升芯片集成密度,从而提高芯片性能和降低功耗,但当芯片集成密度达到物理架构上限,性能无法进一步提升。长三角地区应进一步聚焦芯片架构、材料、集成、工艺和安全方面的创新研究,开辟新路径、新方法,努力提升芯片性能。

四、长三角集成电路高质量发展的推进路径

长三角地区推进集成电路高质量发展,就是要成为世界级产业集群,不仅在产能规模上继续保持全球最大能级,关键还要做大做强若干行业头部企业,做全做深产业链,还要攻克关键核心技术瓶颈,为新一代信息技术的全面发展夯实基础。从聚合力量、共推发展的角度,要从以下5个方面发力。

(一) 深化分工协作,共建长三角集成电路中高端产业价值链

推动长三角集成电路产业集群向产业价值链中高端迈进,必须要依托长三角,尤其是苏浙沪皖四地比较优势,深化分工协作。建立长三角集成电路产业协同对话机制,采用定期会晤形式,分析产业发展形势、协调重大产业布局和产业政策等。具体到长三角集成电路产业的分工协作上,上海要以自主创新、规模发展为重点,提升芯片设计、制造封测、装备材料全产业链能级。充分发挥张江实验室、国家集成电路创新中心等"1+4"创新体系的引领作用,加强前瞻性、颠覆性技术研发和布局,联合长三角开展产业链合作。江苏、浙江、安徽均拥有相对完整、独立的集成电路产业上下游产业链,产业规模位居全国前列,要积极发挥长三角区域一体化的集聚优势,加强集成电路材料、工艺及设备的研究和推广,建设创新型产业集群,提升国际竞争力。

(二) 强化创新驱动,共建长三角集成电路创新联合体

共建产业协同创新网络,联合长三角区域内的相关大学和科研机构,以及行业龙头企业工程实验室、企业技术中心等创新平台,完善5G核心芯片、圆晶级封装、高端装备材料等领域产业创新中心、产业创新联盟等形式的创新联合体,加快推进集成电路产业科技创新能力建设。联合提升核心芯片研发制造及应用的自主化水平,围绕芯片设计与架构、特色工艺制程、先进封装测试工艺、化合物半导体、EDA工具、特种装备及零部件等领域开展关键核心技术攻关。密切跟进先进芯片技术发展,支持提前部署相关前沿技术、颠覆性技术。推动产业与创新资源协同配置,发挥上海在长三角集成电路创新网络中的中心节点作用,提升新材料、新工艺、新设计的创新策源能力、转移转化能力。同时,重点在苏州、无锡、常州、南通和杭州、宁波、绍兴、嘉兴等近沪地区布局创新技术中心、产品研发设计园区等,完善以企业为主体、市场为导向、产学研相结合的技术创新体系,梳理推进集成电路关键核心技术并实现产业化应用。安徽要注重加强资源集聚和产业整合,全面推进清洁化生产,推行节能降耗技术。

(三) 开展合作示范,共建长三角集成电路产业合作园区

充分发挥长三角各地资源禀赋优势,借鉴"飞地"经济模式发展经验,探索建设长三角集成电路新型合作示范园区,推进产业跨区域协作和梯度转移,可重点在苏北、浙西南、皖东南等地布局一批以封装测试和生产制造为主的产业合作示范园,在苏州、南通、嘉兴等地布局一批以研发、设计为主的集成电路产业合作示范园。强化产业合作园的产业链布局设计,吸引集聚产业链上下游项目,或与周边集成电路专业园构建紧密的产业配套协作关系,打造具有较强竞争力的区域性集成电

路产业集群。

（四）畅通要素流动，共建长三角集成电路共同市场

建立长三角集成电路行业人才需求清单，打通人才培养、人才流通等环节的行政区划限制，推动各地人才评价标准互认，构建互联互通的人才供给网络，推动人才需求供给无缝对接。促进大中小企业协调发展，着重支持集成电路龙头企业、品牌企业兼并重组，通过横向联合、纵向整合做优做强，提高企业全球资源整合能力，促进企业规模化、集约化、平台化运营，培育一批具有国际竞争优势的集成电路巨头企业。引导中小企业专注于集成电路特定细分产品市场、技术领域和客户需求，走"专精特新"的发展道路，持续提升集成电路技术创新能力和生产工艺水平，成长壮大为"单项冠军"企业。支持长三角集成电路企业把握"一带一路"机遇，共同开拓国际市场。

（五）推进政策联动，共建长三角集成电路产业一流环境

建立长三角集成电路产业知识产权保护与服务联盟，完善高价值专利共同培育机制、知识产权信息互通和人才共享机制。推动市场监管联动执法，打破市场壁垒，维护长三角统一的公平竞争市场秩序。建立长三角集成电路产业省级主管部门、龙头企业定期会议制度，共同面对发展困难，协同解决相关问题。

参考文献

［1］丁贤林、查爱萍：《长三角集成电路的发展与合肥市集成电路产业定位》，《中共合肥市委党校学报》2021年第2期。

［2］费文博、于立宏、叶晓佳：《城市群区域价值链分工的"雁阵模式"——基

于长三角集成电路产业的研究》,《软科学》2021年第5期。

[3] 李文龙、罗云峰、陈佳:《中国主要城市发展集成电路的经验与政策启示》,《中国集成电路》2021年第9期。

[4] 上海市集成电路行业协会:《上海集成电路产业发展现状》,《中国集成电路》2019年第11期。

[5] 石琳:《长三角集成电路产业一体化发展新探索》,《张江科技评论》2019年第1期。

[6] 王玥、陈雯、安俞静、陈伊南:《长三角一体化科创产业融合发展体系研究》,《今日科苑》2021年第12期。

[7] 王振等:《全球数字经济竞争力发展报告(2019)》,社会科学文献出版社2019年版。

[8] 温多武:《长三角地区半导体产业集群效应探讨》,上海交通大学,2009年。

[9] 叶森:《区域产业联动研究》,华东师范大学,2009年。

[10] 张云伟:《上海集成电路产业特色园区补链与强链对策建议》,《科学发展》2021年第4期。

[11] 中国信息通信研究院:《全球数字产业战略与政策观察(2021)》,http://www.caict.ac.cn/kxyj/qwfb/ztbg/202201/P020220128646458439671.pdf。

[12] 中国信息通信研究院:《中国数字经济发展白皮书(2021)》,http://www.caict.ac.cn/kxyj/qwfb/bps/202104/P020210424737615413306.pdf。

[13] 中商产业研究院:《中国集成电路市场前景及投资研究报告》,《电器工业》2021年第9期。

执笔:马　双(上海社会科学院信息研究所副研究员)

第七章　长三角人工智能高质量发展

新一代人工智能技术快速迭代,从技术创新到场景落地,人工智能价值创造的全链路日臻完善,正在更大范围和更深层次对经济社会发展和区域竞争力产生深刻影响。长三角是我国经济发展最活跃、开放程度最高、创新能力最强的区域之一,加快推动长三角人工智能高质量发展,是贯彻落实长三角区域一体化发展国家战略、推动区域人工智能产业升级和经济发展的重要抓手。因此,分析研究长三角人工智能发展情况具有重要意义。本章从发展现状、政策协同、城市网络、技术合作、空间布局和产业园区等方面全面梳理长三角人工智能发展情况,明确长三角人工智能发展趋势,提出长三角人工智能高质量发展的推进路径,以期对未来发展实践提供有益参考。

一、长三角人工智能发展现状与空间分布

(一)长三角人工智能产业发展总体情况

新一代人工智能技术快速迭代,从技术创新到场景落地,人工智能价值创造的全链路日臻完善,正在更大范围和更深层次对经济社会发展和区域竞争力产生深刻影响。人工智能产业的高质量发展依赖数据、技术、算力、人才、场景等多种要素,单纯依靠某个省、市自身的力量存在很强的局限性。[1]

---

[1] 金双龙、隆云滔、陈立松、刘叶婷:《基于文本分析的区域人工智能产业政策研究》,《改革与战略》2020年第3期。

因此,推动区域资源整合和相互协作已经成为人工智能产业高质量发展的必然选择。

长三角是我国数字经济发展最活跃、规模最大、占比最高、创新能力最强的区域。三省一市经济、科技发展较为均衡,良好的科技、产业、人才和数字化基础创造了人工智能高质量发展的先天条件。2021年,中国新一代人工智能发展战略研究院发布《中国新一代人工智能产业区域竞争力评价指数》,从企业能力、学术生态、资本环境、国际开放度、链接能力、政府响应能力等6个维度对长三角、京津冀、珠三角和川渝等四大经济圈人工智能发展情况进行评估,结果显示,长三角人工智能产业区域竞争力指数总分101.90,位居四大经济圈首位(见表7-1)。长三角三省一市中,上海市、浙江省、江苏省人工智能产业综合排名位于国内第一梯队,安徽省位于第二梯队。研究者指出,人工智能和实体经济融合发展进程加速和北方人工智能科技产业创新资源"南移"是长三角人工智能区域竞争力提升的关键。

表7-1 四大经济圈人工智能产业区域竞争力及排名

经济圈	综合评分	企业能力	学术生态	资本环境	国际开放度	链接能力	政府响应
长三角	101.90(1)	41.57(1)	30.18(1)	12.08(2)	6.39(3)	5.42(2)	6.25(1)
京津冀	100.52(2)	39.01(2)	26.13(2)	19.00(1)	7.92(1)	6.04(1)	2.42(3)
珠三角	65.5(3)	37.68(3)	7.02(4)	7.34(3)	6.62(2)	3.61(3)	3.23(2)
川渝	24.71(4)	7.29(4)	13.49(3)	0.59(4)	0.35(4)	1.57(4)	1.41(4)

资料来源:《中国新一代人工智能产业区域竞争力评价指数》。

第七章 长三角人工智能高质量发展

2018—2021年是长三角人工智能产业布局的关键阶段。长三角各省市密集出台相关政策和落地措施，助推人工智能快速发展。2018年，上海出台加快推进人工智能高质量发展"22条"实施办法、智能网联汽车路测等行业政策，以及公共数据和"一网通办"管理办法；江苏省出台《江苏省新一代人工智能产业发展实施意见》；安徽省发布《中国（合肥）智能语音及人工智能产业基地（中国声谷）发展规划（2018—2025年）》《安徽省新一代人工智能产业发展规划（2018—2030年）》；2019年，浙江省发布《浙江省促进新一代人工智能发展行动计划（2019—2022年）》。2019年以来，科技部已先后批复了15个国家新一代人工智能创新发展试验区，分布在13个省级行政区，其中长三角占据5席，分别是上海、合肥、杭州、苏州和浙江省德清县；工信部先后批复建设8个国家人工智能创新应用先导区，上海、杭州位列其中。可以看出，长三角区域协同在推动人工智能产业高质量发展方面具有战略意义。

图7-1整理记录了2018年以来长三角人工智能产业发展的重要事件。

2018年
- 先后发布人工智能发展政策文件。
- 首届世界人工智能大会在上海召开。
- 安徽合肥中国声谷启动建设。

2019年
- 上海设立全国首个人工智能创新应用先导区，入选国家新一代人工智能创新发展试验区。
- 江苏南京在栖霞板块内打造中国（南京）智谷。
- 浙江发布《浙江省促进新一代人工智能发展行动计划（2019—2022年）》。
- 安徽发布《新一代人工智能产业基地建设实施方案》。

2020年
- 科技部牵头印发《长三角科技创新共同体建设发展规划》。《长三角G60科创走廊建设方案》，提出协同开展人工智能关键技术攻关，协力提升人工智能技术创新水平。
- 成立长三角人工智能发展联盟。
- 设立"G60科创走廊"人工智能产业基金。

2021年
- 成立长三角人工智能产业链联盟。
- 2021世界人工智能大会，举办"美好长三角，因AI而能"为主题的长三角产业智能论坛。

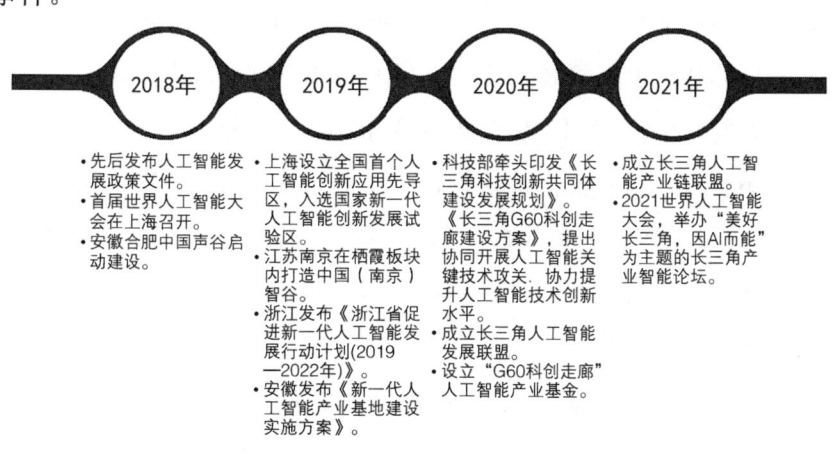

图7-1 长三角地区人工智能大事记

资料来源：根据公开资料整理。

（二）长三角人工智能协同发展特点

本章从政策内容协同度、产业网络耦合度和技术合作紧密度三个维度(见图7-2)辨析长三角区域人工智能产业的发展特点。

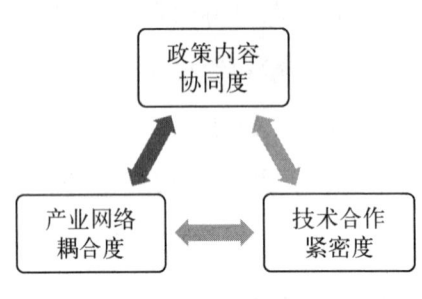

图7-2 研究分析的三个维度

1. 政策内容协同度高,逐步形成"根—干—枝"较完整的长三角人工智能协同发展政策体系

政策内容反映了政府对人工智能区域协同发展的布局重点和推进路线图。整理近5年国家各部委和长三角三省一市出台的各类人工智能专项政策(见表7-2、表7-3),将是否显性地提及"长三角"作为对长三角区域人工智能协同发展的标志。国家层面,2020年9月,科技部出台的《国家新一代人工智能创新发展试验区建设工作指引》明确提出"重点围绕……长三角区域一体化发展等重大区域发展战略进行布局……推动人工智能成为区域发展的重要引领力量"。聚焦长三角一体化高质量发展目标,2020年和2021年,科技部牵头出台《长三角科技创新共同体建设发展规划》《长三角G60科创走廊建设方案》,均提出围绕人工智能,强化区域优势产业协同、错位发展,推动产业结构升级。地方政策层面,上海《关于加快推进人工智能高质量发展的实施办法》《关于建设人工智能上海高地 构建一流创新生态行动方案》,江苏《苏州市促进新一代人工智能产业发展的若干措施》,浙江《浙江省促进新一代人工智能发展行动计划(2019—2022年)》,安徽《新一代人工智能产业基地建设实施方案》都明确指出长三角人工智能一体化发展的重要意义,提出推进长三角人工智能高质量发展的具体措施。可以看出,从国家到地方层面已经形成"根—干—枝"较完整的长三角人工智能协

同发展政策体系。在具体落地方面,2020年和2021年先后成立长三角人工智能发展联盟、长三角人工智能产业链联盟,2020年6月,腾讯长三角人工智能超算中心启动建设。依托联盟和企业平台的力量,能够更加有效地联动三省一市的人工智能算力、技术、场景、数据和人才资源,推动长三角人工智能产业跨区域协同发展系列政策的落实落地。

表7-2 全国人工智能代表性政策

时 间	发布机关	政 策	是否提及"长三角"
2017年7月	国务院	《新一代人工智能发展规划》	无
2018年11月	工信部	《新一代人工智能产业创新重点任务揭榜工作方案》	无
2019年3月	中央深改委	《关于促进人工智能和实体经济深度融合的指导意见》	无
2019年6月	科技部	《新一代人工智能治理原则》	无
2019年8月	科技部	《国家新一代人工智能创新发展试验区建设工作指引》	有
2020年1月	教育部、发改委、财政部	《关于"双一流"建设高校促进学科融合加快人工智能领域研究生培养的若干意见》	无
2020年8月	国家发改委、科技部、工业和信息化部	《国家新一代人工智能标准体系建设指南》	无
2020年10月	科技部、国家发展改革委、工业和信息化部、人民银行、银保监会和证监会	《长三角G60科创走廊建设方案》	有
2020年12月	科技部	《长三角科技创新共同体建设发展规划》	有

表7-3 长三角地区人工智能代表性政策

政策主体	时 间	政 策	是否包含"长三角"
上海	2017年10月	《关于本市推动新一代人工智能发展的实施意见》	无
上海	2017年11月	《上海市人工智能创新发展专项支持实施细则》	无
上海	2018年9月	《关于加快推进人工智能高质量发展的实施办法》	有
上海	2019年8月	《关于建设人工智能上海高地 构建一流创新生态行动方案》	有
上海	2019年10月	《中国(上海)自由贸易试验区临港新片区集聚发展人工智能产业若干政策》	无
江苏	2018年5月	《江苏省新一代人工智能产业发展实施意见》	无
江苏 南京	2018年1月	《关于加快人工智能产业发展的实施意见》	无
江苏 苏州	2021年4月	《苏州市促进新一代人工智能产业发展的若干措施》	有
浙江	2017年7月	《浙江省加快集聚人工智能人才十二条政策》	无
浙江	2017年12月	《浙江省新一代人工智能发展规划》	无
浙江	2019年1月	《浙江省促进新一代人工智能发展行动计划(2019—2022年)》	有
浙江 杭州	2019年12月	《杭州市建设国家新一代人工智能创新发展试验区若干政策》	无
浙江 嘉兴	2019年2月	《嘉兴市新一代人工智能发展行动方案》	无
浙江 宁波	2019年10月	《宁波市新一代人工智能发展行动方案(2019—2022年)》	无
安徽	2018年5月	《安徽省新一代人工智能产业发展规划(2018—2030年)》	无

续表

政策主体	时　间	政　　策	是否包含"长三角"
安徽	2018年1月	《中国(合肥)智能语音及人工智能产业基地(中国声谷)发展规划(2018—2025年)》	无
安徽	2019年9月	《新一代人工智能产业基地建设实施方案》	有

2. 城市网络耦合度高,形成网络联系紧密、覆盖范围广、结构层次清晰的城市网络

张毅欣在《基于人工智能企业分布的城市网络结构研究》一文中利用企业投融资关系构建了人工智能城市网络,[1]采集了全国168个城市的2 032家人工智能企业。研究发现,样本内长三角人工智能企业分布最为密集,其中上海(189)的人工智能企业数量最多,南京(78)、苏州(67)、杭州(44)、合肥(35)次之,区域内其他城市也有人工智能企业分布,空间分布相对均衡。从投融资网络上看,长三角城市群内人工智能企业间的联系最为紧密,形成了"以上海为中心,杭州、苏州为副中心;南京、合肥远程发力带动区域发展的格局特点"。区域内各城市通过投资关系形成了覆盖范围广、结构层次清晰、产业错位发展的良好格局。

3. 技术合作紧密度有待提升,人工智能创新合作仍然较大程度上受到行政边界的约束,长三角人工智能创新一体化程度偏低

为匹配人工智能专利,以国家人工智能标准体系为蓝本,提取81个人工智能关键词(智能芯片、机器学习、知识图谱、智能语音、计算机

---

[1] 张欣毅:《基于人工智能企业分布的城市网络结构研究》,选自《活力城乡　美好人居——2019中国城市规划年会论文集(16区域规划与城市经济)(2019)》。

视觉、智能机器人等),与 incopat 数据库中的专利标题进行匹配。将专利范围限制在第一申请人所在地区为长三角三省一市(上海、浙江、江苏、安徽),共获得 2018—2020 年的发明专利 22 231 条。从省市分布上看,江苏省人工智能发明专利数量最多,为 7 243,其次为浙江(6 131)、上海(4 829)和安徽(2 332)。从专利合作情况来看,多个主体联合申请专利数为 1 680 条,仅占全部专利的 7.6%,表明人工智能专利目前仍是单一主体独立申请为主,合作网络较为稀疏(见表 7-4)。从合作专利占比上来看,三省一市的排名为:江苏(9.1%)、浙江(9.0%)、上海(6.9%)、安徽(6.1%)(见图 7-3)。

表 7-4　长三角地区 AI 专利各省市申请情况

第一申请人所在地区	AI 发明专利总数(排名)	合作申请发明专利数(比例)
上　海	4 829(3)	333(6.9%)
江　苏	7 243(1)	656(9.1%)
浙　江	6 131(2)	549(9.0%)
安　徽	2 332(4)	142(6.1%)
总　数	22 231	1 680(100%)

从长三角人工智能专利创新合作网络上看,三省一市人工智能发明专利都主要由本省市内部产学研机构联合申请,跨区域合作比例较低,占据各省市全部合作专利的比例分别为上海 8.7%、江苏 4.4%、浙江 7.3%,安徽 7.7%(见表 7-5)。说明人工智能创新合作仍然较大程度上受到行政边界的约束,长三角人工智能创新一体化程度偏低。

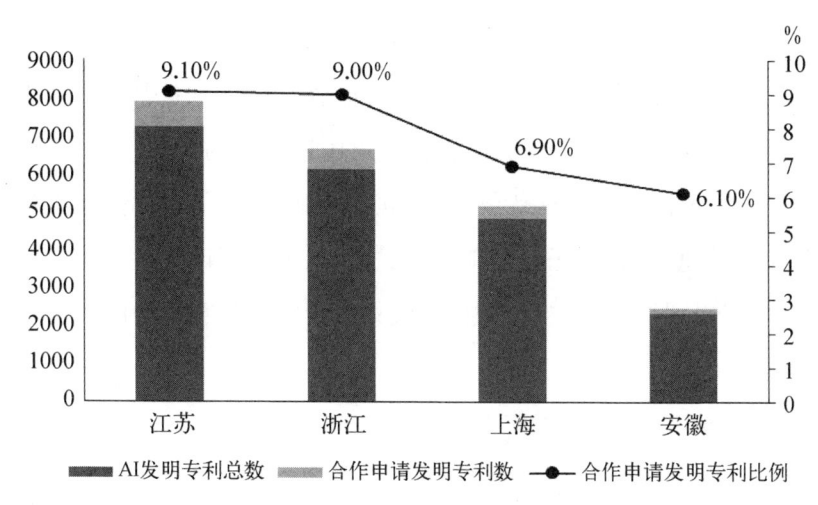

图7-3 长三角各省市合作专利占比情况

表7-5 长三角各省市专利合作情况

（单位：%）

第一申请人所在区域	上海	江苏	浙江	安徽	长三角跨区域合作	其他省市
上 海	75.3	4.7	2.0	2.0	8.7	16.0
江 苏	2.7	71.9	1.4	0.3	4.4	23.6
浙 江	5.7	1.2	71.7	0.4	7.3	21.1
安 徽	1.5	6.2	0.0	55.4	7.7	36.9

注：对角线深色部分为本省市内部产学研机构联合申请的人工智能发明专利占本省市牵头申请的人工智能合作专利的比例。

上海市和江苏省形成了较为紧密的人工智能发明专利的双向合作关系，由浙江省牵头的人工智能发明专利主要与上海市合作申请，安徽省牵头的人工智能发明专利主要与江苏省合作申请。可以看出，长三角三省一市在专利合作方面呈现不均等、选择性的特点。

(三) 长三角三省一市发展现状与空间分布

长三角三省一市在人工智能发展方面各具特色和优势：上海积极运用科教资源、海量数据、基础设施、应用场景丰富的条件，在人工智能领域形成了国内领先发展优势；浙江立足数字经济平台优势，人工智能产业发展迅速；江苏依托省内制造业优势，人工智能产业竞争力不断增强；安徽突出智能语音主导产业，形成具有较强核心竞争力的人工智能产业集群。

1. 上海

2019年，上海人工智能重点企业1116家，其中产业技术类企业占9.7%（包含计算机视觉、语音识别、自然语言处理等领域），基础类企业占17.2%（包含智能芯片、智能传感器、数据处理等领域），产品类企业占比13.5%（包含智能机器人、智能家居、智能硬件等领域），应用类企业占59.6%（包含AI+制造、智能驾驶、AI+医疗、AI+教育、AI+金融等领域）(见图7-4)。2019年，全市人工智能产业规上产值约1477亿元，比2018年增长10.7%。其中，技术类企业产值89亿元，占比6%，基础类企业产值335亿元，占比22.7%，产品类企业产值297亿元，占比20.1%，应用类企业总产值756亿元，占比51.2%（见图7-5）。商业化场景的丰富多元使得上海成为全国人工智能商业化应用的"排头兵"。自2018年以来，上海连续成功举办4届世界人工智能大会，打响了城市人工智能品牌效应。

从产业空间分布上看，如图7-6所示，上海依托4+X创新载体建设，形成东西集聚、多点联动的产业空间格局。其中，浦东张江智能产业+科创融合发展，人工智能岛已成为具有全国影响力的人工智能产业和应用标杆。徐汇滨江人工智能融合发展稳步推进，建设以国际人工智能中心（AI Tower）为核心的西岸智慧谷，形成集总部办公、国际交

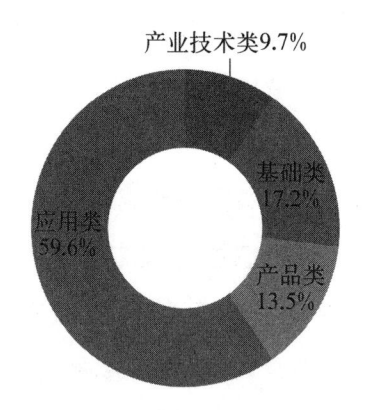

图7-4　2019年上海AI企业各类别占比（产业技术类9.7%，基础类17.2%，产品类13.5%，应用类59.6%）

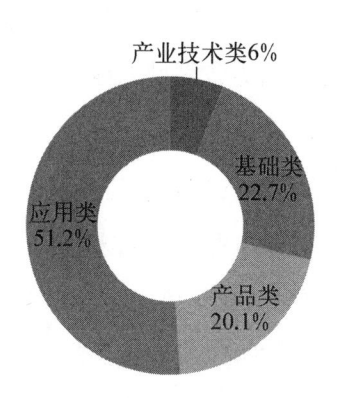

图7-5　2019年上海AI企业规上模拟产值占比（产业技术类6%，基础类22.7%，产品类20.1%，应用类51.2%）

西带：
*徐汇滨江集聚国际人工智能创新龙头企业
*闵行马桥人工智能创新试验区启动建设

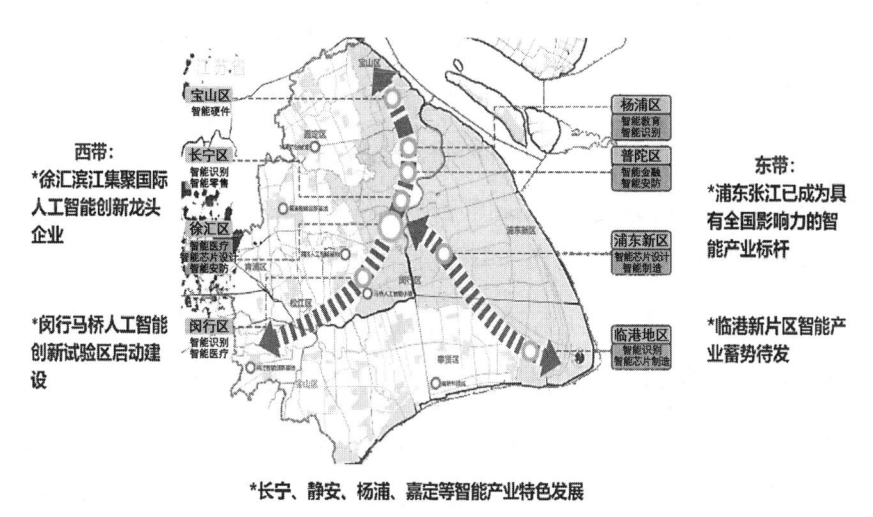

东带：
*浦东张江已成为具有全国影响力的智能产业标杆
*临港新片区智能产业蓄势待发

宝山区：智能硬件
长宁区：智能识别、智能零售
徐汇区：智能医疗、智能芯片设计
闵行区：智能识别、智能医疗
杨浦区：智能教育、智能识别
普陀区：智能金融、智能安防
浦东新区：智能芯片设计、智能制造
临港地区：智能芯片、智能制造

*长宁、静安、杨浦、嘉定等智能产业特色发展

图7-6　上海人工智能产业空间布局

流、示范应用、展示体验、孵化转化为一体的人工智能集聚成长空间。临港新片区打造上海人工智能产业优先发展区和国家级人工智能产业聚集区,积极规划智能产业集聚和政策突破,签约一批重大项目,智能网联汽车综合测试稳步开展。闵行马桥人工智能创新试验区加快产业集聚,构建特色产业生态,重点发展智能运载系统、智能机器人、智能感

知系统、智能新硬件系统等"四智"产业。杨浦、静安、长宁、松江、普陀、宝山、金山等各区域因地制宜打造创新品牌载体。

2. 江苏

江苏依托省内制造业基础,积极推动人工智能与传统制造业融合,在图像识别、智能机器人、智能无人机、智能传感器、智能制造等领域形成了自身独特优势,初步形成涵盖人工智能平台、智能软件、智能机器人及硬件、人工智能系统等较为完整的产业链,在智能制造、智慧医疗、智慧教育等领域形成一批典型应用场景,人工智能产业竞争力不断增强。从创新能力上看,江苏人工智能专利申请量近1万件,总量居全国第二。省内已有50余所高校、科研院所涉足人工智能研究,18所高校设立了人工智能专业,在无人机、高性能计算等领域持续创新。从企业发展上看,江苏拥有思必驰、云问科技、征图新视、甄视智能等一批人工智能代表性企业;苏宁、科沃斯等互联网和制造业企业加快人工智能布局,推动人工智能技术研发和产品落地应用。

从空间布局上看,江苏已基本形成以苏南人工智能科技创新走廊为重点、以南京和苏州为核心的"一带两核"发展格局。其中南京着力打造"两中心、三片区、一示范"发展空间格局,在人工智能核心芯片、智能终端、智能机器人等领域持续发力;苏州依托苏州工业园区、苏州科技城,在计算机视听觉、自然语言理解人际交互等领域发展优势;无锡发挥物联网、超级计算方面的基础,着力打造全国物联网创新中心,并在智慧城市、智能制造等领域寻求突破;常州积极打造机器人产业园区和传感器产业园区,推动智能机器人和智能传感器领域的创新突破;南通在大数据中心、智能装备等方面推动人工智能特色发展。

3. 浙江

浙江立足数字经济平台优势,人工智能产业发展迅速。《2020年浙江省人工智能产业发展报告》指出,2019年浙江人工智能产业总营业收入1987.37亿元,比上年增长22.12%,产业规模达千亿元级,形成了从核心技术研发、智能系统、智能终端制造到行业智能化应用的完整产业链。在智能安防方面更是走在全球前列,占领了全球30%以上的市场。从创新生态上看,形成了以浙江大学、之江实验室、浙江清华长三角研究院等科研院校和领军型企业为核心的人工智能创新生态,吸引和集聚了基础研究和核心技术开发方面的创新资源,在计算机视听觉、脑机结构等领域形成了领先优势。2018年,浙江大学启动了脑科学与人工智能会聚研究计划(简称"双脑计划")。2017年和2019年,阿里巴巴城市大脑、海康威视分别入选国家新一代人工智能开放创新平台。

从空间布局上看,浙江形成以杭州为核心,嘉兴、宁波等省内其他城市蓬勃发展态势。杭州核心成长型企业数量在全国排名第四,仅次于北京、上海和深圳人工智能企业数量。杭州人工智能企业数量和产业营业收入占据全省的45.0%、58.3%,位居全省第一,嘉兴、宁波分别位居第二、第三位,企业数量分别占全省的16.4%、15.6%,营业收入占全省的21%、9.9%。

4. 安徽

2018年,安徽出台《安徽省新一代人工智能产业发展规划(2018—2030年)》,对安徽省人工智能产业规模、企业数量和人才规模做出了定量的阶段性目标部署(见表7-6),提出到2020年,安徽人工智能产业规模超过150亿元,到2025年和2030年分别达到500亿元和1500亿元。

表 7-6 安徽省人工智能发展阶段性目标

阶段目标		近期（到 2020 年）	中期（到 2025 年）	远期（到 2030 年）
产业规模（亿元）		150	500	1 500
人工智能产值超亿元企业数量		>15	>40	>60
人才培育数量	从业人员	7 000	15 000	22 000
	领军人才	>50	>80	>120
带动相关产业规模		1 000	4 500	12 000

安徽人工智能产业已初具规模，主导产业创新能力突出。2019 年，中国声谷实现总产值达到 810 亿元。截至 2020 年 6 月，入园企业数量达到 910 家，形成以科大讯飞为核心相对完整的人工智能产业链条。科大讯飞作为中国声谷建设的核心企业，其中文语音产业规模占全球中文智能语音应用市场的 80%。安徽集聚了近 100 家产业链上下游企业，包括长城计算机、方正北斗等上游计算机硬件企业，科大讯飞、中科类脑等中游技术层企业，华米科技、协创物联网等下游应用层企业，以及科大国创等综合解决方案提供商。

在人工智能基础研究和理论创新方面，安徽也具备良好基础，省内有中国科学技术大学、合肥工业大学等高校。安徽省拥有多个国家级的重点实验室和科技创新平台，如中国类脑智能领域唯一的国家级工程实验室"类脑智能技术及应用国家工程实验室"、人工智能国家级实验室之一的"认知智能国家重点实验室"、合肥综合性国家科学中心人工智能研究院、农业农村部农业物联网技术集成与应用重点实验室、教育部过程优化与智能决策重点实验室、国家发展改革委智能机器人先进机构与控制技术国家地方联合工程研究中心等一批国家科技创新平台。截至2020年7月,我国人工智能国家级实验室共有6个,安徽占据两席。截至2021年6月,合肥市人工智能产业已集聚从业人员超4.4万人,其中研发人员0.97万人,占比达22%,体现出深厚的人工智能人才实力。应用场景方面,《安徽省新一代人工智能产业发展规划(2018—2030年)》中明确提出了五大领域的人工智能创新应用示范工程,分别为:智能制造和智能工厂建设、智能汽车试点示范工程、智能家电应用示范工程、农业智能化升级工程、人工智能+大健康应用示范工程。

空间分布方面,安徽省"一核两地多点"的人工智能产业区域布局逐渐完善,集聚效应有望释放。其中"一核"是指以中国(合肥)智能语音及人工智能产业基地(中国声谷)为产业发展核心区,打造在全国具有重要影响力的新一代人工智能重大新兴产业基地。"两地"是指依托芜湖和马鞍山战略性新兴产业集聚发展基地,打造智能工业机器人和特种机器人产业集聚区。"多点"是指发挥宿州、淮南、蚌埠等地优势,打造云计算、大数据、物联网基础器件、智能农业、智能家电、智能装备及关键零部件等产业。

二、长三角人工智能专业园区

(一)上海

1. 张江人工智能岛

张江人工智能岛位于张江科学城中部核心区,是国内首个"5G+AI"全场景商用示范园区、上海市首批"AI+园区"试点应用场景、上海(浦东新区)人工智能创新应用先导区的核心承载区。继2019年1月迎来首个入岛企业——IBM研发总部以来,张江人工智能岛已吸引了微软 ai&iot insider 实验室、英飞凌大中华区总部等跨国企业巨头,ada health(中德)、齐感科技(中以)、远景智能(中新)等合作项目,同济大学上海自主智能无人系统科学中心等科研院所,阿里巴巴上海平头哥、云从科技、小蚁科技、汇纳科技、黑瞳科技等独角兽企业以及百度飞桨人工智能公共技术平台,张江创业工坊@aisland、红杉数字智能产业孵化中心、ibm wastson build 人工智能创新中心等多个创新主体入驻。截至 2020 年底,张江科学城人工智能相关企业 600 多家,其中人工智能核心企业 200 多家。张江科学城人工智能核心企业占上海总数的 20%,人工智能相关企业占上海总数的 16%。仅张江人工智能岛已集聚 100 多家企业,办公科研人员近 7 000 人。在应用示范方面,张江科学城已率先启动了人工智能岛、人工智能馆、AI 未来街区等人工智能场景建设,打造了"产、学、研、用"为一体的人工智能深度应用场景,人工智能示范应用在这里先行先试。目前,张江人工智能岛正在推动由"岛"变"区"的生态圈升级,预计 2025 年集聚企业数量将超过 2 500 家。

2. 西岸人工智能谷(AI Tower)

位于徐汇滨江的西岸智慧谷国际人工智能中心(AI Tower)为核心,汇聚全球人工智能顶尖企业及科研机构,形成集总部办公、国际交流、示范应用、展示体验、孵化转化为一体的人工智能集聚成长空间。2020 年 7 月 8 日,AI Tower 正式启用,微软亚洲研究院(上海)、微软-仪电人工智能创新院、阿里巴巴、上海鲲鹏+昇腾生态创新中心等人工智能头部企业,以及以联影智能、每步科技、非汛科技、思必驰、云译科技、缙铖医疗、问境科技、完美柒嘉、亿铸科技为代表的垂直细分领域优秀中小企业先后入驻,形成头部企业与生态链企业共生的人工智能生态系统。AI Tower 楼内汇聚了上海期智研究院、上海树图区块链研究院两大基础研究领域新型研发机构;全球高校人工智能学术联盟、AI

青年科学家联盟·梧桐汇两大顶尖人工智能学术交流平台；明略科技、依图科技两大国家新一代人工智能开放创新平台。AI Tower 构筑基础科研与行业应用融合、碰撞的创新服务平台，形成集政、产、学、研、用为一体的人工智能产业链。

3. 长阳创谷的"AI 园区"

2019 年 4 月 25 日，长阳创谷获批上海市首批人工智能试点应用场景，成为上海市首批人工智能试点园区之一。长阳创谷园区位于上海市杨浦区长阳路 1687 号，占地 11 万平方米，规划总建筑面积约 35 万平方米。长阳创谷依托 AI 综合技术支撑平台，聚集"Ai-Link"展示空间、百度（上海）创新中心、类脑 AI 芯片产业功能平台三大 AI 创新体验空间，构建新技术实验场，推动多种 AI 场景实地应用。园区内部应用人脸识别闸机、24 小时智能巡更机器人、各类政务、法务、税务服务机器人多种人工智能技术为园区赋能，形成 AI+政务、AI+新零售、AI+交通、AI+物业管理等多种自助服务场景，让企业做到"不出园区就能办事"，极大提升了园区管理和"双创"服务能力。如今，长阳创谷总办公人数约 2 万人，集聚了一批来自普林斯顿大学、哥伦比亚大学、清华大学等全球知名高校的创业人才，入驻英语流利说、埃森哲、爱驰汽车、造就 Talk、智能云科等 200 多家科技领军企业，共同打造知识工作者创新创业的 AI campus 社区共同体。2020 年以来，城管园区工作站、上海市首批商标品牌创新创业基地先后落户长阳创谷，为企业提供"最后一百米"的精细化服务。

（二）江苏

1. 中国（南京）智谷

中国（南京）智谷位于江苏省南京市栖霞区，是江苏区域产业集聚度最高、科研创新力最强、产业园面积最大、综合化配套最好的人工智能产业基地。2020年9月,南京栖霞区人民政府发布《关于中国(南京)智谷建设有关情况的汇报》,指出智谷已经集聚人工智能企业近300家,较2018年翻一番,集聚独角兽、培育独角兽、瞪羚企业14家,高新技术企业47家、规上限上企业43家;引育国家级重点人才计划、两院院士等领军人才50余人;核心产业规模60.2亿元、占全市七成,带动相关产业规模600亿元。新港高新园、栖霞高新区为龙头的10余家科技园区构筑南京人工智能产业地标,引进包括地平线、旷视科技等一批国内知名人工智能领域企业,培育南栖仙策、浦和数据、透彻影像等一批人工智能优质初创企业,在人工智能产业创新方面具备较强实力。栖霞区人民政府在汇报中明确智谷定位,把"提升头部企业集聚度、扩大智谷全球影响力"作为首要任务,制定中长期量化发展目标:到2022年,集聚人工智能企业超400家,核心产业规模达120亿元,相关产业规模突破1000亿元;到2025年,核心产业规模超300亿元,相关产业规模较2019年翻两番。培育具有国际影响力的龙头企业,产业竞争力达到国际先进水平。

2. 苏州人工智能产业园

苏州人工智能产业园于2000年4月启动,总规划面积139万平方米,是苏州工业园区发展人工智能产业的主阵地和重要载体。苏州人工智能产业园围绕以人工智能为引领的新一代信息技术产业,重点打造了人工智能、5G通信、集成电路、云计算、大数据和工业互联网等6个细分产业,围绕智能制造、智能教育、智能金融、智能医疗、智能安防、智能网联、智慧旅游、智慧城市等8个应用场景。面对苏州本地高校资源和人才资源不足的劣势,苏州人工智能产业园采用引育结合的方式,积极优化产业生态,目前已引进了包括科大讯飞、树根互联、中科院技物所、中科院计算所、中科院自动化所等一批龙头企业和知名研发机构,形成了以人工智能为引领的新一代信息技术特色产业群。

(三) 浙江

杭州人工智能小镇

杭州人工智能小镇位于全国四大未来科技城之一的杭州未来科技城(海创园)核心区块,同时处于浙江省科技创新"十三五"规划版图上重点打造的城西科创大走廊核心区域,依托城西科创大走廊人才、产业、资本等优势,借助于浙江大学、阿里巴巴、海创园、梦想小镇等各类平台优势,推动人工智能领域高端要素的集聚,目前已吸引之江实验室、百度(杭州)创新中心等17个高端研发机构及350余个创新项目,配套设施日益完善。2019年11月,杭州未来科技城管委会已经出台《杭州未来科技城(海创园)引进海内外高层次人才、加快人工智能产业发展的若干政策意见》,围绕人工智能产业孵化、加速、产业化不同发展阶段、不同类型以及人才创业创新需求,实施全方位政策扶持,为杭州人工智能小镇引育人才、孵化企业提供政策和资金支持。

(四) 安徽

中国声谷

2017年,安徽省发布《中国(合肥)智能语音及人工智能产业基地(中国声谷)发展规划(2018—2025年)》,致力于将中国声谷重点打造为安徽省人工智能产业的发源地和孵化器。2019年,"中国声谷"核心及关联带动产值约810亿元。截至2020年6月底,中国声谷入驻总企业数达到910家,形成以科大讯飞、中科类脑等企业为核心的产业集聚区。中国声谷在计算机视听觉、认知智能方面的创新实力突出,科大讯飞中文语音产业规模占全球中文智能语音应用市场的80%。中国声谷围绕技术链条建设产业平台、技术平台和人才平台的建设(见表7-7),快速集聚人才、企业、技术等多种创新要素,通过产业集成发挥规模优势和集聚优势。

表7-7 中国声谷平台建设

平台分类	平台名称	平台简介
产业平台	技术创新服务综合体平台	平台涵盖产品设计中心、智能创配中心、技术支撑中心、检验检测中心等,为企业创新产品提供一站式服务,支持优质智能终端产品的产业化、市场化、规模化
	线上线下公共展示营销平台	线上营销平台包括天猫、京东、微店等,通过多渠道进行宣传推广,促进线上销售;线下搭建智能产品体验中心销售点,目前已经在10多个地级市建成50多家体验店,助力智能产品推广应用
	投融资平台	与合肥市创新风投融合,重点扶持园区企业做大做强,目前已对接服务企业400家,实现对接企业融资额11亿元
技术平台	讯飞开放平台	以"云+端"形式向开发者提供语音合成、语音识别、语音唤醒、于一次理解等多项服务
	类脑智能开放平台	携手中科类脑,通过抽取行业智能化升级改造中的共性需求,将落地过程中的云计算、智能化应用算法和嵌入式智能终端改造方案等进行模块化封装和整合,具备跨行业智能产品快速开发和落地能力
	NLP开放平台	携手神州泰岳,平台覆盖中文信息处理技术成果及产品服务
	智能写作平台	携手金山软件,平台提供智能写作、智能校对等六大平台服务
人才平台	中国声谷人才实训基地	与省内多所高校开展校企服务,通过"院校培养+基地实训"模式培养人工智能复合型人才
	中国声谷雇主品牌建设	与国内多家人力资源服务机构合作,帮助企业引进优秀人才

资料来源:华安证券:《进击的安徽:安徽优势产业系列之人工智能》。

三、长三角人工智能发展趋势

（一）长三角人工智能产业生态圈发展壮大

一是长三角人工智能产业规模继续壮大。上海提出"十四五"时期上海人工智能产业规模倍增的发展目标。江苏省2020年人工智能产业规模超1 000亿元。伴随产业互联网的启动,江苏省人工智能与本省制造业优势融合,人工智能产业将持续增大。根据《浙江省新一代人工智能发展规划》,2022年浙江将力争培育20家国内有影响力的人工智能领军企业,形成人工智能核心产业规模500亿元以上,带动相关产业规模5 000亿元以上。安徽省人工智能产业规模到2025年和2030年分别达到500亿元和1 500亿元。二是长三角地区人工智能生态协同趋势显现。上海连续4年举办世界人工智能大会,有效促进了海内外优质企业在长三角的生态布局。依托长三角人工智能发展联盟、长三角人工智能产业链联盟,三省一市正在逐步打破行政边界的约束,形成资源整合和相互协作的跨地区合作模式,促进三省一市优势互补、扩展人工智能生态圈边界、提高产业的国际竞争力。

（二）长三角人工智能产业支撑力不断提升

长三角协力打造人工智能基础设施建设,基础算力、共性技术、数据开放和场景开放四方面的产业支撑力持续提升。公共算力方面,腾讯"长三角人工智能超算中心"、商汤"新一代人工智能计算与赋能平台"为长三角人工智能提供算力支持。共性技术方面,依托微软-仪电人工智能研究院、上海期智研究院、南京图灵人工智能研究院、之江实验室、合肥综合性国家科学中心等国家级人工智能研究机构,以及明略、阿里、科大讯飞等龙头企业,开展人工智能关键技术联合攻关和开源开放生态培育,共性技术创新、扩散及外溢效应进一步释放。数据开放方面,长三角数据开放、共享、公用持续推进。《2020长三角政府数据开放一体化报告》指出长三角区域内已上线的政府数据开放平台在功能设置上都达到了较高水平,相互之间差异较小,已具备了在平台间推进跨区域协同的基础条件。场景开放方面,长三角三省一市继续推进医疗、安防、无人驾驶、芯片、能源等领域的标准衔接、需求共享和供需对接,并提供场景化测评服务,打造纵向的跨区域产业链协同创新,推动人工智能从单点创新向场景应用落地。

（三）人工智能相关立法加快

2021年世界人工智能大会上,围绕人工智能产生的法律、道德伦理、技术安全和社会问题尤其受到关注。目前,个人信息保护法(草案)、数据安全法先后出台,初步形成人工智能安全评估和管控能力。但在医疗、无人驾驶等细分领域仍待落地法规予以规制。

四、长三角人工智能高质量发展的推进路径

推进长三角人工智能高质量发展,需要在更大格局下加强长三角区域开放、协同、创新,实现人工智能产业链供应链的互联互通、协同协作,优化产业生态体系、高效配置区域资源,推动长三角成为全国人工智能发展的示范引领区域。

（一）加强长三角创新合作,联合布局人工智能核心基础研究

一是加快形成跨区域创新合作机制。上海积极发挥在人工智能领域的创新策源优势,牵头形成长三角人工智能关键核心技术联合攻关、人才培养交流、科技成果转移转化、创新产品推广应用方面的合作机

制,共同打造世界一流的人工智能创新高地。二是推进产学研用深度合作。充分发挥上海在人工智能领域科教资源集聚的优势,加强前沿科学研究布局力度,推动长三角形成五校联盟,加强区域内高校创新合作;鼓励长三角产学研机构形成联动,在基础算法、核心芯片、脑机融合、开源框架等领域联合布局,突破一批前沿理论和关键技术,抢占关键领域人工智能制高点。三是争取一批国家级重大研究项目。积极整合长三角创新资源,联合攻克人工智能领域"卡脖子"关键技术,推动人工智能硬件设备国产化,形成基于国产芯片和操作系统的产业生态,为国家破解"缺芯少魂"之痛及推进人工智能自主安全可控战略提供长三角解决方案。四是建设若干重大基础创新平台。推进建设面向长三角的人工智能科研开放平台、基础系统平台、共性技术平台和大数据平台,为长三角区域各类主体的研发创新提供支持。

(二)发挥各地优势,推动人工智能产业区域协同发展

一是梳理人工智能产业链,建立长三角地区人工智能产业体系。聚焦智能驾驶、智能机器人、智能硬件、智能传感器、智能芯片、智能软件等重点领域,梳理长三角产业链地图;围绕各地重点领域发展路线,推动三省一市发挥各自禀赋特点,切入产业链优势领域协同发展。二是各地聚焦重点领域,以点带面加快长三角地区人工智能一体化进程。加强上海立足自身产业基础和比较优势,重点把握智能芯片和算法核心环节,在无人驾驶、智能机器人等重点方向深入布局,促进优势细分领域规模化发展,同时加强与浙江数字平台、江苏智能制造、安徽智能语音优势产业协同,形成特色鲜明、重点突出的长三角一体化发展格局。三是加快人工智能与实体经济深度融合,推动长三角地区制造业转型升级。共促长三角地区智能制造标准一

体化,建立起智能制造综合标准体系的试验、验证、检测公共服务平台,优先在长三角地区推广应用,为制造业企业的转型升级发展提供支撑;推动一批具有世界水平和行业标杆示范作用的智能工厂建设,形成长三角智能制造在全国的优势地位。

(三) 深入推进人工智能应用示范,推动长三角智能应用整体突破

一是加大应用场景开放力度。结合人工智能在长三角范围内的应用实践,以揭榜挂帅的机制,在工业、商贸、办公、家居、教育、医疗、金融、交通等领域打造一批标杆应用项目,建设一批应用示范区。二是推进长三角区域"城市大脑"建设应用。推动上海、杭州、南京、合肥等城市在"城市大脑"建设应用领域交流合作,积极拓展"城市大脑"在公共服务、市场监管、社会治理、环境保护等领域的应用,以人工智能促进城市治理模式和服务模式的创新,推动政府智能化转型。三是加强政策统筹突破。在智能网联汽车道路测试、智能医疗器械评审等重点应用瓶颈领域探索政策创新,上海先试先行,推进形成长三角行业标准。

(四) 加强生态建设,推动长三角地区智能基础设施布局

一是加大长三角地区人工智能统筹规划力度,强化一体化创新政策布局。推进人工智能战略咨询专家委员会运作,开展长三角区域人工智能战略问题研究和重大决策咨询。依托长三角地区人工智能发展联盟和长三角地区人工智能产业链联盟,促进行业交流合作。二是健全安全伦理体系,保障产业健康发展。积极推进人工智能法律、伦理和安全体系建设,推动长三角信息安全和隐私保护相关技术研究和标准制定,支持开展安全评估与认证能力建设,探索制定统一有序、安全规范的数据流通规则。三是优化算力平台布局,为长三角

地区整体人工智能的研发与应用提供支撑。提升"新一代人工智能计算与赋能平台"的长三角辐射效应，进一步提高区域人工智能算力建设和应用水平。四是推进长三角地区智能网联汽车测试互认合作。联合研究和制定车路协同、智能网联汽车测试验证和示范应用等相关标准，推动区域内智能网联汽车道路测试的数据共享和测试结果互认，促进车联网应用在长三角区域快速落地。五是协同举办世界人工智能大会。汇聚长三角资源共同举办世界人工智能大会，加强长三角区域人工智能合作与交流对接，提升区域合作能级和世界影响力。

参考文献

[1] 金双龙、隆云滔、陈立松、刘叶婷：《基于文本分析的区域人工智能产业政策研究》，《改革与战略》2020年第3期。

[2] 中国新一代人工智能发展战略研究院：《中国新一代人工智能产业区域竞争力评价指数》，2021年。

[3] 张欣毅：《基于人工智能企业分布的城市网络结构研究》，《活力城乡　美好人居——2019中国城市规划年会论文集》（16 区域规划与城市经济），2019年。

[4] 《世界级企业云集人工智能"上海高地"加速成型》，http://industry.people.com.cn/n1/2019/0902/c413883-31330486.html，2019。

[5] 《上海人工智能发展这一年：东西集聚多点联动格局初形成》，https://sh.sina.cn/news/2020-07-02/detail-iirczymm0166645.d.html?cre=wappage&mod=r&loc=3&r=0&rfunc=74&tj=wap_news_relate&wm=1027?bbsid=29，2020。

[6] 上海市经济信息化委：《关于建设人工智能上海高地　构建一流创新生

态的行动方案(2019—2021年)》,http://www.xuhui.gov.cn/H/xhxxgkn/xhxxgk_kjw_ghjh_zxgh/Info/Detail_43737.htm,2019。

[7] 上海市人民政府办公厅:《推进上海马桥人工智能创新试验区建设工作方案》,https://www.waizi.org.cn/policy/71244.html,2019。

[8]《WAIE人工智能展会,提起人工智能只能想到北上深? 40家江苏AI企业盘点》,https://aiexpo.ofweek.com/msg/960.html,2020。

[9] 江苏网信办:《江苏人工智能产业:因势而谋补短板》,https://www.jswx.gov.cn/xinxi/qiangsheng/202008/t20200819_2613545.shtml,2020。

[10]《2019年浙江人工智能产业营收近2 000亿元》,https://finance.eastmoney.com/a2/202005081479027983.html,2019。

[11]《进击的安徽:安徽优势产业系列之人工智能》,《华安证券》2020年。

[12]《在张江人工智能岛上看见未来》,https://j.021east.com/p/161976817777010729,2021。

执笔:顾　洁(上海社会科学院信息研究所副研究员)

第八章　长三角软件服务业高质量发展

软件服务业在经济数字化进程中发挥着重要的基础支撑作用,加速经济向网络化、平台化、智能化方向发展,驱动云计算、大数据、人工智能、5G、区块链、工业互联网、量子计算等新一代信息技术迭代创新、群体突破,加快数字产业化步伐,具有明显"基础性"特征。传统经济通过"软件定义",可拓展产品的功能,变革产品价值创造模式,赋予企业新型能力,催生新型制造模式,推动平台经济、共享经济蓬勃兴起。"软件定义"已成为生产方式升级、生产关系变革、新型产业发展的重要引擎,成为驱动未来发展的重要力量,是新一轮科技革命和产业变革的新特征和新标志。

21世纪初,软件产业开始进入高速发展时期,2000年6月,国家发布了《国务院关于印发鼓励软件产业和集成电路产业发展若干政策的通知》(国发〔2000〕18号),2002年9月18日发布《国务院办公厅转发国务院信息化工作办公室关于振兴软件产业行动纲要的通知》(国办发〔2002〕147号文),从投融资政策、税收政策、产业技术政策、出口政策等方面对软件产业给予支持。由此拉开了中国软件产业"黄金十年"发展的序幕。近年来,在数字经济大发展的背景下,2020年8月4日,国务院印发《新时期促进集成电路产业和软件产业高质量发展若干政策》(国发〔2020〕8号)文件。2021年11月30日,工业和信息化部印发《"十四五"软件和信息技术服务业发展规划》

(工信部规〔2021〕180号),软件作为云计算、大数据、人工智能、区块链等新一代信息技术的关键载体和产业融合的关键纽带,其价值和作用越发得到重视和体现,软件产业将开始进入又一个10年的快速发展阶段。软件与信息技术服务业的快速发展为制造强国、网络强国和数字中国建设提供了有力保障,将成为我国"十四五"时期抢抓新技术革命机遇的战略支点。

一、长三角软件服务业产业发展总体情况

2020年,软件和信息技术服务业在经历了新冠肺炎疫情的影响后,率先开始恢复,收入和利润均呈现较快增长,从业人数继续稳步增加。2020年,全国软件和信息技术服务业规模以上企业40 308家,累计完成软件业务收入81 616亿元,同比增长13.3%;实现10 376亿元年利润,同比增长7.8%,全国软件和信息技术服务业从业人数704.7万人,比上年末增加21万人,同比增长3.1%。软件和信息技术服务业率先实现反弹,在拉动国民经济增长中发挥了重要作用。

长三角地区的软件服务业收入长期占全国30%以上的比重,是全国最主要的软件服务业集聚地。2020年,长三角地区软件业务收入达25 211.6亿元,占全国30.9%的比重,相比于2016年时32.8%的最高占比略有下降,见图8-1。

2020年,江苏省软件和信息技术服务业收入达10 818.1亿元,同比增长10.6%,占长三角地区42.9%的比重。浙江省软件和信息技术服务业收入达7 037.6亿元,同比增长15.2%,占长三角地区27.9%的比重。上海市软件和信息技术服务业收入达6 571.3亿元,同比增长11.2%,占长三角地区26.1%的比重。安徽省软件和信息

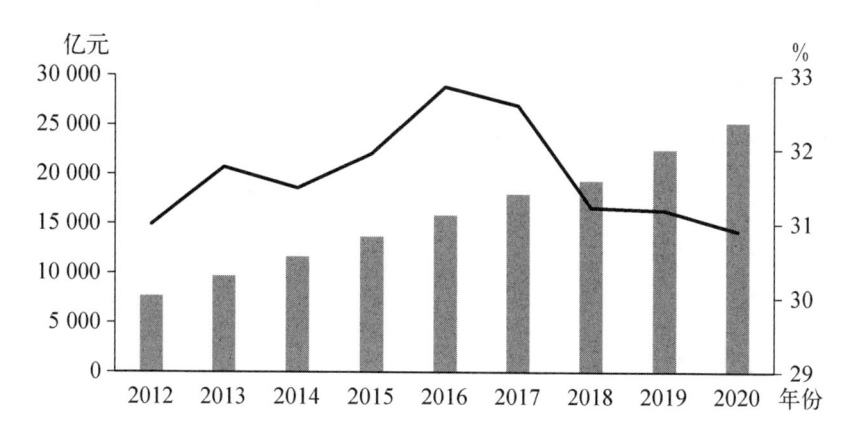

图 8-1 2012—2020 年长三角地区软件服务业年收入及占全国比重

资料来源:《中国统计年鉴2021》。

技术服务业收入达784.5亿元,同比增长17.1%,占长三角地区3.1%的比重,见图8-2。与2012年相比,江苏省软件和信息技术服务业收入在长三角地区比重下降了11.3%,而浙江省和安徽省在长三角地区比重分别上升了10.3%和2.1%,上海市在长三角比重变化呈现倒"U"形,基本稳定在25%左右的比重。软件和信息技术服务业在长三角地区空间分布极化程度下降,呈现空间均衡型发展趋势,其中浙江省软件和信息技术服务业增长最为明显。

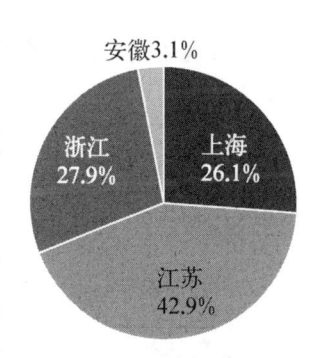

图 8-2 2020年长三角地区软件和信息技术服务业收入区域差异情况

资料来源:《中国统计年鉴2021》。

二、长三角三省一市软件服务业发展现状与空间分布

(一) 上海市软件服务业发展状况

2020年,上海市软件企业积极发挥行业技术和平台优势,积极以远

程办公、网上招聘、视频会议、在线培训、协同管理等网络化、平台化、服务化、智能化、生态化产品,有力支撑了抗疫复工各项工作,彰显了新一代信息技术巨大的战略性、全局性支撑作用。

2020年,上海市软件和信息技术服务业实现营业收入6 395.5亿元,比上年同期增长11.5%(见图8-3),从长期来看,增速整体处于下降趋势。实现利润总额1 003.8亿元,同比增长23.6%,增速大幅领先于行业营收增速。其中,利润增长主要来自信息技术服务类企业。收入结构中软件产品收入占比为28.77%,同比增长10%;信息技术服务占比为69.09%,同比增长14.9%;信息安全收入占比为0.99%,同比增长96.2%;嵌入式系统软件收入占比为1.14%,同比出现下降。

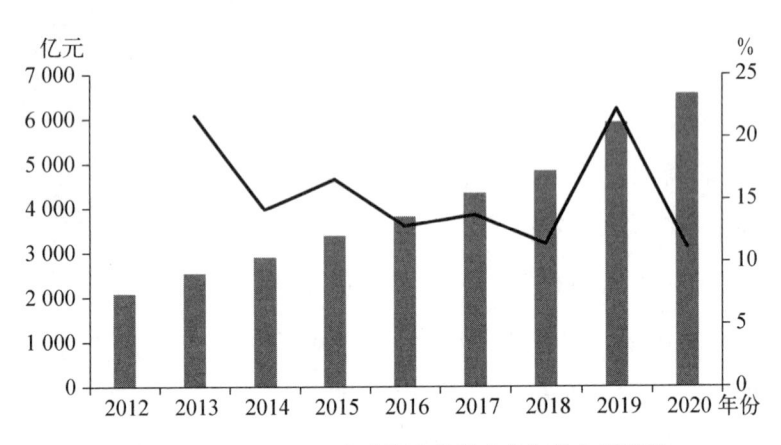

图8-3 2012—2020年上海市软件业务年收入及增速

资料来源:《中国统计年鉴2021》。

2020年上海软件行业从业人员达到55.3万人,同比增长2.22%。其中大专及本科以上从业人员占比为93.77%,其中硕士占比为11.6%,博士占比为0.44%,研发人员在所有从业人员中占比达到55.11%。

在软件出口方面,2020年上海软件出口额达54.4亿美元,同比增长11.89%。出口前三的目的地分别是美国、德国和日本,出口方式主要是信息技术外包,出口企业主体以外资企业为主,本土软件企业出口能力相对较弱。

从产业空间布局来看,上海在软件和信息服务产业方面着力打造"一中四方"空间格局。如图8-4所示,"一中"是以中心城区为主,产业定位为互联网信息服务、人工智能软件和电子商务。"四方"指的是浦东新区、闵行区、青浦区和静安区。其中浦东软件园产业定位为移动互联网、行业应用软件和金融信息服务。闵行区的紫竹科学园区产业以网络视听、数字内容为主。青浦区的市西软件信息园产业以工业软件、物联网和信息服务为主。静安区的市北高新区以基础软件、大数据和云计算为主要发展方向。着力推动新生代国际国内互联网龙头企业

图8-4 上海市软件和信息服务产业"一中四方"空间格局

在浦东、杨浦、宝山、临港等重点区域和相关园区集聚。2020年,上海行业重大项目引进落地成效显著,如:美团点评新上海总部落地杨浦、安恒信息长三角总部和智慧城市综合落地张江、SAP企业服务云总部落地临港、360集团上海总部落地普陀、京东第二研发中心及电子商务运营基地落地宝山、网易国际文创园落地青浦等。

从软件企业数量上来看,生产制造、科技研发、金融服务、商贸流通、航运物流、专业服务、农业等各领域的数字化转型为软件行业带来新的重大市场机遇,催生了越来越多的软件企业。根据上海软件协会统计,2020年上海新评估软件企业573家,同比增长9.56%。截至2020年,上海累计认定或评估软件企业7565家,主要分布在浦东、嘉定、闵行和杨浦地区。

从软件行业引擎企业来看,2020年,由工信部发布的《2019年中国软件业务收入前百家企业发展报告》中,中国银联股份有限公司、上海华东电脑股份有限公司、上海宝信软件股份有限公司等10家上海企业进入榜单。从名次上来看,前20名企业中,仅中国银联股份有限公司(位列第8名)1家,前50名企业中仅6家,携程旅游网络技术有限公司(位列第96名),整体而言,上海市软件行业发展在全国处于中上等水平,缺乏具有全国引领性的龙头企业,见表8-1。

表8-1 2019年上海入选"中国软件业务收入百强"企业名单

序号	排名	企业名称
1	8	中国银联股份有限公司
2	25	上海华东电脑股份有限公司
3	32	上海宝信软件股份有限公司

续表

序 号	排 名	企 业 名 称
4	33	上海华讯网络系统有限公司
5	34	网宿科技股份有限公司
6	45	上海中通吉网络技术有限公司
7	56	卡斯柯信号有限公司
8	75	上海汉得信息技术股份有限公司
9	81	万达信息股份有限公司
10	96	携程旅游网络技术有限公司

(二)江苏省软件服务业发展状况

江苏省是全国最早布局发展软件产业的省份之一,也是率先以地方性法规形式推进软件产业发展的省份,早在2007年就发布了《江苏省软件产业促进条例》,在软件产业发展方面较早积累了一定的先发优势和深厚的发展基础。此后,陆续出台了《江苏省软件集群产业融合推进工作方案》《江苏省"十四五"软件和信息技术服务业发展规划》等多项促进软件产业发展的政策措施,不断夯实产业基础、加快前沿引领突破、持续优化产业结构、积极布局新型创新载体,软件产业发展取得显著成效和突出成绩,为全省实体经济提质增效、转型升级提供了有力保障。

2020年,江苏省实现软件业务收入1.08万亿元,位居全国第三,仅次于北京市(1.58万亿元)和广东省(1.36万亿元)。从2012—2020年江苏省软件业务收入增长情况来看(见图8-5),江苏软件产业已从"十二五"时期的高速增长逐步转为中高速增长,现处在年10%左右的增长水平。在全国比重也由最高时的16.9%(2010年、2013年、2016年),降为现在的13.3%,发展进入平稳增长阶段。

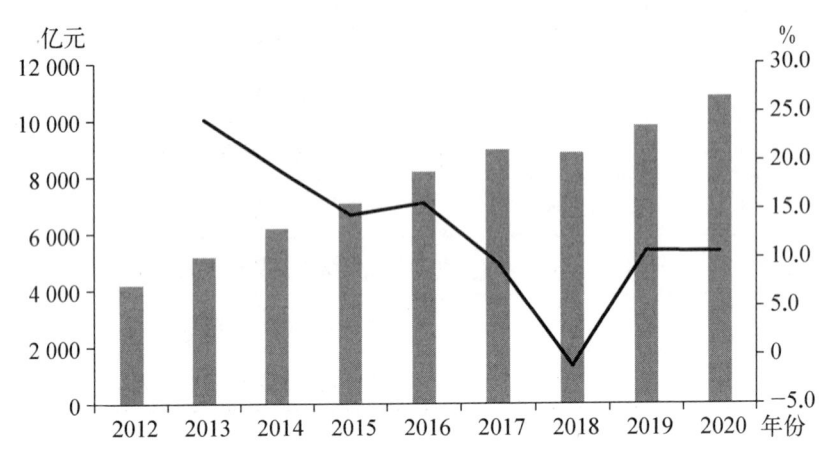

图8-5 2012—2020年江苏省软件业务年收入及增速

资料来源:《中国统计年鉴2021》。

从产业结构上来看,2020年江苏省软件业务收入四大类型中,软件产品实现收入3 040.0亿元,同比增长4.8%,低于全行业平均水平5.7个百分点;占全业务比重28.1%。信息技术服务实现收入5 976.8亿元,同比增长12.7%,高于全行业平均水平2.2个百分点;占全业务比重55.3%。嵌入式系统软件实现收入1 698.3亿元,同比增长14.6%,高于全行业平均水平4.1个百分点;占全业务比重15.7%。信息安全实现收入99.5亿元,同比增长7.1%,低于全行业平均水平3.4个百分点;占全业务比重0.9%(见表8-2)。从整体机构来看,软件行业整体呈现"网络化、平台化、服务化"的发展模式。

从主要细分行业来看,江苏省在工业软件、嵌入式软件、行业应用软件等领域竞争优势凸显。2019年,全省工业软件收入486亿元,同比增长11.7%,占比全国工业软件收入的43%。软件产业整体进入以

"联网应用"为特征的网络化阶段,"网络软件"成为新的形态、平台化服务成为新的趋势。为江苏省建设"制造强省""网络强省""智慧江苏"打下了基础。

表8-2 2020年江苏省软件业务收入构成

类别	业务收入（亿元）	增幅(%)	占全业务比重(%)
软件产品	3 040	4.8	28.1
信息技术服务	5 976.8	12.7	55.3
嵌入式系统软件	1 698.3	14.6	15.7
信息安全	99.5	7.1	0.9
合计	10 815	10.6	100

资料来源:《江苏统计年鉴2021》。

从软件企业发展来看,截至2020年底,江苏共有软件和信息技术服务业企业6 225家,从业人员超114.7万人,企业数量及从业人员规模均位居全国第一。其中,31家软件企业于主板、科创板上市,如国电南自、科沃斯等7家企业在上海证券交易所上市,苏宁易购、朗新科技等15家企业在深圳证券交易所上市,南大苏福特、同程艺龙等5家企业在中国香港联交所上市。50家软件企业入围国家规划布局内重点软件企业。根据组织制定的《江苏省重点软件企业评估规范》和《江苏省专精特新软件企业评估规范》,培育入库省规划布局内重点软件企业和专精特新软件企业201家。

根据工信部2020年发布的《2019年中国软件业务收入前百家企业发展报告》,2019年江苏省有10家软件企业进入百强名单,如表8-3所示,分别为南瑞集团有限公司(第11名)、江苏省通信服务有限公司

(第29名)、熊猫电子集团有限公司(第36名)、国电南京自动化股份有限公司(第63名)、南京联创科技集团股份有限公司(第76名)、江苏润和科技投资集团有限公司(第79名)、浩鲸云计算科技股份有限公司(第83名)、江苏金智集团有限公司(第91名)、朗新科技股份有限公司(第94名)、无锡华云数据技术服务有限公司(第95名)。虽然江苏省软件百强企业数量有所增加,但与上届榜单相比,位次下降明显,且前10名中一直未有企业进入,江苏省需要着力培育软件行业的创新引擎企业。

表8-3 2019年江苏省入选"中国软件业务收入百强"名单

序号	排位	位次变动	企　业
1	11	↓2	南瑞集团有限公司
2	29	↑1	江苏省通信服务有限公司
3	36	↓7	熊猫电子集团有限公司
4	63	↓11	国电南京自动化股份有限公司
5	76	↓16	南京联创科技集团股份有限公司
6	79	↓7	江苏润和科技投资集团有限公司
7	83	↑6	浩鲸云计算科技股份有限公司
8	91	↓27	江苏金智集团有限公司
9	94	首次上榜	朗新科技股份有限公司
10	95	0	无锡华云数据技术服务有限公司

资料来源:江苏省软件行业协会。

从空间发展格局来看,江苏目前形成了以南京、无锡、苏州为中心的三大软件产业集聚带。其中,南京是首个中国软件名城,苏州2019年获评工业软件方向的中国软件特色名城,而无锡物联网和平台软件特色软件名城建设也已完成自评估,江苏软件名城及创建城市数量已居全国之最。软件产业园区建设多点开花,江苏目前拥有中国(南京)软件谷、江苏软件园等7家国家级软件园,拥有南京徐庄软件产业基地、昆山软件园等25家省级软件园。

根据《江苏省"十四五"软件和信息技术服务业发展规划》,江苏省将软件产业发展布局为"一核两心、双向联动,一廊牵引、多地并进",逐步推进长三角软件产业一体化发展。其中"一核两心"是指南京软件产业综合发展核心区,苏州工业软件发展中心区,以及无锡平台软件发展中心区。"双向"包括"苏皖"及"苏沪浙"方向。"一廊"是指西起南京,东至南通,沿途串联镇江、扬州、常州、泰州、无锡、苏州、昆山等地,形成"沿长江软件创新走廊"。"多地"包括徐州、宿迁、连云港、淮安、盐城等省内具有发展潜力的软件和信息服务业增长新基地。

(三)浙江省软件服务业发展状况

2020年,面对突如其来的新冠肺炎疫情和严峻复杂的国际环境,浙江省的软件产业仍保持了强劲的发展势头,从产业规模上来看,如图8-6所示,2020年,浙江全省纳入软件行业统计重点监测的1993家企业软件业务收入突破7000亿元大关,达7037.7亿元,产业规模稳居全国第四,仅次于北京市(15737.3亿元)、广东省(13630.5亿元)、江苏省(10818.1亿元),同比增长15.2%,增速高于全国平均水平2个百分点,在全国规模前10省市中列第3位,增速与天津市(17.2%)、四川省(15.1%)和广东省(14.8%)相近,但明显低于北京市(31.3%),且从长期来看,增速呈现缓慢下降趋势,软件行业进入高质量发展的调整期。

浙江省经济和信息化厅统计公布的数据显示,2020年,全省软件产业实现利润总额1861.3亿元,同比增长6.4%,利润总额占全国的

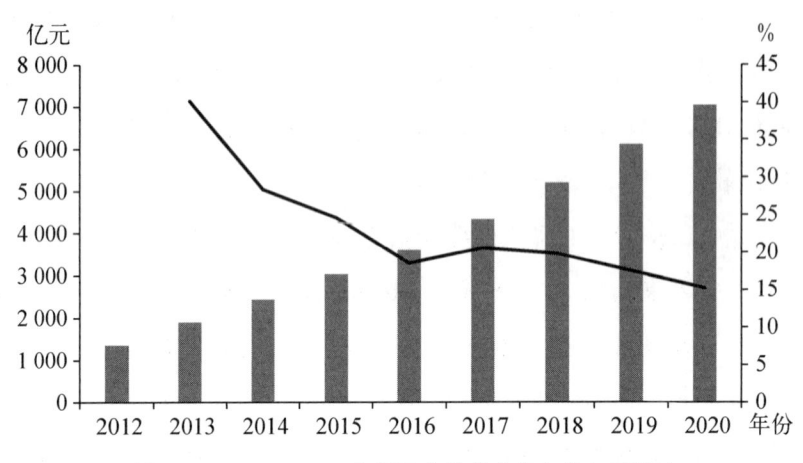

图 8-6　2012—2020 年浙江省软件业务年收入及增速

数据来源：《中国统计年鉴 2021》。

17.4%，软件业务利润率达 26.5%，高于全国平均 13.4%，位居全国各省份前列。受疫情影响，尽管一些需要现场开展的业务有所缩减，但同时也催生云办公、在线教育和数字创意等新业态，形成了利润的新增长极，使得产业盈利仍保持向好趋势。

在软件出口方面，2020 年，全省实现软件业务出口 145 838 万美元，同比下降 0.8%。在网易、道富等服务外包企业的带动下，软件外包服务出口小幅增长，全年实现 56 997 万美元，同比增长 2.4%；软件产品出口依然是全省软件出口的主要引擎，全年实现 73 268 万美元，同比增长 1.4%，占软件出口总额的 50.2%；嵌入式系统软件出口实现 15 573 万美元，同比下降 18.3%。

在软件产业结构上，随着云计算、大数据、人工智能等新一代信息技术加速渗透经济和社会生活各个领域，浙江省软件产业向服务化、平台化、融合化发展，信息技术服务引领行业增长。2020 年，全省软件产品实现收入 1 667.9 亿元，同比下降 10.4%，占全行业比重为 23.7%。

其中,工业软件产品实现收入203.5亿元,同比增长36.4%。信息安全收入28.1亿元,同比增长30%,占全行业比重为0.4%。全省信息技术服务业实现收入4848亿元,同比增长28.9%,占全行业比重为68.9%(见图8-7)。值得一提的是,浙江省的软件产业在电子商务、数字安防、云计算、工业互联网、金融证券领域存在明显的全国优势。工业自动化、通信、电力、交通、公安、教育、医疗健康、金融等行业应用软件,具有较高的市场占有率和品牌知名度。

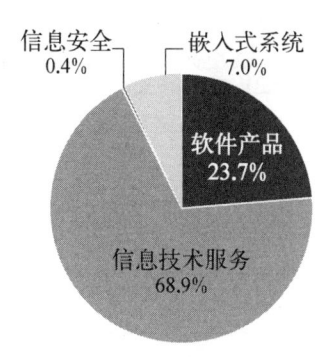

图8-7 2020年浙江省软件产业收入结构

数据来源:《中国统计年鉴2021》。

软件企业发展方面,2019年,浙江省软件业务收入超亿元企业达425家;超10亿元的企业达50家;超100亿元的企业达9家,57家企业通过国家规划布局内重点软件和集成电路设计企业核查。2020年,浙江20强软件企业实现软件业务收入3480.5亿元,约占全行业收入总额的50%,天猫、淘宝、阿里云等阿里系企业总体保持稳定发展,新华三集团(H3C)发展势头强劲,软件业务收入翻倍增长;从盈利情况看,龙头企业带动效应更为明显,全年20强企业实现利润总额1426.9亿元,占全行业利润总额的76.7%,阿里云盈利翻番,大华股份、士兰微电子利润增速超50%。根据工信部2020年发布的《2019年中国软件业务收入前百家企业发展报告》,2019年,阿里巴巴、海康威视、网易、均胜电子、新华三、大华股份、中控集团、恒生电子、浙大网新、信雅达、银江股份、宇视科技12家企业入围全国软件和信息技术服务百强企业名单(见表8-4)。不论从上榜企业数量还是企业整体名次上来看,浙江省的软件企业表现明显好于上海市和江苏省。

表 8-4 2019 年度浙江省软件和信息技术服务竞争力前百家企业名单

序 号	排 名	企 业 名 称
1	3	阿里巴巴(中国)有限公司
2	11	杭州海康威视数字技术股份有限公司
3	12	网易(杭州)网络有限公司
4	22	宁波均胜电子股份有限公司
5	28	新华三技术有限公司
6	29	浙江大华技术股份有限公司
7	51	中控科技集团有限公司
8	57	恒生电子股份有限公司
9	76	浙大网新科技股份有限公司
10	79	信雅达系统工程股份有限公司
11	92	银江股份有限公司
12	93	浙江宇视科技有限公司

资料来源：浙江软件行业协会。

从产业空间布局来看,为加快发展软件和信息服务业,推动全省经济转型升级,全面提升信息经济建设水平,浙江省经信厅开展了软件和信息服务产业基地(园区、小镇)建设,目前评选出包括示范基地、特色基地和创业基地的三大类共计 34 个软件和信息服务业基地。

示范基地指具有较好的软件和信息服务产业基础,产业规模位居全省县(市、区)前 15 位,示范基地有滨江区、西湖区、江干区、萧山区、下城区、余杭区、鄞州区、宁波高新区、金华开发区共 9 家。

特色基地指软件和信息服务产业规模位居全省县(市、区)前 20

位；突出软件和信息服务产业发展方向，包括云计算、大数据、互联网金融、电子商务、数字内容、智能制造服务等新业务、新业态；特色产业具有一定的产业规模和市场占有率；政府高度重视，出台鼓励政策，落实工作举措，积极营造发展氛围，全力推进基地建设。包括吴兴区、德清县、嘉兴开发区、海盐县、绍兴高新区、台州经济开发区、开化县、金华市金义都市新区、龙湾区、椒江区、桐乡市、新昌县、永康市、舟山市本级、安吉县共15家。

创业基地指初创团队或企业不少于20家，建立"产、学、研"为一体，培训、实训、孵化一条龙的综合性创业创新孵化平台，包括吴兴区、德清县、嘉兴开发区、海盐县、绍兴高新区、台州经济开发区、开化县、金华市金义都市新区、龙湾区、椒江区、桐乡市、新昌县、永康市、舟山市本级、安吉县共15家。

当前，浙江省软件业的空间集聚特征明显，形成了以杭州、宁波双城引领的发展格局。杭州作为全省软件产业主要集聚区，积极推进国际软件名城建设，2020年软件产业规模为5 664.9亿元，同比增长13.7%，占全省产业规模比重达80.5%，空间极化程度较高。宁波排名第二，实现软件业务收入1 025.2亿元，同比增长25.2%，占全省产业规模比重达14.6%。虽然其他地市的产业规模之和不足全省的6%，但各市紧抓新一轮科技革命与产业革新这一机遇，发展本地特色软件业，其中金华市积极实施数字经济"一号工程"，抢先布局网络游戏、网红直播、区块链等产业。温州、嘉兴、台州软件技术加速向制造业跨界融合，形成以嵌入式系统软件为主的产业发展体系。

（四）安徽省软件服务业发展状况

2020年，在新冠肺炎疫情的影响下，安徽省软件产业受到较大冲击,增速出现较大下滑。2012—2019年,安徽省软件与信息技术服务业收入增长率一直保持在30%以上水平,2020年实现784.5亿元总收入,较2019年增长17.1%,在全国排在第15位,占全国软件业总收入的0.96%(见图8-8)。与长三角其他省市相比,安徽省软件产业规模增速一直处于较高水平,软件服务业发展整体稳定向好,但产业规模总量仍然较小,软件收入占全国软件总收入的比重偏低。

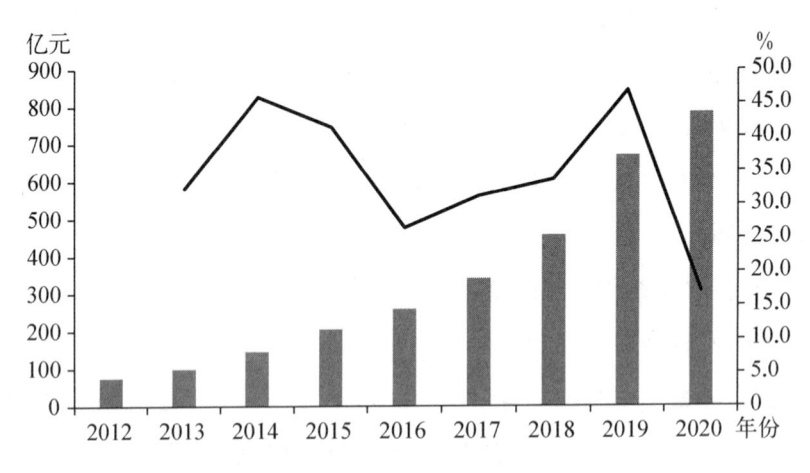

图8-8 2012—2020年安徽省软件业务年收入及增速

资料来源:《中国统计年鉴2021》。

从软件产业结构来看,2020年安徽省软件业务收入四大类型中,软件产品实现收入320.2亿元,同比增长11.5%,低于全行业平均水平5.6个百分点,占全业务比重40.8%。信息技术服务实现收入360.7亿元,同比增长26.2%,高于全行业平均水平9.1个百分点,占全业务比重46%。嵌入式系统软件实现收入94亿元,同比增长0.2%,低于全行业平均水平16.9个百分点,占全业务比重12%。信息安全实现收入9.7亿元,同比增长205.7%,比软件全行业平均增速高188.6个百分点,占全业务比重 1.2%(见图 8-9)。安徽省信息安全服务增速最快,信息技术服务全行业占比最高,增速处于第二位,说明安徽省软件产业正加速向"网络化、平台化、服务化"转型。

从软件企业发展方面看,2019 年,安徽全省软件服务业 1 亿元以上企业 61 家,比上年同期新增 15 家,重点企业数快速增长。其中,科大讯飞、华米科技、科大智能、四创电子、阳光电源、中徽建等 6 家企业年收入超 10 亿元,中水三立、新华三、知学科技等 7 家 1 亿元以上企业年增速超 100%。1 亿元以上企业实现主营收入 261.3 亿元,占全行业的比重达 78%,1 亿元以上骨干企业带动作用明显。

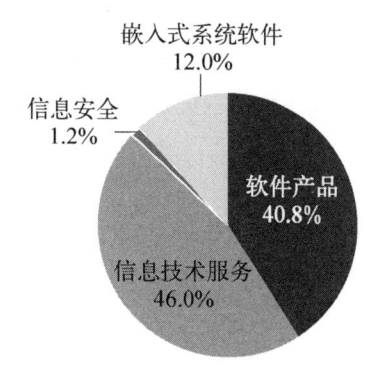

图 8-9　2020 年安徽省软件产业收入结构

资料来源:《中国统计年鉴 2021》。

表 8-5　2021 年安徽省具有核心竞争力软件企业

类　型	公　司　名　称
规模型	安徽皖通科技股份有限公司
	科大国创软件股份有限公司
	中水三立数据技术股份有限公司
	科大智能电气技术有限公司
	中通服和信科技有限公司
	安徽华米信息科技有限公司
	讯飞智元信息科技有限公司
	瑞纳智能设备股份有限公司
	安徽南瑞继远电网技术有限公司

续表

类　　型	公　司　名　称
创新型	合肥泰禾智能科技集团股份有限公司
	安徽瑞信软件有限公司
	安徽芯纪元科技有限公司
	安徽宝葫芦信息科技集团股份有限公司
	合肥科大智能机器人技术有限公司
	安徽龙讯信息科技有限公司
	安徽亚创电子科技有限责任公司
	合肥智圣新创信息技术有限公司
	安徽中科昊音智能科技有限公司
	安徽睿极智能科技有限公司
	安徽力瀚科技有限公司
	中用科技有限公司
	安徽明生恒卓科技有限公司
	安徽超视野智能科技有限公司
成长型	安徽同徽信息技术有限公司
创新创业型	合肥厚土科技有限公司

资料来源：安徽省软件行业协会。

从产业布局来看，安徽省软件产业发展整体规模相对较弱，产业结构与空间布局也以重点突破为主。安徽省云计算相关产业发展迅速，淮南移动数据中心、大数据交易平台、宿州华为数据中心和合肥科大国祯城市云数据中心，以及政务云、语音云、金融云、医疗云、交通云等一批重点工程的建设带动云计算大数据产业快速发展。物联网在智慧农业、智能交通、智慧城市、公共安全等领域的应用示范成效明显。中国（合肥）智能语音产业基地暨"中国声谷"、合肥软件名城、云计算产业园、物联网产业园、公共安全产业园等一批创新创业基地正在加快建设。

其中"中国声谷"是由工信部与安徽省人民政府共建的部省重点合作项目，由安徽省信息产业投资控股有限公司全面负责运营管理。项目旨在通过投资、招商、孵化等方式加速人工智能产业项目向"中国声谷"的聚集，打造人工智能产业高地。智能语音及人工智能通过辅助或替代人类劳动，能够更有效地完成现有工作，在制造、物流、金融、交通、农业、营销、通信、科研和教育、医疗、法律、个人服务等领域发展前景广阔。随着百信、华通信安、龙芯中科等一批龙头企业相继落地，中国声谷发展劲头势如破竹，正加速形成从语音到文字、图像，算法到国产计算机等完整产业布局。2019年6月底，入园企业已达571家，跟进在谈的智能写作研发应用、国产计算机研发生产及生态适配等项目超过350个。2021年4月29日，安徽省政府发布《安徽省人民政府关于支持人工智能产业创新发展若干政策的通知》（皖政〔2020〕14号），着力加强"中国声谷"建设。

三、长三角软件服务业发展优势和存在的主要问题

（一）长三角软件服务业发展优势条件

长三角在发展软件产业等前沿科技创新方面拥有得天独厚的基因传承和历史积淀，这里有丰富的科教资源、开放的科教氛围、合理的产业布局和雄厚的经济基础。长三角占据四大综合性国家科学中心其中之二，科技创新人才持续扎堆，世界顶尖大科学装置以及多个交叉性、

综合性一流研究基地相继启动或建成,拥有南京、杭州、合肥等科教名城,8所一流大学建设高校,26所一流学科建设高校,133个一流建设学科等,汇集着全国近1/3的研发经费支出、1/3的重大科技基础设施、1/5的国家重点实验室和国家高新区。量子科学、超导材料等策源性成果不断产出,基础研究、应用研究、技术创新融通发展态势逐步显现,对高层次人才、重大科研项目与重大科技基础设施已产生强大的"虹吸效应"。

(二) 长三角软件服务业发展存在的主要问题

1. 软件产业链较为脆弱

工业软件产业链可分为上游产业、中游产业和下游产业(见图8-10),目前,长三角软件企业发展主要集中于下游环节,如在汽车制造、能源电子、机械装备、数控装备等多个领域的应用软件环节。软件产业链的上游及中游当中,包括系统软件、开发工具软件以及中间件,从事研发设计、生产控制等领域的工业软件企业,提供信息管理以及嵌入式功能的软件企业中占据主导地位的是国外厂商,比如上游中的苹果、微软,中游中的SAP、Oracle。长三角软件企业,乃至全

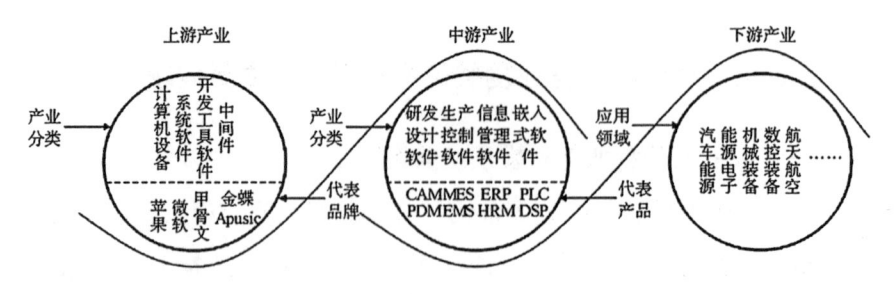

图8-10 中国工业软件产业链图

资料来源:陶卓、黄卫东:《中国工业软件产业发展路径研究》,《技术经济与管理研究》2021年第4期。

国软件产业均面临两大挑战：(1)底层基础软件、工业软件对外依存度居高不下，软件产业的可持续发展受到严重挑战；(2)在国际经贸形势复杂多变的大背景下，软件的进出口将面临持续恶化的风险。

2. 产业融合应用项目前期投入产出失衡

随着软件业与各领域的融合应用项目加速落地，软件企业在项目前期面临投入较大、短期内收益成效不显著等挑战，运行成本压力不断上升。

3. 现有软件技术不能满足高质量发展需求

物联网、数字化转型等应用的持续深入对我国现有软件技术提出新的发展需求，应进一步提高我国软件技术的算力能力以及核心关键技术的供给能力等。

4. 新兴领域人才供给不足

随着软件产业的快速发展，在技术高门槛和新兴需求更广泛的双重压力下，云计算、人工智能、大数据等新兴领域的核心技术人才缺口进一步扩大。

5. 软件产业区域间发展差异较大，协同发展水平有待提高

长三角地区江苏省软件产业规模最大，是安徽省的近14倍，上海和浙江省的1.6倍左右，地区间产业规模差异明显。长三角软件产业发展基础优势各异，其中上海科技教育水平发达，江苏实体经济基础好，浙江市场活力强，安徽在新技术方面有后发优势，新技术、新产品、新应用和新成果在不同的软件园中竞相涌现。尽管长三角在创新要素与创新资源的跨地区细分与配置已具有一定的基础，但尚未形成完整与成熟的区域协同创新网络，软件产业之间的组织化与联动性不高，产学研关联性不强，创新要素碎片化且创新成果共享缺乏长效机制，科技

规划与产业规划趋同,这些都限制了长三角区域内深层次联合与互补,阻碍了长三角软件产业一体化。

四、长三角软件服务业高质量发展的推进路径

党的十九届五中全会明确将"质量发展"作为"十四五"时期经济社会发展的重要指导思想之一。坚持创新在我国现代化建设全局中的核心地位,把科技自立自强作为国家发展的战略支撑。"十四五"时期,发展数字经济、税收优惠政策"续期"、新兴技术创新应用加快,将为软件业的提质扩容提供重要支撑条件,我国软件业发展进入融合创新、快速迭代的关键期。长三角地区的软件服务业收入长期占全国近 1/3 的比重,是全国最主要的软件业集聚地。综合考虑长三角在软件产业发展中的优势和存在的问题,提出以下长三角地区软件服务业高质量发展的推进路径。

(一) 积极贯彻落实国家相关软件发展政策,加大试点示范项目支持力度

积极贯彻落实软件企业所得税"两免三减半"等优惠政策,跟踪解决政策实施中遇到的实际问题。加大对重点领域试点示范项目支持力度,统筹利用相关资源加强对中小软件企业的支持。

(二) 加大创新研发投入,建设软件技术高效供给体系

加强关键核心技术攻关,坚持补短板与拓长板并举,引导和带动社会力量加大对技术创新的研发投入;以应用为牵引,加快建设软件技术创新平台载体,推进软件技术融合性创新发展,提高关键核心技术供给

水平。

（三）完善软件人才培养机制，加快新兴领域人才培育

聚焦我国软件产业发展重点，完善校企产教融合人才培养机制，建设软件业特色化高素质人才队伍；鼓励支持高等院校加强新技术、新模式、新业态领域课程体系建设，加快新兴领域高层次复合型人才培育。

（四）积极开展软件数据安全、内容安全评估审查

加强软件源代码检测和安全漏洞管理能力，提升开源代码、第三方代码使用的安全风险防控能力。鼓励第三方服务机构，积极提升软件安全咨询、培训、测试、认证、审计、运维等服务能力。开展工业信息安全防护能力贯标，持续完善国家工业控制系统信息安全态势感知网络，鼓励产业链开展典型工业控制系统的联合攻关和集成应用，提升工业控制系统本质安全水平。

（五）完善区域协同发展机制，促进长三角创新资源开放共享

充分发挥上海、南京、杭州、合肥等科技创新中心城市的重要作用，构建人才跨地区联动机制，促进高层次人才内循环。加速探索科教资源的网格化机制和跨地区的创新互动机制，加强高校科技创新研究联合体和教育发展联盟建设，推动大学大院大所全面合作、协同创新，构建创新联合体的"多区联动"平台；围绕大学做好科技与产业创新的谋篇布局，联合开展卡脖子关键核心技术攻关，形成以大学为核心，以应用研究为紧密层，以产业转移转化为合作层的新的科教创新模式。瞄

准世界科技前沿和软件产业制高点,聚焦张江、合肥综合性国家科学中心建设和"十四五"期间科学大装置规划和建设,由点到面,长周期、有规律地进行软件产业科技创新孵化。立足长三角创新链和产业链发展现实情况,从多学科交叉中发现新的自然规律,从基础研究、应用研究和高技术研发的融合中追求改造世界的创新范式,从产品研制中超前部署"产业集群计划"和"知识集群计划",从而推进软件产业的大规模、可持续创新。

参考文献

[1] 王晓红、朱福林、夏友仁:《"十三五"时期中国数字服务贸易发展及"十四五"展望》,《首都经济贸易大学学报》2020年第6期。

[2] 中国软件行业协会:《中国软件和信息服务业发展报告2020》,社会科学文献出版社2021年版。

[3] 王秋玉、曾刚、苏灿等:《经济地理学视角下长三角区域一体化研究进展》,《经济地理》2022年第2期。

[4] 陶卓、黄卫东:《中国工业软件产业发展路径研究》,《技术经济与管理研究》2021年第4期。

[5] 宓泽锋、尚勇敏、徐维祥等:《长三角创新产学合作与企业创新绩效:尺度与效应》,《地理研究》2022年第3期。

执笔:刘树峰(上海社会科学院信息研究所助理研究员)

第九章 长三角云计算高质量发展

云计算是指通过高速网络,将大量独立的计算单元相连,提供可扩展的高性能计算能力。云计算是信息技术发展和服务模式创新的集中体现,是信息化发展的重大变革和必然趋势,是信息时代国际竞争的制高点和经济发展新动能的助燃剂。云计算引发了软件开发部署模式的创新,成为承载各类应用的关键基础设施,并为大数据、物联网、人工智能等新兴领域的发展提供基础支撑。随着"新基建"范围的明确,中国云计算产业进入高速发展阶段,云计算正从新业态转变为常规业态,并且与传统行业深度融合发展。近年来,国家连续出台政策、智慧城市建设全面渗透、大型企业变革 IT 架构等,为以云计算为代表的新一代信息技术产业带来了广阔的发展空间。作为占全国数字经济规模近三成的重要区域,长三角地区拥有雄厚的产业基础,迅速扩张的云计算市场规模,全国领先的技术创新实力,强大的人才储备,活跃的云计算应用市场及平台。本章在总结分析长三角地区云计算产业发展现状与空间分布特点的基础上,梳理产业园区及园区内企业发展情况,结合全球、长三角地区各省市云计算发展趋势,针对长三角地区云计算产业发展存在的问题,提出相应的推进路径。

一、长三角云计算产业发展现状与空间分布

如今信息爆炸席卷全球。我们正在进入一个计算无所不在、软件

定义一切、万物智联的新时代。相比于以蒸汽机的发明为标志机械化特征的第一次工业革命,以电的发明为标志电气化为特征的第二次工业革命,以计算机的发明为标志信息化为特征的第三次工业革命,现在我们迎来了以云计算、大数据、物联网、人工智能等新技术引领的第四次工业革命。大智能和大算力,才能实现从大数据中获得所需的信息和知识,因而云计算成为第四次工业革命的核心数字动能。随着技术的普及和运用,云计算为制造业产业链上下游的高效对接及协同创新提供了平台,为个性化制造和定制化服务搭建了有力的工具和环境,进一步推动经济社会数字化水平和生产方式革新,成为我国工业化信息化融合的重要驱动力。面向未来,"十四五"时期,长三角地区数字化转型进程持续加快,新技术、新业态加速迭代,云计算将不断赋能千行百业,为经济社会高质量发展提供新动能。

（一）长三角云计算市场规模分析

在我国,云计算市场从最初的十几亿元增长至目前的千亿元规模,行业发展迅速。据中国信息通信研究院披露的数据显示,2017—2019年,我国云计算行业的市场规模增速均在30%以上,呈高速增长态势。2020年中国云计算市场规模达到1 922.5亿元,同比增长25.6%,[①]在全球云计算市场的份额进一步扩大,占全球云计算市场规模的10%。从云计算市场规模看,新冠疫情对线下服务造成明显冲击,给私有云的部署和交付带来了阻碍,2020年中国私有云市场规模增速明显下降;另外,公有云方面,2020年云直播、云游戏、云医疗、云课程等云应用规模呈现高速增长态势,带动公有云高速增长。从区域结构看,华东、华北

---

① 《2020—2021中国云计算市场报告》。

地区新经济发展繁荣,对云计算资源需求量大,这两个地区是中国云计算市场发展领先的区域,市场份额分别达到了32.1%(616.7亿元)、27.8%(534.6亿元),占比合计接近60%。其中长三角地区云计算市场规模占比显著高于区域面积(2.3%)、人口(16.1%)及GDP(23.9%)占比。

(二) 长三角云计算产业区域分布特点

目前,我国共有超过20个城市将云计算作为重点发展产业,我国云计算基础设施集群化分布的特征凸显,已初步形成以环渤海、长三角、珠三角为核心,成渝、东北等重点区域快速发展的基本竞争格局。根据阿里云发布的《云计算的社会经济价值和区域发展评估》报告显示,基于阿里云平台数据,从规模、共创度、广度、创新性、进取度等维度对各城市云计算发展综合水平进行全面客观评估,我国城市依据云计算发展水平可以分为5个梯队,其中包括杭州等4个云计算一线城市,上海、南京、苏州等14个二线城市,合肥、宁波、无锡、常州、温州、铜陵、金华、湖州等80个三线城市,以及101个四线城市和138个五线城市(见图9-1)。长三角地区占据云计算发展一线和二线城市18强中的4席。从云计算企业地区分布情况来看,长三角地区云计算企业注册地分布较为集中,超全国总企业数的30%。杭州、上海、南京、苏州对长三角区域的云计算发展辐射带动作用显著,中心城市引领区域云计算水平整体提升的格局正在形成。以省级维度看,浙江、江苏均处在第一梯队,上海、安徽分别处第二、三梯队,长三角区域总体云计算发展水平较其他地区有较大领先优势,位居全国前列,成为带动我国云计算发展的主要增长极。

长三角地区上市企业创新活力全国领先,上海及杭州云计算上市

一线城市：深圳、杭州、北京、广州

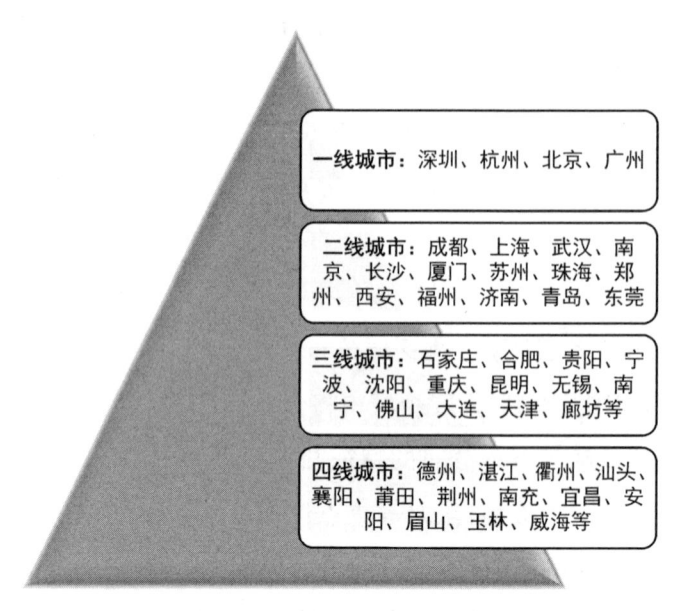

二线城市：成都、上海、武汉、南京、长沙、厦门、苏州、珠海、郑州、西安、福州、济南、青岛、东莞

三线城市：石家庄、合肥、贵阳、宁波、沈阳、重庆、昆明、无锡、南宁、佛山、大连、天津、廊坊等

四线城市：德州、湛江、衢州、汕头、襄阳、莆田、荆州、南充、宜昌、安阳、眉山、玉林、威海等

图 9-1 中国城市云计算发展水平

资料来源：《云计算的社会经济价值和区域发展评估》。

企业市值超 1 000 亿元。从云计算上市企业数据看，长三角地区共有 15 家云计算上市企业，占全国该行业上市企业的 24.2%，其中上海 9 家，浙江杭州 4 家，江苏宜兴、安徽合肥各 1 家企业。从上市企业市值看，截至 2022 年 2 月 18 日，长三角地区云计算上市企业总市值约为 2 648.33 亿元，占全国云计算上市企业总市值的 19.2%，其中上海、浙江杭州的云计算企业市值均超过 1 000 亿元，上海企业市值最高，为 1 557.62 亿元，占长三角地区的 58.82%。营业利润方面，长三角地区上市云计算企业总营业利润为 22.63 亿元，占全国 0.18%，其中上海市企业总营业利润为 13.05 亿元，占长三角地区 57.68%。从研发费用占营业收入比例看，长三角地区平均研发费用占比为 15.18%，高于全国平均水平 12.65%，其中杭州上市企业平均研发费用占比最高，为 23.64%。

作为全国云计算创新服务试点城市之一,目前上海云计算产业发展已经进入第三个阶段,云计算应用领域从科技型企业逐步向传统企业和政务领域全面拓展。整体呈现出"平台发展、行业垂直、融合生态、传统转型"的发展态势。其中平台化是上海云计算发展的主要特征之一,平台化是促成资源标准化的有效手段。云计算基础平台厂商已经从原有简单的云基础资源业务向数据业务、人工智能方向进行延伸,为用户快速部署互联网业务提供基础支撑。同时,云计算应用平台厂商则趋向于专业应用、工具应用以及场景化应用,规模化的行业云应用服务商日益发展壮大。随着用户需求的多样化和不断升级,客户对云服务的期望已经从简单的功能集成升级到行业应用场景的构建,其应用深度、广度和复杂度不断拓展。场景化云服务欣欣向荣的发展态势为云服务厂商带来难得的机遇。上海云生态聚焦行业,依靠标准,形成了协同发展的融合生态。有序的生态可以催生出有序的 B2B2C 及 C2B2C 等商业模式,规范标准则有助于云生态企业之间产品的快速组合,基于规范标准的协同发展才是真正能推进生态发展的要素。传统行业的数字化转型已经成为企业发展的新方向,企业通过云平台来打通数字化闭环,从而提升及突出行业优势。尤其在金融、制造以及政务等领域,云化趋势更为明显。

浙江杭州云计算产业发展具备先发优势并走在了全国前列,是全国 5 个云计算服务创新发展试点示范城市之一。杭州通过赋能实体经济,积极推进云计算与实体经济的深度融合,在推动云计算产业发展的同时为其他产业打开了巨大的发展空间。2018 年,云计算产业主营业务收入(限上)2 461.21 亿元,增幅 19.4%;增加值 1 332 亿元,增速 16.5%。2018 年,杭州新增上云企业 3.06 万家,上云企业数量累计达到 8.21 万家,15 家上云企业被评为浙江省上云标杆企业,并有 3 家上云企业入选工信部企业上云典型案例。预计到2020年底,杭州上云企业将达到11万家,上云企业数量居于全国前列。杭州市云计算企业已经形成了较为完整的生态系统,全市云计算企业类型覆盖云计算全产业链条。同时有一大批以阿里云、网易云、新华三、海康威视等为代表的云计算龙头企业,不仅支撑了杭州的云计算大数据产业发展,也在全国崭露头角,引领中国的云计算产业发展方向。目前,云计算产业已成为杭州数字产业化的重要内容、产业数字化的有力抓手、城市数字化的坚实保障。

大数据与云计算产业是江苏省南京市数字经济发展的重要新兴领域。数据显示,2019年南京大数据和云计算产业实现收入约850亿元,同比增长15%左右。国家工信部公布的2020年大数据产业发展200个试点示范项目名单中,江苏共14个,南京占10个,在江苏省内处于龙头地位。目前,南京市已形成软件谷、江苏软件园、江北新区研创园和白下高新园等4个重点产业布局,拥有10个重点数据中心,聚集了苏宁云、华为云、满运等大数据和云计算重点企业200多家,其中重点跟踪1亿元以上大数据企业40家。江苏无锡市作为全国首批云计算创新服务试点城市之一,云计算产业平台能力突出,拥有3项国家级示范平台、2所国家级实验,涵盖工业大数据、政务大数据、交通大数据、健康大数据、环保大数据等各个领域。全市共有874家大数据和云计算重点企业,其中150家为规模以上重点企业,5家上市企业。无锡共有29家云计算产业园,产业载体资源丰富,产业集聚程度较高,产业链完整。

安徽省云计算产业蓬勃发展,目前已基本形成了以合肥、宿州、淮南为重点,各地多园区共同发展的云计算、大数据产业布局,为安徽工业云建设和推广运用提供了有力支撑。作为安徽战略性新兴产业集聚发展基地之一,宿州市近年来在云计算产业上持续发力,摸索出了"率先发展基础云、注重建设服务云、全面开发应用云"的"宿州模式",打造云计算全产业链。先后吸引了华为、科大讯飞等一大批国内领军企业落户,初步形成了电子商务、手机游戏、动漫渲染、生物医疗、大数据处理、智能制造等云计算特色产业板块。目前,已有500多家云计算及其相关企业落户园区,产值突破100亿元。

二、长三角云计算重点企业、项目与产业园区发展现状

(一)长三角云计算重点企业经营发展现状

根据IDC *Future Scapes 2020* 预测,到2025年,85%的企业新建数字基础设施将部署在云上。目前中国云厂商较多,市场竞争比较激烈,有龙头云厂商、传统软件企业、电信运营商、创新创业企业等四类参与主体,其中阿里云、腾讯云先发优势明显,稳居市场头部位置。浪潮拥有较为完整的云计算产业链,在企业级数据中心市场具有广泛的客户基础。华云、UCloud等作为专业的云计算厂商,通过自主研发产品,深耕重点行业和客户,规模效应逐渐凸显,已成为云计算领域重要的挑战者。

1. 阿里云

阿里云是全球领先的云计算及人工智能科技公司,为200多个国家和地区的企业、开发者和政府机构提供服务。中国作为全球第二大云服务市场,阿里云在国内份额超过四成,市场地位稳固。从全球市场来看,阿里云在计算、存储、IaaS基础能力方面排名靠前,且营收增速高于全球市场龙头亚马逊AWS。在全球市场中,阿里云市场份额稳步提升。中国信通院在《云计算发展白皮书(2020年)》中显示,公有云市场阿里云位居中国第一。目前40%的中国500强企业在使用阿里云;约

有一半的中国上市公司使用阿里云；中国每天所诞生的创新和创业公司，80%在使用阿里云。从营收规模来看，2020财年（2019年4月1日—2020年3月31日），阿里巴巴云计算业务营业收入达到400亿元的规模，远超过腾讯云计算业务（财报显示2019年腾讯云营收在170亿元左右）及中国电信天翼云（2019年收入为71亿元）。从计算能力来看，根据Gartner发布的最新云厂商产品评估报告，作为国内唯一入选的云厂商，阿里云在计算大类中，以92.3%的高得分率拿下全球第一，并且刷新了该项目的历史最佳成绩。此外，在存储和IaaS基础能力大类中，阿里云也位列全球第二。

2. 上海华东电脑

上海华东电脑成立于1993年，是中国最老牌的IT综合服务商，也是中国信息技术行业第一家上市公司。华东电脑前身是华东计算技术研究所，是电子科技的国家队和信息产业的主力军。如今，华东电脑仍然是中国电科的下属企业，背靠着"国家队"的背景，华东电脑的客户群遍及金融、企业、运营商、政府、OTT以及广电。目前在网络、云计算、协作通信、信息安全、智能运维等领域，提供新IT解决方案和IT综合服务。华东电脑早期是从系统集成业务发展而来，其后一直围绕云＋数＋智慧应用来帮助华东电脑的行业客户推进数字化转型。工信部发布的2019年中国软件业务收入前百家企业发展报告中，华东电脑名列第25位，同时连续多年位列信息产业部发布的"中国软件收入规模前100名企业"。

3. 优刻得

上海UCloud（优刻得科技股份有限公司）成立于2012年，是国内领先的中立第三方云计算服务商，也是通过可信云服务认证的首批企业之一，致力于打造一个安全、可信赖的云计算服务平台。2020年1

月,UCloud 正式登陆科创板,成为中国首家在科创板上市的公有云公司,2020 年云业务营收增长超过 60%,其中私有云增速为 375%。UCloud 自主研发 IaaS、PaaS、大数据流通、AI 等系列产品,并逐渐向边缘容器、高性能计算等重点领域拓展,逐渐形成了较为全面的技术和产品储备,能够提供公有云、私有云、混合云、专有云等综合性行业解决方案,可以满足互联网、金融、新零售、制造、教育、政府、医疗健康等在不同场景下的业务需求。目前,UCloud 依托位于亚太、北美、欧洲等地的 33 个数据中心,已为全球 3 万家以上客户提供云服务,服务上市公司 327 家,间接服务终端用户数量达到数亿人。另外 UCloud 正在乌兰察布和上海青浦自建数据中心,布局超大型混合云。

4. 上海宝信软件

上海宝信软件源于宝钢集团,公司业务始于 1978 年宝钢股份的自动化部;1996 年,宝钢集团设立上海宝钢软件有限公司;2000 年更名为上海宝钢信息产业有限公司;2001 年,设立上海宝信软件股份有限公司,并在 A 股上市。公司把握前沿技术发展方向,借助于商业模式创新,全面提供工业互联网、新一代信息基础设施、大数据、云计算、人工智能、基于 5G 的应用、工业机器人等相关产品和服务,努力成为贯彻推动"互联网+先进制造业"战略的行业领军企业。财报显示,2020 年宝信软件营业收入 95.18 亿元,较上年增长 38.96%;归属上市公司股东的净利润为 13.01 亿元,较上年增长 47.91%,实现净经营性现金流入 14.66 亿元。

5. 华云数据

无锡华云数据成立于 2010 年,致力于通过自主创新研发的通用型云操作系统安超 OS 将企业复杂的 IT 架构云化,打造管理统一和体验一致的云平台,为用户提供数据中心云化、云上办公、安超云基座、公有云等方案。其中数据中心云化基于通用型云操作系统安超 OS,采用微服务架构,提供超融合、私有云、混合云等功能套件,能够满足客户定制数据中心云化的需求;云上办公方案以安超桌面云(ArcherDTTM)产品为核心,可以满足普通办公、高等院校、远程办公等多种场景的应用需求。华云数据坚持自主研发,获得了 500 多项知识产权,连续 3 年被中国互联网协会评为"中国互联网综合实力百强企业"。目前,华云数据在政府金融、教育医疗、能源电力、交通运输、电信和制造业等 10 多个行业打造了行业标杆案例,客户总数超过 30 万家。

(二) 长三角云计算地区重点应用示范项目

1. 优刻得青浦云计算中心

作为长三角一体化示范区的重大建设项目之一,优刻得青浦云计算中心正在紧锣密鼓地建设中,将于 2022 年 6 月投产。优刻得将依据行业最高标准,建设新一代高效节能绿色云计算中心。青浦数据中心建成以后,将成为优刻得在华东地区的云计算核心基地,以大数据、人工智能、物联网、电子政务等为着力点,充分发挥云计算平台的赋能优势,汇聚在线新经济和产业互联网行业,立足青浦、辐射长三角、服务全国。优刻得将为互联网和传统行业的大中型客户提供更具性价比的定制化"混合云"解决方案,帮助企业降本增效。

2. 长三角先进计算联盟

长三角先进计算联盟是合肥先进计算中心联合上海超算中心、苏州超算中心、昆山超算中心等 3 家单位成立的计算联盟。联盟将充分发挥超算资源的联动效能,建立完善长三角地区超算区域合作的新机制,集中三省一市的优势计算资源,加强沟通协作,科技创新,全面提升长三角先进计算综合应用服务能力,打造先进计算资源共享的新格局。

合肥先进计算中心作为面向合肥综合性国家科学中心建设和安徽省战略性新兴产业升级发展需求的重大新型基础设施,深度融合大数据、云计算、人工智能等先进计算技术,构建统一的开放共享先进计算交叉研究与公共服务平台,满足云计算、大数据、人工智能等计算需求,支撑基础科学研究和新兴产业创新,将促进异构计算、智能计算、机器学习等相关技术的研发及应用。一期项目总投资约4.3亿元,其中,系统建设规模为双精度计算峰值12PFlops、整数计算峰值256Pops、数据总存储容量15PB。建成后,计算峰值可排进长三角地区TOP3。

3. 浦软汇智IT服务云

浦软汇智IT服务云是国内首个由软件园区投资建设运营的全业务IT公有云,同时也是上海市"十二五"期间云计算重点工程"云海计划"的重要组成部分,以国家软件产业基地和国家软件出口基地上海浦东软件园为依托,于2011年6月正式上线,具有自主创新、绿色节能、快速部署、低运营成本等特点,平台服务产品涵盖IaaS、PaaS、SaaS服务,为客户提供云主机、云存储、云备份、CDN、网络服务、开发云、测试云、云邮箱、移动办公云、企业社交云平台、云资产管理、云呼叫中心等多样化的服务,拥有安全稳定的平台技术架构,充分满足了云计算在超大规模基础资源、灵活性和扩展性等多方面要求,覆盖的用户从上海张江高科技园区逐步扩大到整个上海地区,全方位满足企业不同发展阶段的不同需求。

4. 健康云平台

健康云平台采用政府主导、社会参与、共同建设的新机制,运用创新健康物联网技术、移动互联网技术、大数据技术、WebService技术,以居民电子健康档案和电子病历数据为核心,构建新型的医防融合的慢病管理和健康管理体系框架,实现对以慢性病为主的疾病患者、并发症患者、高危人群的识别、筛选、推送,通过有序分诊,支持社区卫生服务中心、综合性医疗机构和公共卫生专业机构协同落实"三位一体"的全程健康管理;建立医、药、防、养、康、护、健、保融合的新型健康保障综合服务模式,逐步拓展建设成为统筹卫生健康信息惠民资源,为居民提供统一的"互联网+健康服务"的总入口平台。同时基于上海健康信息网(全球单一规模最大区域医疗系统),以居民电子健康档案和电子病历数据为核心,以为市民提供智能、便捷健康服务为主线,面向全人群创新提供"预约挂号如约至""健康档案随时查""预约接种不用等""亲情账户亲人管""家庭医生在线签""慢病管理医生帮""体征指标智能测""社区就诊便捷医""远程医疗专家断"九大核心应用,立足长三角,面向全国,助力人人享有一站式、精准化的健康教育、健康管理和健康服务。

表 9-1 长三角地区云计算数据中心建设情况

云计算数据中心	省份	建 设 情 况
腾讯长三角人工智能超算中心及产业基地	上海	总投资 450 亿元,作为腾讯在华东地区新基建布局的重要一环,产业园区占地 236 亩,包括 5 万平方米办公楼
阿里巴巴华东云计算数据中心	江苏	总投资 180 亿元,30 万台服务器规模,目前已进入全面安装调试阶段
中国电信(芜湖)云计算中心	安徽	中国电信安徽公司将投巨资,推进中国电信(芜湖)云计算中心二期建设,整体规划占地 31 亩,建筑面积约 4 万平方米,设计机柜 5 000 个以上
京东云华东数据中心	江苏	总投资 35 亿元,一期投资 15 亿元,二期计划投资 8 亿—10 亿元,现已投入 6 亿元,整个园区占地 200 亩左右,相当于 19 个足球场大小,是京东云骨干网络节点核心数据中心之一

资料来源:笔者根据网络信息收集。

(三) 长三角云计算园区

云计算产业园的分布受到自然资源、市场需求、技术等多方面影响,呈现三级化布局的态势。长三角地区产业环境优越,经济发展水平、信息化发展程度和应用市场环境良好,拥有丰富的人才、技术储备,各地发达的产业对云计算提供的 IT 基础服务有需求。适宜发展平台服务、应用类的产业。东部地区经济发达、城镇化程度高、土地压力大、人口密度大,云计算园区以服务现有产业为主,倾向于与其他行业融合发展,因此总体呈现出占地面积小、布局分散的特点,以小型、单一功能为主,零散分布在现有高新区、经济开发区中。

1. 云栖小镇

概况:云栖小镇位于浙江省特色小镇的发源地杭州,是国内首个以云生态为主导,云计算为核心科技,基于云计算大数据和智能硬件产业的产业小镇。目前小镇已累计引进包括阿里云、富士康科技、Intel、中航工业、银杏谷资本、华通云数据、数梦工场、洛可可设计集团等在内的各类企业 600 多家,其中涉云企业 400 余家。产业覆盖云计算、大数据、App 开发、游戏、移动互联网等各个领域,已初步形成较为完善的云计算产业生态。

发展策略:创新创业生态+产业生态,推动产业集聚发展。云栖小镇注重创新创业生态环境的培育,与高校、科研院所、研究中心、工程院等合作,培育、储备科技型人才,并提供技术支撑,助推企业转型升级。小镇吸引以阿里云为代表的大企业开放核心能力,结合创业投资基金、产业创新平台等优势资源,为广大的中小微企业提供全链条的互联网创新创业服务。

2. 市北·云立方

概况:市北·云立方位于上海市市北高新技术服务业园区内,项目以滨水办公为主,总建筑面积8万平方米,由A、B两栋研发办公楼和C栋数据中心构成,搭配有亲水平台、生态走廊、中心景区等配套设施。

发展策略:园区成立之初,便积极搭建产业服务平台吸引优质的国家云计算行业龙头入驻,通过东方通、中标软件、达梦数据库等龙头带动努力打造云计算产业集聚区,并引进科达华盛在园区设立数据中心,实现"基本服务架构—云计算操作平台服务—应用服务"的全产业链条发展。

3. 南京云计算中心

概况:南京云计算中心由曙光信息产业股份有限公司在江宁开发区共同规划建设的云计算产业基地,项目总投资约4亿元。专业提供云计算、大数据方面的技术咨询和服务,重点面向电子政务、中小企业、科研院所、行业云等。中心依托中科院计算所和中科曙光在高性能服务器、并行存储、大数据等领域的先进技术和产品,专业提供基于云计算服务的整体解决方案和技术咨询服务。

发展战略:南京云计算中心凭借曙光公司在云计算领域的技术能力、运维能力、商业模式、创新能力,以及拥有自主可控产品的优势,着力打造南京云计算产业生态链,为江苏及长三角地区的城市管理者、企事业单位、居民提供全国产化、安全可靠的云计算服务,助力美好幸福城市建设。

4. 宿州市智慧云计算产业园

概况:宿州市智慧云计算产业园是宿州市政府与北京世纪互联集团合作建设的高科技产业园区,园区以新一代绿色数据中心为发展主线,建设规模在国内云计算产业园区将位于前三甲之列。智慧云计算产业园总投资约76亿元,分3期建设,是中国最大的在建云计算中心,将建设云计算数据中心10万平方米,研发、会议、展示、体验、培训等配套设施53万平方米,以及宿州到上海、杭州等地的云计算光纤网络。

发展战略:吸引知名企业入驻,与中国电信、移动和联通等三大运营商进行战略合作,探索出基础云、平台云和应用云等3种层面的云产业的全产业链。同时依托云计算平台,加快互联网与轻纺鞋服、板材家具、化工建材、食品加工、煤电能源等产业深度融合,推动"宿企上云",促进制造业从制造向创造、智造转变。

三、长三角云计算产业发展趋势

(一)全球云计算产业发展趋势

当前,信息新技术在各领域加速落地,互联网、移动互联网、物联网等应用不断深化,数字经济逐渐兴起并快速发展。对于数字经济来说,云计算不仅仅是实现IT资源池化、提升性能、降低成本和简化管理的工具,更重要的是为产业数字化转型提供丰富的服务,即基于云平台整合的各类生产和市场资源能促进产业链上下游高效对接与协同创新,大幅降低企业数字化转型的门槛,加速数字经济发展。

近年来,各国政府从国家层面重视云计算发展,美国政府发布《联邦云计算战略》,借助于云计算降低政府信息化开支,带动美国云计算服务业,力争到2020年云计算产业规模在高新产业中占比至少达到30%。研发和推广云计算技术已列入《欧洲2020战略》,是"欧洲数字化议程"的重要组成部分。德国的"云计算行动计划"指出力争到2021年借助于云计算产业推动数字经济总产值大幅增加。日本的"智能云计算战略"则预计到力争2020年云计算产值突破400万亿日元,并通过云计算应用带动企业数字化转型,实现各产业的数字化、智能化升级。

适逢百年未有之大变局,无论是如火如荼的"新基建"、稳步推进的企业数字化转型,还是突如其来的疫情,都会将云计算发展推向一个新的高度。未来10年,云计算将进入全新发展阶段,具体表现为:

1. 云计算从粗放向精细转型。随着云原生技术进一步成熟和落地,用户可将应用快速构建和部署到与硬件解耦的平台上,使资源可调度力度越来越细、管理越来越方便、效能越来越高。

2. 云需求从IaaS向SaaS上移。伴随企业上云进程不断深入,企业用户对云服务的认可度逐步提升。企业用户不再满足于仅仅使用IaaS完成资源云化,而是期望通过SaaS实现企业管理和业务系统的全面云化。

3. 云布局从中心向边缘延伸。随着新基建的不断落地,构建端到端的云、网、边一体化架构将是实现全域数据高速互联、应用整合调度分发以及计算力全覆盖的重要途径。

4. 云安全从外延向原生转变。随着原生云安全理念的兴起,安全与云将实现深度融合,推动云服务商提供更安全的云服务,帮助云计算客户更安全地上云。

5. 云应用从互联网向行业生产渗透。未来,云计算将结合5G、AI、大数据等技术,帮助企业在传统业态下的设计、研发、生产、运营、管理、商业等领域进行变革与重构,完成数字化转型。

6. 云定位从基础资源向基建操作系统扩展。未来,云计算将进一步发挥其操作系统属性,深度整合算力、网络与其他新技术,推动新基建赋能产业结构不断升级。

细分行业方面,全球SaaS市场发展较为成熟,IaaS市场正加速发展。从细分市场的结构比例来看,2020年,全球经济出现大幅萎缩,以IaaS、PaaS和SaaS为代表的全球公有云市场增速放缓至13.1%,市场规模为2083亿美元。2020年全球云计算IaaS、PaaS和SaaS市场的规模占比分别为28%、22%和49%，SaaS市场规模远高于其他细分市场。

IDC FutureScape发布的《IDC FutureScape：全球云计算2020年预测——中国启示》显示，其他国家与中国的线下服务行业在新冠肺炎疫情下所遭受的重创程度不同，云计算本着天然的远程服务特性，在面临这场突如其来的疫情之时，反而呈现出了远程办公、远程医疗、远程教育等更多应用场景需求。报告做出的10项预测（见表9-2）主要涉及云基础设施、云开发、云应用、云管理等4个方面，其中与多云/混合云、云原生相关的预测超过一半，凸显出这两个方向将成为未来主流。

表9-2 云计算各领域未来发展方向

预测领域	时间节点	预测结果
API生态	2023年	90%的新数字服务将使用公有云和内部API提供的服务构建复合型应用程序；其中一半将借助于AI人工智能（AI）和机器学习（ML）
多云管理	2022年	50%的企业将部署统一的VMs、Kubernetes和多云管理流程和工具，以支持跨本地和公有云部署的多云管理和治理
数字采购	2025年	50%的中国公司IT基础设施支出费用将分派给公有云，1/4的企业IT应用将运行在公有云服务上
云堆栈扩展	2024年	10%的企业内部工作负载将由公有云服务商大数据中心以外的、位于客户大数据中心和边缘位置的公有云堆栈提供支持
自动化技术开发生命周期	2022年	60%的中国500强企业将投资于云原生应用和平台的自动化技术、编排和开发生命周期管理
行业应用规模化	2024年	55%的中国公司将通过投资特定行业的SaaS应用和平台来降低企业应用定制的成本和多元性

续表

预测领域	时间节点	预测结果
云管理服务商	2024年	50%的大型中国公司将在容器、开源和云原生应用开发方面依赖于第三方服务提供商(SPs)的帮助
数据大爆炸	2024年	由AI人工智能自动化技术、物联网技术和智能产品需求推动的数据量将超过30ZB;20%的业务将借助于它实现实时结果
超敏捷App	2023年	50%的中国企业应用将部署在容器化的混合云/多云环境中,以便提供敏捷的、无缝的部署和管理体验

资料来源:《IDC FutureScape:全球云计算2020年预测——中国启示》。

(二) 长三角云计算地区重点工程发展情况分析

1. 上海"云海计划"

"云海计划"是上海推进云计算发展的总体战略部署。"云"即云计算,"海"即上海。按照云计算发展的阶段,整个计划分为3个阶段。

第一阶段(2010—2012年)被称为"云海计划1.0"阶段,重点是"自主研发、试点示范",即自主创新解决方案形成体系,试点示范开始布局,商业模式创新取得突破。

第二阶段(2013—2015年)被称为"云海计划2.0"阶段,重点是"优化环境、示范推广",即云计算技术体系基本完善,标准体系初步建立,云计算服务模式被用户广泛接受。云海计划实施阶段,上海云计算企业抢抓发展机遇,聚焦政策资源,有效结合上海特色,形成差异化的优势,一批骨干云计算企业成长为细分行业的领军企业。

2017年上海市经济信息化委正式发布《上海市关于促进云计算创新发展培育信息产业新业态的实施意见》,这是"云海计划"的第三阶段,也是上海市第三个推动云计算产业发展的专项政策,业界称之为"云海计划3.0",重点是"全面云化、升级产业"。"云海计划3.0"在前期推动成果的基础上,重点聚焦行业骨干企业,围绕基础设施、产品、市场、安全等8个重点方向,提出了加大资金扶持、优化发展环境、培育人才队伍等6项具体举措。通过建立骨干云计算名单,出台支持中小企业使用云服务的推广计划,开展云计算应用示范和试点项目评估等系列政策,推动上海再造一个1000亿元规模的产业集群,助力科创中心建设。

2. 浙江"十万企业上云行动"

2017年,浙江省启动"十万企业上云行动",在全国率先组织推动企业上云,目标是到2020年,全省上云企业达到40万家。浙江省把数字经济列入"一号工程",积极争创国家数字经济示范省。经过3年的努力,企业上云不仅大大加速了浙江省企业数字化转型的步伐,促进了互联网、大数据、人工智能与实体经济的深度融合,也带动了浙江省云计算大数据等数字经济产业的发展壮大,取得了显著成效。

3. 苏州"云彩计划"

苏州工业园区为了推动科技创新、落实"2+3"产业规划,促进云计算等战略性新兴产业的发展,于2012年提出"云彩计划"。该计划在园区的苏州国际科技园内专门建设云彩产业园,集中载体和平台,在云计算领域建设智慧基础云、健康医疗云、文化教育云、企业云、交通云、旅游云、电子商务云和电子政务云等8朵服务和应用"云彩",全面打造"云彩新城"。鼓励企业参与园区信息化建设,营造信息化应用示范的带动优势,初步探索出智慧产业"梦工厂"发展模式。苏州国际科技园作为"云彩计划"基地,积极引进新的云计算相关企业,并借助于园内各类孵化器力量,部署与云计算相关的产业。"云彩计划"为多家新兴企业提供了应用场景、资金等支持,成功培育了博纳讯动、书香园区等一批创业企业,帮助思必驰信息科技、麦迪斯顿医疗科技等成长为园区优秀企业,其中麦迪斯顿入选"江苏省首批智慧健康重点企业"。

(三) 长三角云计算产业发展趋势及政策区域特点

从城市云计算发展的外部驱动力来看,政府对云计算发展起到了显著的引领与带动作用。政策差异是导致城市间云计算发展不平衡的重要因素,在实践中,部分地方政府从应用驱动、政策驱动、技术驱动、市场驱动等方面着手,通过政府率先使用、制定应用指导、鼓励技术创新、培育云计算市场等方式,为当地的云计算发展创造了较好的外部环境,提升了云计算对经济增长的带动作用,同时对经济转型升级和社会和谐发展具有重要的促进作用。近年来,长三角地区各省市出台了一系列法规标准及相关政策,促进云计算产业发展。发展云计算基础设施、开发云计算基础软件、云计算服务平台,结合大数据应用及电子政务等行业应用,催生出一批云应用服务提供商和行业云解决方案提供商。以云计算的IaaS、PaaS、SaaS服务平台为依托,推动以云计算为基础的增值服务产品开发和云应用服务等措施,推进云计算重点项目建设,增强云计算应用和服务能力。云计算政策从推动"云优先"向关注"云效能"转变。

上海早在2010年就开始布局云计算产业,至今已推出了三阶段"云海计划"。如今,上海云计算产业生态丰富,整体发力,在各种技术方向和应用领域都能找到优势企业,从而形成了支撑"云创新"、转型的整体优势。为全面贯彻落实国家云计算发展战略,以建设云计算创新服务试点城市为契机,充分发挥市场在资源配置中的决定性作用,上海市颁发了一系列云计算发展相关政策,2020年以来,上海先后出台《上海市促进在线新经济发展行动方案(2020—2022年)》《上海市全面深化服务贸易创新发展试点实施方案》《上海"十四五"规划和2035远景目标》等文件,对政务云、云计算应用场景、探索建立大型云计算数据中心以及金融科技中云计算技术的研发应用提出了方向,进行了布局,上海云计算相关政策及主要内容见表9-3。

表9-3 上海云计算相关政策及主要内容

时 间	政 策	主 要 内 容
2010年7月	《上海推进云计算产业发展行动方案(2010—2012年)》("云海计划")	提出抓住国际信息产业变革的历史机遇,经过3年的努力实现上海在云计算领域"十百千"的发展目标,即培育10家在国内有影响力的年经营收入超1亿元的云计算技术与服务企业,建成10个面向城市管理、产业发展、电子政务以及中小企业服务等领域的云计算示范平台;推动100家软件和信息服务业企业向云计算服务转型;带动信息服务业新增经营收入1 000亿元,培养和引进1 000名云计算产业高端人才
2015年4月	《"文化上海云"建设三年行动计划》	到2016年底,上海市民可以足不出户通过电脑、电视、手机、社区大屏等终端访问80%的公共文化资源,并像上网购物一般实现文化产品或服务的自选和消费
2016年10月	《上海市电子政务云建设工作方案》	充分运用云计算、大数据等先进理念和技术,以"云网合一、云数联动"为构架,建成市、区两级电子政务云平台
2017年1月	《上海市关于促进云计算创新发展培育信息产业新业态的实施意见》("云海计划3.0")	到2018年,云计算成为信息产业核心组成部分,云计算应用水平大幅提升,形成以云平台为基础,以云应用为导向,以云服务为模式的云计算产业,带动信息产业新业态快速发展,云计算技术和服务收入达到1 000亿元

续表

时间	政策	主要内容
2018年9月	《上海市加强质量认证体系建设促进全面质量管理的实施方案》	构建面向集成电路智能卡、云计算、移动互联网和工业控制系统等新技术新应用的安全监测系统,推动建设信息安全测评认证服务平台
2018年11月	《上海市推进企业上云行动计划(2018—2020年)》	到2020年,上海市构建全面支撑企业研发、生产、流通、运营、管理各项业务的云计算技术服务能力,新增10万家上云企业,全面提升企业信息化水平,形成产业发展和企业应用相互促进的互动格局
2020年4月	《上海市促进在线新经济发展行动方案(2020—2022年)》	提出推动大型展览展示企业和知名云服务企业共建云展服务实体,打造云会议、云展览、云走秀、云体验等系列活动。结合5G互动直播,加快VA/AR技术应用;推广"云存储、云运用"模式,提升医疗机构信息化能级;通过"云招商、云洽谈、云签约"等方式,积极开展招商引资和投资服务,建立常态化模式;优化政务云资源配置,着力推进城市运行"一网统管",依托电子政务云,推动新兴技术先试先用等措施
2020年11月	《上海市全面深化服务贸易创新发展试点实施方案》	推动特定功能区域建设国际互联网数据专用通道、国家新型互联网交换中心。统筹全市能源和用地指标,探索建立大型云计算数据中心。推动超大开放算力平台在浦东新区落户。探索数据服务采集、脱敏、应用、交易、监管等规则和标准,推动数据资产的商品化、证券化,探索形成大数据交易的新模式
2021年3月	《上海"十四五"规划和2035远景目标》	加强金融科技研发应用,加快推动以大数据、人工智能、区块链、云计算、5G等为代表的金融科技核心技术研发攻关

资料来源:笔者根据网络信息收集。

长三角地区的其他城市也在近年对云计算产业进行了密集布局,其中杭州云计算产业领先,为建设"数字杭州"提出充分发挥云计算在提升城市管理管控智能化、服务人性化、应急快速化、决策科学化等领域的水平;浙江省围绕"云网融合""云改数转""智能化转型"等企业战略,推进网络数字化智能化转型升级;安徽省鼓励各类企业利用云计算、大数据、物联网等新一代信息技术,推动产业组织、商业模式、供应链、物流链创新;南京市积极打造云计算信息服务品牌,大力发展公有云和行业云平台,建设云计算产业基地,积极培育引进创新型企业,长三角地区云计算相关政策及主要内容见表9-4。

表9-4 长三角地区城市云计算相关政策及主要内容

时 间	政 策	主 要 内 容
2015年1月	《杭州市建设"六大中心"三年行动计划(2015—2017)》	到2017年,杭州市将培育2~3家国际知名百亿级云计算和大数据龙头企业,打造200家中小型云计算和大数据服务企业,带动信息技术业新增营业收入超过1 000亿元
2015年4月	《杭州市信息惠民国家试点城市建设三年行动计划(2015—2017年)》	依托浙江政务服务网杭州平台,建成"杭州市智慧电子政务云平台",加快推进政府信息化基础设施向智慧电子政务云平台迁移,大多数市级政府部门非专网的新建信息化项目部署在杭州市智慧电子政务云平台,市级所有部门实现信息共享与交换,电子政务服务实现区、县(市)政府全覆盖
2015年8月	无锡市《关于进一步加快云计算产业发展的实施意见》	到2020年,构建形成云计算创新体系、应用体系、服务体系与产业体系等4个体系;建设10个云计算应用示范重点工程;建设10个云计算服务平台,共享云计算资源;培育骨干企业,打造云计算产业链,云计算及相关产业规模达到1 000亿元
2016年10月	《苏州市"十三五"科技发展规划(2016—2020)》	重点支持云计算平台管理、云计算数据中心绿色节能等关键技术,推进专有云解决方案研发与产业化,大力发展公共云计算服务,建立自主可控的云计算产业链,形成完善的云计算公共支撑体系

续表

时 间	政 策	主 要 内 容
2017年8月	《关于印发"数字杭州"("新型智慧杭州"一期)发展规划的通知》	充分运用物联网、云计算、大数据、智能感知、智能视频等现代信息技术,提升城市管理管控智能化、服务人性化、应急快速化、决策科学化水平
2019年5月	《2019年浙江省推进数字经济发展工作要点》	集聚高端要素,努力打造全球数字经济创新高地。支持杭州打造全国数字经济第一城和乌镇创建国家互联网创新发展试验区
2020年1月	《关于印发南京市打造软件和信息服务产业地标行动计划的通知》	在云计算领域形成一批知名的软件和信息服务品牌;大力发展公有云平台和行业云平台,不断提升云计算服务能力,做大做强云计算产业链。推动各行业领域信息系统向云平台迁移,促进基于云计算的业务模式和商业模式创新
2020年10月	《安徽省贯彻落实淮河生态经济带发展规划实施方案》	加快建设宿州云计算产业集聚发展基地。实施"皖企登云"行动计划,加快推进"互联网+",大力发展智能产业,拓展智能生活
2021年7月	《浙江省信息通信业发展"十四五"规划》	围绕"云网融合""云改数转""智能化转型"等企业战略,推进网络数字化智能化转型升级;推进大数据与云计算、人工智能、区块链等技术的深度整合应用

资料来源:笔者根据网络信息收集。

四、长三角云计算产业高质量发展的问题及推进路径

(一) 长三角云计算产业高质量发展存在的问题

1. 产业结构不够多元化,产业链发展不均衡

从2011年开始,云计算的概念过热,长三角地区各省市纷纷开始建设产业园、科技园,甚至开发商都在借助于概念搞数字地产,存在一定盲目投资的问题,造成数据中心产能过剩。由于缺乏产业链的配套,

使用率不足,一些数据中心建好后成了摆设,也造成了昂贵的计算和存储资源的浪费。同时在云计算应用方面,云产业正处于起步之后的发展阶段,产业数字化转型在三二一产业逆向融合路径逐渐明朗,但工业、农业数字化转型仍面临较高壁垒,以工业云为例,当前数量和规模仍然偏小、建设质量不高,在企业推广应用难度大,对于中小企业来说成本相对较高,进而导致参与度不高。

2. 数据要素流通不够顺畅,数据融合驱动力不足

当前云产业发展的最大痛点是数据源不开放,如同一个个"信息孤岛",不能实现数据共享;对于数据的流动和交易,还缺乏相应的法律规范。而我国数据要素市场尚处于发展的起步阶段,数据确权、开放、流通、交易等环节相关制度尚不完善,成为云计算产业乃至数字经济发展的制约因素。如何盘活大数据,是云产业发展的关键。

3. 人才培养滞后,核心技术人才储备不足

云计算产业发展的核心要素无疑是专业的技术人才。但长期以来,我国对云计算产业人才的培养起步较晚,人才产出比较滞后,从全国来看,云计算人才缺口约为150万人,上海、杭州、南京等长三角地区一二线城市企业对于云计算开发人才需求紧迫,无论是在技术层面,还是在运营商、集成与服务层面,高精尖云计算核心技术人才成为稀缺资源。

(二) 长三角云计算产业高质量发展的推进路径

1. 推动制造业"上云",提升产业数字化水平

数字经济与实体经济各领域的深度融合所带来的生产效率提升以及生产模式改变,成为产业转型升级的重要驱动力。云计算和大数据爆炸式发展不仅在激发创新,同时还将改变制造业自身的性质。数字

化制造技术将会改变产业链的每个环节：从研发、供应链、工厂运营到营销、销售和服务。设计师、管理者、员工、消费者以及工业实物资产之间的数字化链接，将释放出巨大的价值，并彻底刷新制造业的版图。尽管制造业产生了比其他任何行业都更多的数据，但由于自身数字转型能力不足，以及数字化改造成本偏高等原因，很少有公司能充分利用数据提升利润，促进增长。因而政府应全面推动制造业企业"上云"，以数据为关键要素，以价值释放为核心，以数据赋能为主线，对产业链上下游的全要素进行数字化升级、转型和再造。通过加快新基建建设，深入挖掘数字技术价值，改造提升传统产业，鼓励制造业企业"上云"，推动产业链、价值链向高端延伸，提升产业数字化水平。

2. 加强高校相关学科建设，集聚产业人才

伴随云计算行业的迅速发展，相关领域技术对各行业的应用程度不断深化，云计算专业人才需求呈井喷式增长，人才供需矛盾凸显。其中创新型人才、高精尖复合型人才尤为稀缺。鼓励部属高校加强云计算相关学科建设，结合产业发展，与企业共同制定人才培养目标，推广在校生实训制度，促进人才培养与企业需求相匹配。聚焦产业发展需求，促进产学研相结合，建立云计算专业人才培养基地，为学生提供实习机会。

3. 优化投融资环境，助力产业高速发展

政府应出台政策，积极推动政策性银行、产业投资机构和担保机构加大对长三角地区云计算企业的支持力度，推出针对性的产品和服务，加大授信支持力度，简化办理流程和手续，支持云计算企业发展。借鉴首台套保险模式，探索利用保险加快重要信息系统向云计算平台迁移。同时进一步支持长三角云计算企业进入资本市场融资，开展并购、拓展市场，加快做大做强步伐。

4. 培育龙头企业,发挥产业引领作用

长三角地区应面向云计算全产业链创新发展的需求,持续提供资金、人才、政策等方面支持力度,加快培育一批有一定技术实力和业务规模、创新能力突出、市场前景好、影响力强的云计算龙头企业及云计算平台。鼓励龙头企业提高服务能力,创新商业模式,打造生态体系,推动形成云计算领域的产业梯队,不断增强长三角地区在云计算领域的体系化发展实力。

参考文献

[1] 高柏、茹怡:《产业政策如何打造竞争优势——杭州与深圳云计算产业的比较研究》,《文化纵横》2021年第4期。

[2] 张海水:《宿州市云计算产业发展问题研究》,《农村经济与科技》2020年第22期。

[3] 叶鹏、叶春森、王文茹、路恒超:《中国云计算产业空间省域格局演化研究》,《价值工程》2017年第11期。

[4] 余江、万劲波、张越:《推动中国云计算技术与产业创新发展的战略思考》,《中国科学院院刊》2015年第2期。

[5] 陈阳:《国内外云计算产业发展现状对比分析》,《北京邮电大学学报(社会科学版)》2014年第5期。

[6] 中国信息通信研究院:《中国数字经济发展与就业白皮书(2019)》。

[7] 清华大学互联网产业研究院:《云计算和人工智能产业应用白皮书》。

[8] 中国信息通信研究院:《云计算发展白皮书(2020年)》。

执笔:张美星(上海社会科学院信息研究所助理研究员)

第十章　长三角物联网产业高质量发展

物联网是指通过 RFID、感应器等信息传感设备,按约定的协议,把任何物品与互联网连接起来,进行信息交换和通信,以实现智能化识别、定位、跟踪、监控和管理的一种网络概念。从产业体系来看,我国已形成包括芯片、元器件、设备、软件、系统集成、运营、应用服务在内的较为完整的物联网产业链,各关键环节的发展也取得重大进展,而长三角地区是我国物联网技术策源地、产业集聚地和应用大市场。

一、长三角物联网产业发展现状

(一) 长三角物联网产业发展总体情况

我国物联网产业规模保持高速增长,物联网与实体经济融合应用生态愈加成熟。2020 年以来,我国 5G 等网络基础设施建设步伐加快,物联网技术支撑体系和标准体系持续完善。从行业应用看,工业互联网发展进一步提速,智慧城市、车联网等势头强劲,物联网与人工智能、区块链、边缘计算等新一代信息技术融合应用态势明显。数据显示,我国物联网市场规模(以物联网产业规模计)持续增长,已由 2015 年的 7 510.6 亿元增长至 2020 年的 18 055 亿元。从区域层面来看,物联网企业主要集中于长三角、珠三角、环渤海等个地区及中西部个别省市。各个集聚地区的物联网产业链的发展侧重点有所不同。长三角地区在产业链 5 个层次都比较完备,尤其在支撑层、感知层、平台层和应用层上都比较突出;环渤海地区则在感知层、平台层和应用层方面较为突出;珠三角地区则突出表现在感知层、传输层和应用层;中西部城市也主要集中在感知层方面。综合对比3个重点集聚地区的产业发展状况,3个地区在感知层和应用层环节发展都较好。而从产业链的角度来看,感知层是物联网产业的基础,应用层则是产业链的最高环节,也是物联网发展的目的。从城市层面来看,布局最完整的当属北京、上海和深圳等3个城市,布局相对完整的主要是无锡、杭州、南京、广州等地。因此,从重点城市所处的区域来看,长三角地区是我国物联网产业发展最为成熟和完备的区域。目前,长三角地区正在着手打造数字经济产业集群,并力图将其培育成未来经济发展的新动能,聚力建设现代化经济体系,而物联网正是未来长三角地区大力发展的核心产业之一。

长三角地区有不少城市的物联网产业基础雄厚,产业集群发展已初步形成。上海是国内最早开展RFID技术、嵌入式芯片、无线传感技术等多种物联网技术研发的城市,经过多年技术攻关,已掌握从芯片到中间件、读写设备等方面的关键技术。除了技术研发积累,浦东张江集聚着众多实力雄厚的芯片设计、制造企业,同时还有大量的企业从事中间件开发和读写器生产。无锡、南京和苏州是江苏物联网产业集聚区。早在10年前,国务院批准在无锡成立"感知中国"中心,物联网相关企业迅速集聚无锡,由多家单位自愿缔结的"感知中国"物联网联盟也在无锡成立。无锡已初步构建了一条涵盖物联网上下游完整的产业链。大量的物联网产业投资涌入无锡,投资集中在物联网技术研发、应用示范、云计算等领域。无锡新吴区作为中国唯一的国家传感网创新示范区肩负着物联网产业发展的重大使命。南京是国内物联网产业起步较早、聚焦度较高的城市之一,在软件、无线通信等方面具有诸多技术优势。随着南京物联网产业发展联盟、南京物联网产业研究院、南京物联网技术与应用研究院、南京邮电大学物联网科技园、南京物联网应用与服务示范园等的揭牌成立,南京市物联网产业资源在整合的基础上正形成自己的特色。苏州是国家电子信息产业基地之一,集聚着大量集成电路生产企业。在传感网核心技术领域,苏州已形成了昆山周庄的传感器件、工业园区通信及集成电路两大传感网产业集群,周庄也成为全国最大的传感器生产基地之一。宁波和杭州是浙江省物联网产业主要集聚区。宁波制造业单项冠军企业数量居全国之首,而且涌现出一批以工业物联网产业为代表的高新技术企业。例如,工业物联网已成为宁波江北区的产业"金名片",以柯力传感为代表的高性能传感器件、智能物联网系统、智慧水务等为主的产业结构和工业物联网产业集群正逐渐形成。杭州市集聚着一批物联网相关企业,涵盖关键控制芯片的设计和研发,传感器和终端设备的制造、系统集成等物联网全产业链。近期,杭州高新区(滨江)物联网产业园成功入围首批国家数字服务出口基地。

(二) 长三角物联网产业空间分布

RFID技术[①]是物联网感知层的重要组成部分,是物联网发展的基础,也是实现物联网的前提。本研究从国内最大的面向射频识别(RFID)行业的综合行业门户网站——RFID世界网上提取长三角地区41个城市的RFID相关企业名录。以RFID企业为例,考察长三角地区物联网产业的空间分布格局。表10-1显示了长三角地区RFID相

---

① RFID技术,即射频识别技术,又称无线射频识别,是一种可通过无线电信号识别特定目标并读写相关数据,而无须识别系统与特定目标之间建立机械或光学接触的通信技术。RFID技术主要由电子标签、读写器以及应用系统三部分组成。RFID按工作频率的不同分为低频、高频、超高频和微波频段,不同频段的RFID产品会有不同的特性。RFID技术是物联网感知层的重要组成部分,是物联网发展的基础,也是实现物联网的前提。

关企业数量排名前10位的城市,上海的企业数量最多,达到近1000家,占整个长三角地区企业总数的近50%,杭州、苏州、南京、宁波、无锡、合肥、温州、常州、金华分别位列第2—10位。从企业分布数量看,长三角地区物联网产业的空间集聚特征尤为明显,并展现了以上海为首的一超多核格局。

表10-1 长三角地区RFID相关企业数及地区占比

城　市	RFID相关企业数	长三角地区占比(%)
上海市	951	48.9
杭州市	206	10.6
苏州市	177	9.1
南京市	165	8.5
宁波市	91	4.7
无锡市	86	4.4
合肥市	67	3.4
温州市	47	2.4
常州市	35	1.8
金华市	16	0.8

资料来源:根据RFID世界网上提取长三角地区物联网企业名录整理。

此外,通过考察物联网相关人才分布与流动,揭示产业空间动态。领英是全球知名的职场社交平台,覆盖全球超8亿会员,领英的大数据洞察平台将领英会员档案中的信息转变为独特的数据点,这些信息经过汇总和标准化,可在宏观层面进行比较。在领英网站中,用户会根据自身实际情况,填写工作所在地和已掌握的相关技能,以便于各企业的HR或人力资本猎头进行追踪。因此,根据领英大数据洞察平台,通过筛选领英用户简历中标记的所在"地点"[①]和"技能"[②],获取2021年长三角地区物联网相关人才的规模和流动数据。最终,基于41个城市和59个技能,获取长三角地区107 979个物联网相关人才数据。

从主要的就业单位看,长三角地区物联网相关人才的就业单位分布还比较分散,集中度并不高。这也反映了新兴技术产业的特点,总体上还处在多个寡头竞争阶段,市场和技术的集中度还不是很高。物联网相关人才的所属企业主要有华为、阿里巴巴集团、微软、蚂蚁集团、英特尔、字节跳动、阿里云、SAP、IBM等。但长三角地区物联网相关人才的地域分布是高度集聚的,由表10-2可见,人才主要集中在上海,人才数量达到7.2万人,而本研究中长三角数字经济人才的总数为107 979人,上海集聚了长三角地区70%以上的数字经济人才。杭州的人才数量排名第二,为1.3万人;南京排名第三,为7 600人,苏州、合肥、无锡、宁波分列4—7位,也是仅有的数字经济人才超过1 000人的城市。从职位发布来看,人才集聚地的新职位发布数量也更多,表明长三角地区物联网相关人才将进一步向少数核心城市汇聚。

---

① "地点"的筛选条件为长三角的41个地级市。
② "技能"关键词除了选取"物联网"及其相关的"人工智能""云计算""区块链"以外,还包括相关的核心技术:物联网的"无线射频识别、无线通信系统、局域网、广域网、传感器、RFID应用、嵌入式系统、低功耗设计、蜂窝网络、微机电系统、Low-Power Wide-Area Network(LPWAN)、无线网络、无线传感网络、分布式系统、人机交互、5G、机器对机器通信、中间件、数据安全";人工智能的"机器学习、神经网络、深度学习、人工神经网络、机器人、自然语言处理、机器人流程自动化(RPA)、专家系统、计算机视觉、大数据、语音识别、Edge Computing、生物识别技术、知识图谱、人脸识别、数据挖掘、虚拟化";云计算的"云计算 IaaS、云储存、云安全性、Zscaler Cloud Security、持续集成和持续交付(CI/CD)、Docker、REST、分布式存储、Data as a Service、分布式文件系统、非结构化数据、虚拟机、数据存储技术、数据管理";区块链的"密码学、智能合约(Smart Contracts)、Distributed Ledger Technology(DLT)、区块链、大数据分析和Large-scale Data Analysis"。

表 10-2　长三角地区物联网相关人才的数量分布情况

城　市	职场人士	近1年增长	职位发布	主要就业单位
上海市	72 449	+10.0%	23 961	华为、微软、英特尔
杭州市	13 445	+10.0%	7 491	阿里巴巴、华为
南京市	7 555	+12.9%	2 594	华为、中兴、东南大学
苏州市	5 945	+12.8%	1 745	微软、西交利物浦大学
合肥市	2 308	+13.8%	797	科大讯飞、中科大、思科
无锡市	1 572	+15.4%	579	西捷、微软、GE
宁波市	1 273	+22.2%	423	吉利、宁波诺丁汉大学、IBM
常州市	592	+16.8%	237	森萨塔、梅特勒-托利多、瑞声
温州市	428	+19.6%	47	温州基恩大学、互助网、微软
南通市	321	+15.9%	48	链睿信息、南通大学
嘉兴市	316	+20.2%	156	敏实、泰格、礼海电气
徐州市	258	+21.1%	58	中国矿业大学
金华市	230	+16.8%	30	申通快递、恒鑫地产
芜湖市	221	+12.8%	2	大陆集团、奇瑞汽车
扬州市	186	+19.2%	3	扬州大学、海沃机械、航盛科技
绍兴市	175	+10.8%	39	卧龙电气驱动、阿里巴巴
台州市	159	+13.6%	1	沃尔沃、建设银行
湖州市	125	+15.7%	2	巨人通力电梯、阿里云
盐城市	116	+17.2%	2	摩比斯、金鸿顺、中润普达
连云港市	105	+15.4%	9	中南大学、广联达、中复连众

资料来源：领英大数据平台。

表10－3　长三角地区内部数字经济人才的城际流动情况

	上海	南京	无锡	徐州	常州	苏州	淮安	扬州	镇江	泰州	杭州	宁波	嘉兴	湖州	合肥	芜湖	流出总量
上海		13	7			26					56	6			4	1	113
南京	47		6	1		9	1	2	2		13						81
无锡	18	2				2											22
徐州		1				1											2
常州			1								1						1
苏州	27	2	1		2	3					3		1				36
南通		1				3											4
淮安																	1
扬州		1								1							1
杭州	68	4				8		1				2	2	1	1		87
宁波	8		1			2					7				1		19

220

续表

	上海	南京	无锡	徐州	常州	苏州	淮安	扬州	镇江	泰州	杭州	宁波	嘉兴	湖州	合肥	芜湖	流出总量
温州											5						5
金华											2						2
合肥	14		1			1					3						19
芜湖	4					1											5
阜阳															1		1
流入总量	186	24	16	1	2	53	1	3	2	1	90	8	3	1	7	1	

资料来源：领英大数据平台。

同时,从长三角物联网相关人才的地区间流动来看,由于人才的集聚度非常高,总体流动规模较小。表10-3展示了长三角地区内部物联网相关人才的流动情况。长三角地区城市间人才流动主要集中在上海、南京、杭州、苏州等4个城市,人才流动的空间格局也呈现高度集聚特征。从人才流动总量看,上海的人才流动量最大,达到299人;第二是杭州,达到177人;第三是南京,达到105人;第四是苏州,为89人。从人才流入—流失的方向看,上海、杭州、苏州的人才流入量大于人才流失量,其中上海的净流入量最大,为73人,而南京、无锡等城市的人才流失量较大,南京的净流失量最大,达到57人。从人才回流角度看,上海、杭州、南京、苏州、合肥等城市之间都存在人才互相流动的现象,城市的产业相似度高、彼此合作越密切必然带动人才的流动。从人才环流角度看,长三角地区已出现"上海—杭州—南京""上海—杭州—宁波""上海—南京—苏州—无锡""上海—杭州—苏州""南京—无锡—苏州—杭州""上海—合肥—杭州"等人才环流现象,或者说人才流动的网络空间复杂性已开始显现。

二、长三角物联网重点专业园区、项目及企业

(一) 重点专业园区

上海电子物联产业园。创建于2010年,是国内最早以物联网产业为定位的专业产业园区,也是上海市科技孵化器。闵行园区定位为物联网研发总部,金山分园区定位为无人系统产业化基地。园区分设无人机、机器人、无人车、无人船、雷达、大数据、3D打印、智能传感及无人科技应用与培训等9个板块专业分园。园区已经入驻以机器人、无人机、3D打印、CNC工控、RFID、光纤传感、大数据等智能硬件智能软件企业300家,集聚物联网感知层、信息处理层和应用层上的企业,形成

了一定规模的物联网产业化集群。集聚无人机、机器人、无人车、无人船等无人系统的产业化基地。

上海智能传感器产业园。成立于2019年,着眼于弥补智能传感器"中国芯"短板问题,重点聚焦智能硬件、智能驾驶、智能机器人、智慧医疗、智慧教育等应用领域。园区空间规划上呈"一核两区"布局。"一核",即嘉定北部智能传感器及智能硬件核心综合产业集聚区,规划范围在2平方千米左右,以智能传感器产业为基础,物联网应用为导向,分设科研功能区、研发中试区、企业聚集区、产业发展区和应用示范区。"两区",即徐行—菊园智能制造特色集聚区和安亭汽车电子特色产业集聚区,前者以工业控制为基础,智能制造与创新为导向,重点发展传感器和智能硬件产业,打造功能完善、适用于产业技术中试放大的综合园区;后者以汽车电子为基础,智慧驾驶与交通为导向,重点攻坚汽车智能化、网联化技术高地,全面覆盖汽车行业的研发设计、生产制造、运营维护和经营管理等关键业务环节。预计到2025年,嘉定以智能传感器芯片为核心的智能硬件相关产业产值将突破1000亿元,并将打造成上海、长三角乃至全国的传感器及智能硬件产业高地。

无锡(太湖)国际科技园。成立于2006年,是经国务院批准设立的无锡国家高新技术产业开发区的重要组成部分,是无锡市建设创新型城市的关键载体和标志工程。园区主导产业包括物联网、云计算、软件和服务外包、移动互联及电子商务。在物联网领域,主要包括传感网创新园(重点聚焦物联网研发机构)、传感网产业园(重点建立微纳传感器产业链)、传感网信息服务园(重点建设物联网示范应用推广平台)、传感网大学科技园(重点集聚高校重点实验室)、传感网应用展示中心(重点展示物联网科研成果)。

杭州高新区(滨江)物联网产业园。成立于2010年,园区规划布局为"一心、两翼、两轴",定位于物联网产业及相关联的云计算、大数据及先进传感设备、核心元器件制造等基础性支撑产业,形成从关键芯片设计、研发到无线射频识别、传感器、存储和终端设备制造。园区内物联网企业主营业务收入占全市物联网收入的近九成,占全国物联网产业规模的1/10,曾被国家工信部批准为"国家新型工业化物联网产业示范基地",物联网领域上市公司12家,聚集着100多家从事云计算、大数据、智慧应用技术研发等智慧型产业企业。

长三角G60科创走廊产业合作示范园(物联网)。前身为合肥物联网科技产业园,是安徽省唯一的物联网新兴产业集聚园区,也是中国网谷旗下三大产业园区之一。园区是长三角G60科创走廊首个挂牌成立的产业合作示范园区,不仅对合肥东部新中心的发展具有举足轻重的引领作用,更对推动长三角G60科创走廊九城市在更广领域开展交流对接,促进分工合作、优势互补、协同创新、资源共享,实现区域经济协调发展具有十分重要的意义。

(二) 重点项目

智能传感器及物联网产业集聚基地。上海嘉定工业区签约落地总投资近160亿元的31个重大项目。上海正在嘉定打造"智能传感器及物联网"1 000亿元级产业,依托上海智能传感器产业园和国家智能传感器创新中心,强化产业链招商,进一步补链、扩链、强链。总投资额13亿元的上海硅嘉微半导体有限公司将引入半导体材料、器件和产业投资机构的企业办公总部和国家级半导体材料研发总部落户嘉定工业区后,将着力培育孵化集成电路高科技科创型企业集群。总投资额5 000万元的上海超摩光电科技有限公司将联合中国航空工业集团,承担无人机光电吊舱部件、智能头盔等若干项目,同时和上海微技术工业研究院(工研院)及其所属8英寸MEMS中试线平台、国家智能传感器创新中心充分合作,致力于第三代辅助驾驶传感器和相关光电技术的产品化。

华为天安物联网项目。华为技术有限公司携手天安中国投资有限公司,在秦淮区打造重量级物联网产业项目。该项目将在30万平方米的载体内打造"智慧城市物联网产业生态基地"和"智慧城市物联网产业研究院",培育属于南京的物联网"独角兽"。华为、天安和秦淮区三方共同建设"智慧城市物联网产业研究院",而共同打造的"智慧城市物联网产业生态基地",华为将积极引进智慧城市和物联网产业链上下游企业入驻,并对入驻企业给予产业合作、产品开发及技术服务等方面的支持;天安为优质入驻企业减免一年房租,并组建专业化服务团队,提供技术支持、咨询、培训、推广等一站式信息化服务;秦淮区政府则为入驻企业提供租金优惠、装修补贴、人才激励、产业引导、产业资源对接、产业联盟引导以及产业基金等一揽子配套政策支持。

长三角"感存算一体化"联盟。近期,上海嘉定、江苏无锡、浙江杭州、安徽合肥发起成立了长三角"感存算一体化"联盟,将在物联网领域建设方面先试先行,并已拥有良好的科研和产业化基础。"感存算一体化"超级中试中心由中电海康牵头,整合上海嘉定、江苏无锡、浙江杭州、安徽合肥的优质资源进行建设。这四个城市在物联网领域均有良好的科研和产业化基础,汇集了上海嘉定"国家智能传感器创新中心"、江苏无锡"国家集成电路特色工艺及封装测试创新中心"、浙江杭州"新型存储研发开发平台"及筹建中的国家重点实验室、安徽合肥"高性能计算"等创新与成果应用平台。"感存算一体化"超级中试中心以"中试设备互补共享、技术产品互补集成、产业布局错位衔接、市场应用统一完整"为原则,推进平台实现设备升级、技术延伸,更好满足创新者使用需求;支持长三角地区骨干企业获得更多资源,得到更好发展;促进长三角地区产业集聚,实现产业布局错位衔接,打造各具特色的物联网产业集群;实现长三角各创新区域在提供优质产品的同时,提供高水平技术供给,促进开放共享的生态建设,支持国家高质量发展。

(三) 重点企业

根据物联网的四大层次,产业链又大致可分为八大环节:芯片提供商、传感器供应商、无线模组(含天线)厂商、网络运营商(含SIM卡商)、平台服务商、系统及软件开发商、智能硬件厂商、系统集成及应用服务提供商。芯片领域依然为高通、TI、ARM等国际巨头所主导,国内芯片企业数量虽多,但关键技术大多引进自国外,这就直接导致了众多芯片企业的赢利能力不足,难以占领市场份额;传感器领域目前主要由美国、日本、德国的几家龙头公司主导。我国传感器市场中约70%的份额被外资企业所占据,我国本土企业市场份额较小;在无线模组方面,国外企业仍占据主导地位。国内厂商也比较成熟,能够提供完整的产品及解决方案;物联网很大程度上可以复用现有的电信运营商,同时国内基础电信运营商具有垄断特征,是目前国内物联网发展的最重要推动者(中国移动、中国电信、中国联通);就平台层企业而言,国外厂商有Jasper、Wylessy等。国内的物联网平台企业主要存在三类厂商:

1. 三大电信运营商,其主要从搭建连接的平台方面入手。

2. BAT、京东等互联网巨头,其利用各自的传统优势,主要搭建设备管理和应用开发平台。

3. 在各自细分领域的平台厂商,如宜通世纪、和而泰、上海庆科;发布物联网操作系统的主要是一些IT巨头,如谷歌、微软、苹果、阿里等。由于物联网目前仍处起步阶段,应用软件开发主要集中在车联网、智能家居、终端安全等通用性较强的领域;鉴于物联网极为丰富的应用场景,终端类型多,包括 ToB 类(表计类、车机、工业设备及公共服务监测设备等)和 ToC 类(可穿戴设备、智能家居等)。表 10-4 显示了根据物联网产业链梳理的长三角地区重点企业。

表 10-4 长三角地区物联网重点企业

	名称	主要产品	城市
感知层	物联网芯片供应商		
	展讯通信(紫光集团)	无线通信芯片设计	上海
	上海贝岭	光电收发芯片、计量控制	上海
	通富微电	芯片封测	南通
	长电科技	芯片封测	无锡
	利尔达	嵌入式微控制器设计	杭州
	传感器供应商		
	盾安环境	MEMS 压力传感器	杭州
	士兰微	加速度传感器、磁传感器	杭州
	苏州固锝	MEMS 惯性传感器、MEMS 封装	苏州
	昆仑海岸	温湿度、压力、液位传感器	无锡
	无线模组厂商		
	环旭电子	Wi-Fi 通信模组	上海
	移远通信	蜂窝通信模组、GNSS 模组	上海
	晨讯科技(芯通)	蜂窝通信模组、GNSS 模组	上海
	上海庆科(阿里系)	Wi-Fi、蓝牙通信模组	上海
	杭州古北(京东系)	Wi-Fi、蓝牙通信模组	杭州
	利达尔	Wi-Fi、蓝牙通信模组	杭州

227

续表

		名　称	主　要　产　品	城市
网络层	网络运营商	恒宝股份	COS芯片系统及SIM卡	镇江
平台层	平台服务商	阿里巴巴	设备管理平台、应用开发服务平台	杭州
		上海庆科(阿里系)	设备管理平台、应用开发服务平台	上海
应用层	智能硬件厂商	先锋电子	智能燃气表	上海
		金卡股份	智能燃气表	杭州
		宁波水表	智能水表	宁波
	车载终端类	安吉星	通用汽车前装产品	上海
	系统集成及应用服务提供商	和晶科技	智慧医疗、智慧校园系统集成	无锡

资料来源：根据硅谷投资公司 FirstMark 发布的物联网产业分布图整理。

三、长三角物联网发展趋势

物联网作为新一代信息技术与制造业深度融合的产物，通过对人、机、物的全面互联，构建起全要素、全产业链、全价值链全面连接的新型生产制造和服务体系，是数字化转型的实现途径，是实现新旧动能转换的关键力量。物联网现在已经形成了覆盖芯片和元器件、设备、软件、系统集成、网络运营、物联网服务在内的较为完整的产业链，以及长三角、珠三角、环渤海和中西部等四大物联网行业聚集发展区，并逐渐向周边地区辐射。其中，长三角地区产业规模位列四大区域的首位。因此，长三角地区物联网发展已积累了较好基础和优势，未来发展趋势应该要领先全国，基本与全球保持同步。

从全球来看，AioT（物联网＋人工智能）、BIoT（物联网＋区块链）等领域技术融合将继续赋能物联网发展。随着5G的逐渐落地，边缘计算、大数据、区块链等技术的逐渐成熟，物联网发展进入黄金期。物联网＋AI融合推动城市数字化转型升级，智慧城市、公共事业、智慧安防、智慧能源、智慧消费、智慧停车等规模化应用加快。物联网＋区块链将在智能制造、农产品溯源、环保检测、工业物联网、供应链方面获得应用。同时，消费物联网市场渗透稳步提升，产业物联网规模化落地应用增加。目前，需求侧以消费级应用市场为主，近年来在影音娱乐、家庭监控、智能音箱等家居硬件出货增长的带动下，智能家居市场总出货量保持增长。此外，车联网和产业物联网市场值得更多关注，同时政策级应用市场也飞速增长，如近年来智能水表产量和渗透率暴增。

物联网行业属于国家重点扶持和发展的高新技术产业，国家在产业政策方面给予了积极的支持和鼓励。物联网扶持政策频出，为物联网行业的发展注入了催化剂，各级地方政府也将制定相应的实施策略，推动当地物联网行业的发展。因此，各地的相关产业政策对于今后长三角物联网发展趋势具有导向作用。

——上海

1. 以智慧城市建设为主。2020年上海市政府发布《关于进一步加快智慧城市建设的若干意见》，提出"聚焦政务服务'一网通办'、城市运行'一网统管'、全面赋能数字经济三大建设重点，夯实'城市大脑'、信息设施、网络安全三大基础保障，加快推进新一轮智慧城市建设，不断增强城市吸引力、创造力、竞争力"。

2. 将物联网作为重点战略性新兴产业来发展。2021年上海市政府发布《上海市战略性新兴产业和先导产业发展"十四五"规划》,提出"在工业控制、居家养老、精准农业、产品溯源、能源管理、智能园区、智能交通、公共安全等领域启动千万级规模的物联网应用示范工程,推进物联网技术与交通融合,推进存量设施信息化提升改造。在无线射频识别(RFID)、传感器、物联网通信芯片、系统软件、信息安全等核心技术领域实现整体突破,培育一批具有国际竞争力的物联网骨干企业"。

——江苏

2021年江苏省通信管理局发布《江苏省"十四五"信息通信业发展规划》,提出"围绕产业数字化、治理智能化、生活智慧化三大方向推动移动物联网创新发展。不断推进移动物联网在工业制造、仓储物流、智慧农业、智慧医疗等领域应用,探索深化公共设施管理、环保监测等领域的物联网应用发展,积极推广智能家居、可穿戴设备、儿童及老人照看等产品的物联网应用。立足物联网基础优势,积极拓展应用场景和新产品、新业态、新模式,积极培育大型物联网企业,支持无锡打造物联网创新促进中心,形成全国物联网'产业高地'"。2021年,江苏省人民政府发布《江苏省"十四五"新型基础设施建设规划》,提出"先行发展泛在物联网。推进LPWAN(Low-Power Wide-Area Network,低功率广域网络)和4G、5G网络建设协同发展,打造支持固移融合、宽窄结合的物联接入能力,在交通运输、农业、生态环境、水利等领域加快物联网终端部署。加强物联网标准建设和推广,建立全省统一的物联网感知设施标识和编码标准规范。推进物联网共性平台、行业平台和安全态势感知平台建设,提升移动物联网应用广度和深度。集中攻关智能感知、网络通信芯片、物联网操作系统等关键核心技术和基础共性技术,推进物联网产业基础高级化"。

——浙江

2021年浙江省经济和信息化厅发布《浙江省数字基础设施发展"十四五"规划》,提出"布局全域感知的物联基础设施,包括部署泛在互联的物联感知设施、部署便民服务的城市服务设施、部署集约共享的市政应用设施"。2021年浙江省发展和改革委员会发布《浙江省信息通信业发展"十四五"规划》,提出"推动移动物联网全面发展。推动2G/3G物联网业务向NB-IoT/4G(含LTE-Cat1)/5G网络迁移。按需新增建设NB-IoT基站,构建低中高速协同发展的移动物联网综合生态体系,打造支持固移融合、宽窄结合的物联接入能力。完善物联网连接管理、垂直行业应用等平台体系,实现物联感知设备统一接入、集中管理和数据共享利用,满足复杂应用场景需求。强化物联网、车联网基础安全管理,健全物联网卡全生命周期安全监管机制"。

——安徽

2022年,安徽省人民政府发布《安徽省"十四五"科技创新规划》,提出"优先发展物联网感知、智能终端、边缘计算专用芯片等物联网核心关键技术;开展智能网联汽车、智慧城市、智能交通、智慧医疗等场景应用技术研究,支持物联网技术在工业互联网等领域应用研究。"2020年《安徽省新一代人工智能产业发展规划(2018—2030年)》提出"开发智能传感器和传感网应用关键产品。依托家电、汽车和装备等优势产业,加强消费电子、汽车电子、工业控制、农业生产等领域智能传感器的生产布局。研制低功耗数模混合的神经网络芯片,为人工智能低功耗应用提供计算平台支撑。加快智能终端核心技术和产品研发,发展新一代智能手机、车载智能终端等产品和设备"。2020年安徽省通信管理局发布《安徽省信息通信业"十四五"发展规划》,提出"推动物联网示范应用以重点行业和重点领域的先导应用为引领,推广普及物联网技术和产品应用,开展应用模式的创新,打造标准、开放、自主可控的物联网应用平台,加快形成市场化运作机制,促进安徽省物联网应用、技术、产业的协调发展"。

四、长三角物联网发展存在的主要问题

目前,长三角物联网已打下扎实的发展基础,但仍存在以下瓶颈问题:

(一)关键核心技术能力不足

物联网与其他信息通信领域一样,也存在"缺芯少魂"(芯:芯片,魂:操作系统)、关键核心技术能力不足问题。目前实施的物联网应用示范项目,80%以上的芯片依靠进口且成本昂贵,在"感知太湖"项目中使用的传感芯片,单价高达40万元。大量芯片的进口说明我国缺乏物联网核心技术,同时,进口芯片还存在着可靠性、安全性和隐私权等方面的担忧。

(二)区域协同创新能力较弱

在长三角内部缺乏协同的技术创新,对人才与技术力量的竞争却达到白热化程度。在上海、无锡、嘉兴这个相距130千米左右的狭小三角地带上演了一场物联网争夺战,争夺的对象是中科院上海微系统研究所。同一个团队在嘉兴无线传感网工程中心、无锡物联网研究院和上海物联网中心担纲主角,这从另一个侧面也反映了物联网核心技术力量缺乏导致区域内部恶性竞争,缺乏核心企业的产业联盟,合作动力不足。目前的物联网产业联盟如同"马赛克",对于碎片状的物联网产业,联盟企业之间缺乏相互依存、共赢发展的合作关系,因此这些产业联盟对产业发展的促进作用非常有限。

(三)物联网产业生态链尚未形成

物联网产业链复杂而分散,呈碎片状,不存在单一责任主体,主要是薄利小众市场,专业性强、专业门槛高、集中度低、规模性差。目前还缺乏把分散的物联网企业凝聚到一条具有相互依存关系的生态链中的核心主体,尽管各地纷纷建立了物联网产业联盟,但现存的产业联盟均缺乏核心的主导企业。产业联盟不管是政府主导还是自发形式,不管是紧密型还是松散型,核心主导企业必不可少,这些核心企业提供着技术创新后台。通过联盟组织中处于行业价值链不同环节的企业利用自己的专业优势,获取技术创新在整体上的突破。

(四)地区发展不均衡

由地方政府率先推广物联网的应用已经成为业界共识,包括上海、苏州、无锡、嘉兴在内的多地政府均表示要拿出数目不小的资金支持物联网产业的发展,以抢占自己在这一产业中的先机。虽然希望发展物联网的城市越来越多,但掌握物联网技术的机构在中国集中于中科院、中国移动等少数几家身上,这让眼下的物联网发展热很容易演变成一场新的圈钱圈地运动。尽管形成了各自的产业园,但规模小、效率低。其次,行业集中度低,产业发展布局不平衡。此外,结构失调,布局缺乏整体规划。

(五) 投融资机制不畅和结构失衡

当前该领域的相关投融资机制仍不完善,民营企业和社会资本进入物联网领域存在很大顾虑。例如,社会资本参与基础设施建设缺乏规范化、制度化的安排;政府与社会资本合作(PPP)项目存在赢利能力低、市场化退出机制不畅等问题,造成其对社会资本吸引力不足;基础设施领域不动产投资信托基金(REITs)试点刚刚起步,存在参与投资门槛高等问题。

五、长三角物联网高质量发展的推进路径

为破解上述瓶颈问题,实现长三角物联网高质量发展,提出以下推进路径:

(一) 形成完整的产业链,优化产业链上的薄弱环节

物联网产业链最关键的部分,就是区域企业中传感器、芯片制造以及人工智能的建设发展程度,某种程度上而言这也直接决定了物联网的应用范围,对这些环节的强化发展有利于带动整体产业发展。物联网系统的布局和产业激励政策有着密切的关系,物联网的市场需求和供给之间的平衡是该产业发展的间歇刺激点,应加大对上游物联网产业基础技术研发的支持力度,促进传感器、芯片制造商环节的发展,保持科研投入量的增长,并加快科研成果转化、产业化合作的深度。

(二) 设立物联网示范项目,推广物联网应用

应着眼于关注和扶持有资源优势突出、行业产业领先、社会效益大和良好示范效果的物联网集成项目,通过精细化调研市场需求和产品匹配情况,在一些相对成熟的商业化领域加快应用推广的进度和深度,

并同时注意总结改进。企业应树立工业物联网思维模式,从自身需求出发加强物联网技术的集成应用,支持有条件的企业开展物联网技术集成应用,注重模式创新过程中的路径探索,鼓励企业加快利用物联网技术的运用,通过重点行业的成功范例来提升社会认知度,加快培育一批物联网重点企业和研发机构,将物联网应用向纵深领域发展。

(三)创新商业模式,探索物联网产业发展的多方共赢

探索、完善更多元化的物联网产业发展的多方共赢商业模式,提供更新、更具特色的产品和服务,是推进物联网产业永续发展的持久动力。物联网是不断更新和发展的产业,并且有许多企业都正在向物联网领域进军,挖掘新的利润源。经营机制改革是物联网成长的有力工具。

(四)优化融资政策,构建多元化的融资体系

要进一步放开基建投资领域的市场准入,尤其是为民营企业参与物联网投资拓展渠道、消除限制。在直接融资方面,主板、中小板、创业板、科创板等都应该加强对物联网领域企业上市融资的扶持。要发展与物联网需求相匹配的融资方式,创新发展PPP模式,吸引国内外社会资本,形成政府与社会资本的伙伴关系来共同建设。

(五)支持关键核心技术攻关,推进"政、产、学、研、用"相结合的协同创新体系建设

要加大基础研究投入,加强物联网关键核心技术攻关,解决"新基建"所涉及的"卡脖子"问题,彻底摆脱物联网建立在别人"沙滩"上的尴尬状态。大力推进以企业为主体、"政、产、学、研、用"相结合的开放式

协同创新,提高创新生态系统开放性、协同性。加强物联网企业国家重点实验室建设,支持企业与高校、科研院所等共建研发机构和联合实验室,加强面向物联网和行业共性问题的应用基础研究,联合开展关键共性技术攻关。

参考文献

[1] 汪明峰、郗厚雪:《城市新兴技术产业的演化路径比较分析——以长三角物联网产业为例》,《地理研究》2015年第9期。

[2] 邓少灵:《区域协同推进物联网产业发展——以长三角为例》,《科技和产业》2011年第9期。

[3] 林娟、张欣炜、汪明峰:《上海大都市区物联网产业集聚与空间演化》,《人文地理》2017年第3期。

[4] 袁芳:《全球价值链视角下长三角物联网产业集群成长机制研究》,《生态经济》2012年第4期。

执笔:杨 凡(上海社会科学院信息研究所助理研究员)

第十一章 浦东新区泛电子行业高端化数字化发展研究

"十四五"时期是浦东新区电子信息产业发展的重要战略机遇期。其中既有新一代信息技术加速蝶变、我国构建新发展格局等重大宏观因素,还有浦东新区承担了国家赋予的社会主义现代化建设引领区新使命,承担了引领上海"四个功能"建设和"数字化转型"新使命等重大区域因素。特别是习近平总书记要求浦东新区"要优化创新创业生态环境,疏通基础研究、应用研究和产业化双向链接的快车道。要聚焦关键领域发展创新型产业,加快在集成电路、生物医药、人工智能等领域打造世界级产业集群"。正是处于重要的战略机遇期,如何推动浦东新区泛电子产业高质量发展,以新一代信息技术(数字技术)的产业化拓展电子信息产业发展新空间,以产业数字化加快实现电子信息制造业产业链和软件服务业产业链的高端化,争取实现集成电路、人工智能的重大突破,夯实电子信息产业在浦东"六大硬核产业"中的基盘和引领地位,是一项非常重要的现实课题。

伴随中国(上海)自贸试验区建设和张江综合性国家科学中心战略的深入实施,浦东新区在推进产业高端化、数字化发展方面已经形成积极的区域比较竞争优势,包括了高端创新资源集聚优势、科技创新体制机制改革优势、战略性新兴产业集群优势、产业创新生态链优势等,如何使这些比较优势更加有效的为泛电子产业高端化、数字化发展释放强大动能,这是本章要着重回答的问题。

一、电子信息产业高端化数字化的内涵特征

本章对于"泛电子"的产业边界,限于电子信息制造业及新一代信息技术产业(软件、大数据、云计算、区块链、人工智能、工业互联网、元宇宙),我们也可以用"电子信息产业"予以统括。

(一) 产业高端化

产业高端化,即要推动产业从低技术、用工型、低附加值、组装型的产业结构中低层级、产业链中低环节,向技术含量高、附加值高、行业影响大的产业链价值链高端环节攀升。从区域性产业领域看,高端化的关键路径,要通过增强产业自主创新能力、掌握关键核心技术、培育壮大产业骨干企业、率先进入新兴产业新赛道,形成更具引领力、集聚力和调控力的产业集群,推动产业结构转型升级,在区域产业链乃至全球产业链中逐渐占据重要地位和国际竞争力。

过去包括浦东新区在内的我国沿海电子信息制造业凭借要素成本优势和对外开放优势,快速融入全球价值链的生产分工体系中,并在全球价值链中低技术含量、劳动密集型的加工、制造和组装等增值环节实现了电子信息制造业的高速增长和贸易量的迅速扩大。客观而言,我国电子信息制造业体系已趋于完整,形成了较大规模,并具有一定国际竞争力的产业体系,但整体上依然"大而不强",主要业务集中于加工装配环节,而产品研发设计、售后服务、品牌影响等高附加值环节仍被发达国家所垄断。

随着要素成本的上升、全球贸易环境的复杂化,以及疫情对全球供应链的冲击,沿海地区规模生产和成本领先带来的制造优势正在逐渐

弱化,在产业的区域分工变动中表现为中低端业务开始陆续转移到人力和生产成本更低的我国内陆地区或其他发展中国家。面对发达国家"高端垄断"和我国内陆地区及后发国家"中低端分流"双向挤压的困局,浦东新区电子信息产业迫切需要完成高端化跨越。其高端化主要体现在两大方面:

1. 产业链的高端化

也就是在电子信息产业重点领域,逐步向拥有自主技术、行业影响力大、引领新技术、新产品、新业态创新的产业链环节攀升。其中又可以分为3种类型:

(1) 支柱行业或传统行业中的龙头企业或头部企业加快崛起。这类企业对行业具有很大的影响力、控制力,拥有强大的自主创新力、规模生产力、市场品牌力和供应链组织力。

(2) 关键核心技术产业快速成长。如集成电路、人工智能,发端于电子信息制造业、互联网产业,为新一代信息技术产业,又可称之为先导产业,对提升产业国际竞争力和产业创新发展具有重大影响。

(3) 未来产业孕育而生。根据科技革命的新趋势和预见进行战略性布局,培育面向未来、抢占先机的产业,如量子信息、智能网联汽车、未来网络、第六代移动通信、类脑智能等。

2. 价值链的高端化

主要表现在企业层面,通过提升自主创新能力、变革生产方式、提高生产效率、扩大品牌影响,形成更强的市场竞争力和产品定价权,取得更好的发展效率。当下围绕价值链的价值攀升,表现出5个特征:

(1) 加大研发创新投入,拥有更多自主技术。

(2) 引进高端智能化设备,实现高效率、高柔性、高精度生产。

(3) 顺应科技进步和智能化、网络化趋势,建立扁平、高效的企业新流程以及企业新文化。

(4) 研发生产具有更大附加值的高端产品,包括制造服务业,形成品牌影响力。

(5) 放眼全球,锚定高端国际市场。

(二) 产业数字化

产业数字化,即要推动最前沿的数字技术在各个产业率先开发应用,其中既有新一代信息技术的产业化,包括人工智能、大数据、云计算、区块链、5G、工业互联网等,不断孕育出新产品、新业态,形成更具前瞻性、强劲性的数字产业,也包括了把新一代信息技术创造的新技术、新产品、新业态等注入各行各业,推动产业数字化转型。

产业数字化正在引领新一轮的科技革命和产业变革。随着新一代信息技术的不断创新和广泛应用,数字技术正在进一步拓展数字产业的新空间、新边界,而且"智改数转"大趋势也在进一步推动制造业、服务业的转型升级。浦东新区要把握产业数字化发展新趋势,培育壮大数字产业,加快提升制造业、服务业的数字化服务能力。

对于电子信息制造业数字化转型,在5个方面释放出积极动能:

1. 机器替人,自动化实现降本增效

智能工业机器人在生产全流程中的应用,支持企业在产品瑕疵检测、机械故障诊断、预测性维护、无人仓库管理、资源智能调度、自动化装备调用等生产环节实现自动化。机器人流程自动化(RPA)将重复性劳动进行自动化处理,在业务流程上实现自动化智能升级。

2. 提供数据资源,改善经营决策质量

数字化的核心是度量和优化——借助于物联网、云计算、大数据、人工智能和5G等技术,在线连接人、设备和流程,企业可以采集关键节点数据,秒级感知末端变化,并且实时分析变化和进行预测、实时制定最优决策。

3. 提升运营效率,加强供应链敏捷性

世界经济论坛将"第四次工业革命"的基础命名为"灯塔工厂",其特点是从工厂运营系统的数字化转型开始,通过向供应链上下游的延伸,借助物联网(IoT)集成和人工智能等技术的支持,实现敏捷的供应链运营,提高企业对动态供应链的响应效率,提升企业对供应链风险的预判和应对能力。

4. 辅助设计,提升产品的创新速度和质量

VR、AR产品和AI技术在研发设计、产品评审等环节的落地应用。支持企业采用异地在线 VR/AR 产品,融合 5G、物联网、AI 分析等技术,实现多人协同设计、快速修改和批注以及产品交互评审,提高创新研发敏捷度,提升产品评审效率。

5. 深化制造服务化,提升信任协作水平

数字化让制造企业服务化的趋势更加明显。由于数据的支持,制造企业有可能对客户提供更加个性化、定制化的服务。而智能制造的引入使产品更加智能。区块链在制造业中的运用提升了企业运营交易数据的不可篡改和透明度,提升了相互的信任感,从而加强了不同方面的关联度和协作水平。电子信息制造企业与客户之间可以建立起更加长久的联系,从而使制造企业将终生服务用户作为新的利润增长点。

二、电子信息制造业的高端化数字化发展趋势

(一) 总体趋势展望

中国电子信息行业联合会在《2020年中国电子信息行业经济运行报告》中提出,目前,电子信息产业正进入技术创新密集期,应用领域呈

现多方向、宽前沿、集群式等发展趋势，人工智能、5G时代的万物互联等高端技术或将带来一片新蓝海，高端化、数字化以及智能化成为重要的发展趋势。我们对电子信息制造业高端化数字化的总体发展趋势作如下展望：

1. 信息化、数字化无处不在、无时不在

随着人工智能、大数据、云计算和物联网等信息技术被广泛应用，以数字化、网络化、智能化为特征的信息化浪潮方兴未艾，已全面融入社会生产和生活。人们已离不开信息技术、数字技术，对技术的进步和信息产品的升级有着不断深入的要求。而且信息技术、数字技术与社会各行各业不断融合，不仅改变了传统制造业的格局，而且改变着教育、健康、文化等方方面面，以致深刻改变着全球的经济与政治格局，改变着全球经济与贸易形势。信息技术的进步和应用是每个国家、每个企业都需要重视的事情，更是每个消费者都离不开的事情。

2. 突破性、颠覆性信息技术不断出现，并深刻改变产业格局

信息技术发展很快，不断出现突破性、颠覆性技术，对已有的传统和主流技术产生了强大冲击，从而引领了产品升级换代和产业跨越式发展。麦肯锡全球研究所发布的"2025年前可能改变生活、企业与全球经济的12项颠覆性技术"，其中就有移动互联网、知识型工作自动化、物联网、云技术、先进机器人和车联网等。2020年3月，北约科学技术组织新发布的《科学和技术趋势：2020—2040》报告认为，数据（Data）、人工智能（AI）、自主技术（Autonomy）、太空（Space）、高超声速（Hypersonic）、量子（Quantum）、生物技术（Biotechnology）以及材料（Materials）这八大技术领域对世界的影响将会是颠覆性的，并指出未来颠覆性技术发展总体趋势呈现"四化"，即智能化、互通化、去中心化和数字化。

表 11-1　未来颠覆性技术

颠覆性技术领域	技术关注领域	预期成熟时间点
大数据	高级数据分析	2025 年
	新通信技术（如 5G）	2030 年
	传感器	2030 年
人工智能	高级算法	2030 年
	人工智能应用	2030 年
	人机共生	2035 年
量子	量子通信	2030 年
	信息科学	2035 年
	量子传感器	2040 年

资料来源：上海市科学技术委员会网站。

3. 万事万物网络化深度联结，人机物出现跨界融合

目前 5G 网络已全面铺开，6G 研发加速布局，互联网、物联网仍是支撑未来全球信息传输基础设施的主导体系架构。千兆接入、P 比特级传输、E 比特级转发将带来更新体验，可支持工业互联网、海洋网络、天地一体化网络、数字孪生网和物联网等人网物三元互联的新型网络环境。早在 2008 年，IBM 提出了"智慧地球（Smart planet）"，宣扬全世界的互联互通和智能化。到今天，芯片不仅应用在计算机中，还与各种终端融合；传感器使万物互相联结；移动互联网联结起人类和信息，以及共享单车、自动驾驶、智慧城市等现象，人机物融合已经普遍发生。

4. 创新深入发展，创新环境的重要性日益凸显

信息技术的进步提升了创新资源的流动性，使得创新要素和创新

资源更易于被创新主体所获取,也使得产业组织和社会分工持续深化,以致协同创新、众包众创、参与式创新等新模式不断涌现。但是这种创新生态能否可持续发展,关键因素之一是能否构建良好的创新生态,为集聚整合创新资源、提高创新效率提供条件。因此政府部门必须发挥"政府之手"作用,加强引导、协调、整合和激励。正如习近平总书记强调:"要坚持科技创新和制度创新'双轮驱动',在实践载体、制度安排、政策保障、环境营造上下功夫,在创新主体、创新基础、创新资源、创新环境等方面持续用力,强化国家战略科技力量,提升国家创新体系整体效能。""要优化和强化技术创新体系顶层设计,激发各类主体创新激情和活力。要加快转变政府科技管理职能,发挥好组织优势。"

(二)重点环节与领域

电子信息制造业的高端化数字化发展,具体来讲,主要体现在以下几个方面:发展电子信息产业链的高端环节,这些环节往往具有较大的行业影响力;电子信息技术的高端化发展,这些技术以高科技、高智力密集性为特点;信息产品的高级化,即利用了高科技技术生产出的高附加值产品;生产方式数字化,即数字技术与制造技术相融合,促进制造业的智能化转型。

1. 电子信息产业链高端环节

电子信息制造业包括上游的电子原材料、半导体材料、磁性材料、生产设备等,中游的电容、电阻、传感器、集成电路等电子元器件及组件,下游的智能终端、消费电子等市场(智能手机、平板电脑、智能家居、通信设备等),见图11-1。

当前发达国家正加快在电子信息制造以及新一代信息技术产业上的战略部署,谋求占据全球电子信息产业价值链的高端位置。长期以

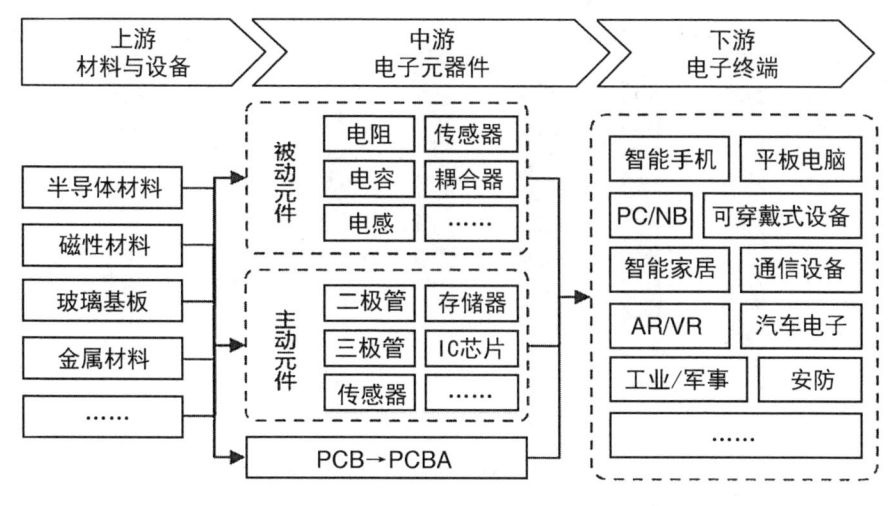

图 11-1 电子信息制造业产业链

资料来源：亿欧智库。

来，发达国家凭借其科技、人才、资金优势，占据了信息产业中系统集成和高科技产品的开发和销售，而把技术含量低的生产环节转向发展中国家。集成电路、新型元器件、软件等成为电子信息产业竞争的核心。美国、日本、欧盟以及韩国和中国台湾等国家和地区掌握了电子信息产业的核心技术和关键元器件的生产，尤其美国垄断了微处理器系统芯片技术，并且拥有完善的风险投资机制，不断开发出新技术和新产品，使得它始终处于世界信息产业的领先地位。日本在半导体存储器、电子生产设备等方面占有优势，不断推进信息技术应用，在智能家电、先进显示方面占有优势。欧盟国家也在加强研发，制定标准，保持处于产业链的高端地位。韩国、新加坡以及中国台湾地区则在掌握一定技术的基础上，通过代加工模式以及外包服务占据了产业链的中端地位。例如在 OLED 的生产上，尽管中国的产能逐渐提高，但还是由韩国等其他国家占据了市场份额的大部分（见图 11-2）。

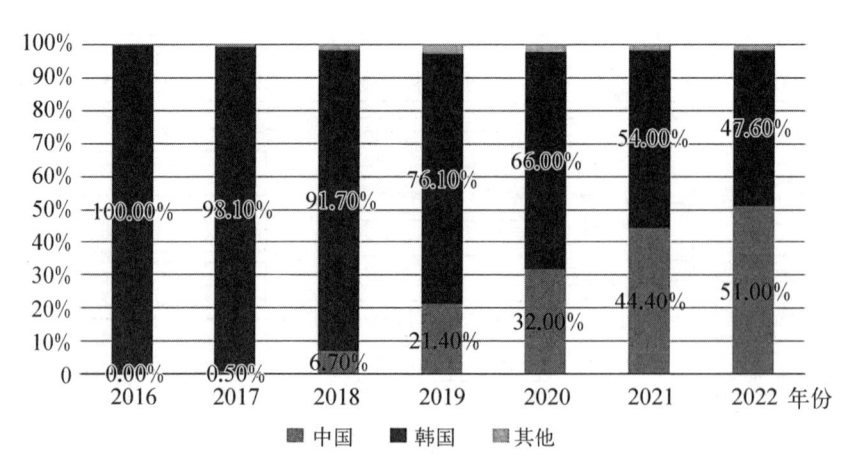

图 11-2 2016—2022 年全球各地区 OLED 产能占比情况及预测

资料来源：产业信息网。

近几年，我国电子信息制造业从功能件、结构件等低附加值环节持续向集成电路、显示器件等附加值较高环节升级。根据《2020 年中国电子信息制造业综合发展指数报告》，2019 年，中国以集成电路、显示器件为主的电子器件行业收入占全行业收入的比重提高到 15.3%。同时，我国在集成电路、新型显示等高端元器件领域的投资不断加大，推动产业链向高价值环节升级。电子器件制造、电子元件及电子专用材料制造、通信设备制造等 3 个细分领域维持行业投资规模前三甲。在某些信息技术应用领域，我国占据了较大的市场份额，例如工业机器人领域，2020 年有 71% 的工业机器人部署在了亚洲，其中中国的安装量增长了 20%，出货量为 168 400 台，这是有记录以来单个国家的最高数值。

当前，全球电子信息产业，尤其半导体等上游行业呈现价值链分工细化，但同时细分领域聚集度提升的态势。某些行业整合不断加剧，进一步提升了跨国企业在计算、光芯片、模拟芯片等高端环节的垄断地

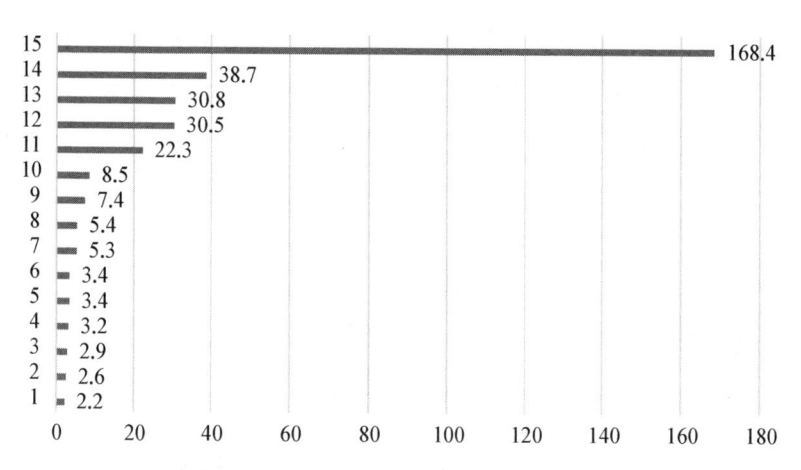

```
15  ━━━━━━━━━━━━━━━━━━━━━━━━ 168.4
14  ━━━━━ 38.7
13  ━━━━ 30.8
12  ━━━━ 30.5
11  ━━━ 22.3
10  ━ 8.5
 9  ━ 7.4
 8  ━ 5.4
 7  ━ 5.3
 6  ━ 3.4
 5  ━ 3.4
 4  ━ 3.2
 3  ━ 2.9
 2  ━ 2.6
 1  ━ 2.2
    0   20   40   60   80   100   120   140   160   180
```

图 11-3　2020 年前 15 个市场的工业机器人安装量(单位：千台)

资料来源：《世界机器人 2021 工业机器人报告》。

位。尽管中国在产业链上的位置升级速度有所加快，产业链整合能力持续攀升，很多元器件中小企业进入知名整机企业供应链，但中国仍然面对着巨大的产业链升级压力以及挑战。

2. 电子信息技术高端化

电子信息技术高端化体现在产业发展以先进的信息技术为基础，在核心技术或关键工艺环节上具有较高的自主创新能力，其高端化体现在以知识密集型和技术密集型为特征。

全球信息技术发展大致经历了 5 个阶段：19 世纪中期至 20 世纪初，以电报、电话为代表的第一代信息技术；20 世纪初期至 20 世纪 70 年代，以计算机为代表的第二代信息技术；20 世纪 70 年代至 21 世纪初期，以互联网为代表的第三代信息技术；2010 年前后 10 年，以大数据、云计算为代表的第四代信息技术，在该阶段，信息技术有了很大进步，包括分布式计算、网络计算、SQA，以及云计算、物联网、人工智能等相继出现，同时信息技术与产业融合逐步深化；2020 年往后，以物联网、数联网、智联网为代表的第五代信息技术,依靠超密集组网、全频谱接入和新型网络架构等关键技术,是面向未来的新一代信息技术,应用前景极其广阔(见图11-4)。

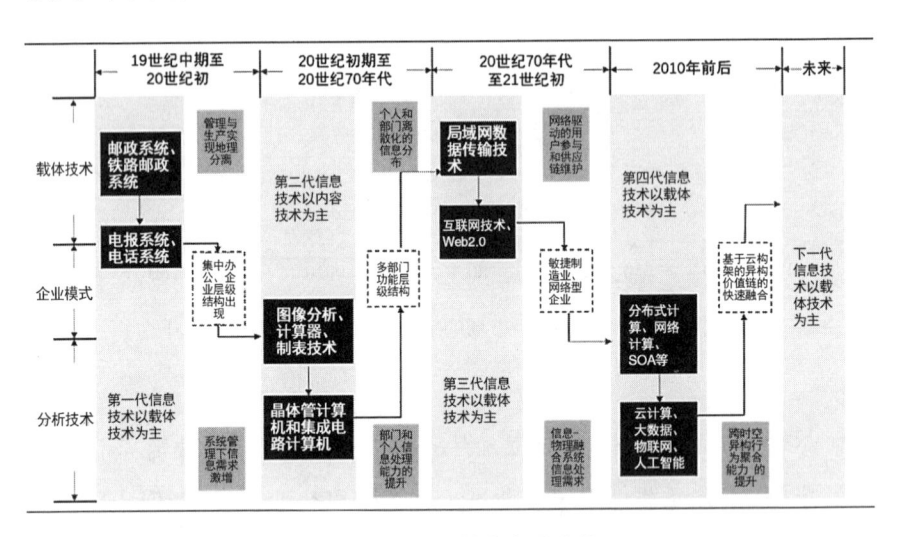

图 11-4 信息技术发展阶段

资料来源:华创证券。

进入2000年以后,全球信息技术创新日益加快,新一阶段的技术体系正在加速建立。以大数据、物联网、云计算、人工智能和区块链为代表的新一代信息技术蓬勃发展,智能感知、先进计算、类脑计算、机器视觉、智能制造、虚拟/增强现实乃至无人驾驶等新技术、新产品、新现象层出不穷。云、管、端同时演化,智能硬件引领新的数字化浪潮,云+人工智能驱动所有的行业变革,信息通信技术与其他领域的跨界融合,使得ICT+智能制造成为电子信息制造业发展的主要方向。往后5G商用更将带来数据的爆炸式增长。据预计,到2025年,非结构化数据量在总数据量中的占比将达95%,全球企业对AI的采用率将达86%。

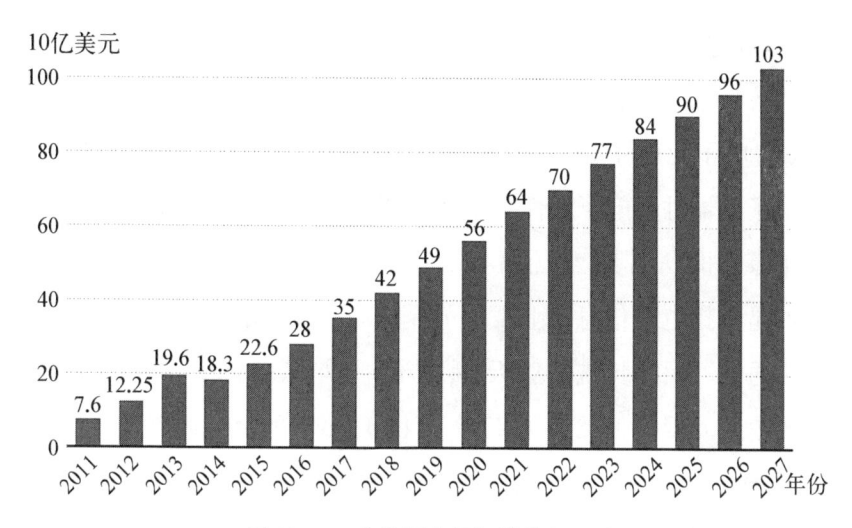

第十一章 浦东新区泛电子行业高端化数字化发展研究

图 11-5 大数据市场规模收入预测

资料来源：Wikibon，Statista。

注：全球软件和服务的大数据市场收入预计将从2018年的420美元增加到2027年的1030亿美元，年复合增长率CAGR为10.48%。

未来若干年是全球新一轮科技革命发展的关键时期，颠覆性的技术将不断涌现，"数字经济""人工智能""跨界融合"和"大工程""大平台"模式已成为电子信息产业发展的新趋势。当前世界主要发达国家积极抢占信息技术进步的先机。美国提出"数字制造"，日本提出"I-Japan战略"，德国提出"工业4.0"，都高度重视先进信息技术的应用，不断推进产业转型升级。我国则在技术应用以及产业引领方面已经具有一定基础。今后在5G全面铺开、大数据深入应用和AI的进一步发展背景下，需要继续推动技术创新，推动工业互联网应用，促进先进的信息技术和制造业融合发展，使产业体系从低端迈向中高端。

3. 电子信息产品高级化

随着信息技术的进步，高级化信息产品层出不穷。美国、西欧、日本、韩国等发达经济体在产品设计和制造方面拥有极大优势；以中国、印度、巴西、东欧为代表的新兴经济体也在不断提高技术水平和生产能力,在世界电子信息产业中的地位不断上升。

在各类电子产品中,占市场份额最大的是电子元器件。

(1) 电子元器件

电子元器件是电子元件和小型的机器、仪器的组成部分,其本身常由若干零件构成,是电容、晶体管、游丝、发条等电子器件的总称。电子元器件是支撑电子信息产业发展的基石,广泛应用于智能终端、汽车电子、5G通信、物联网、航空航天、能源交通、军事装备等领域。据统计,当前的电子元器件种类多达20大类,全球量产的电子元器件型号超过2 000万种。[①] 近年来电子元器件的市场需求日益扩大,未来几年也将呈持续扩大的趋势,如图11-6所示。

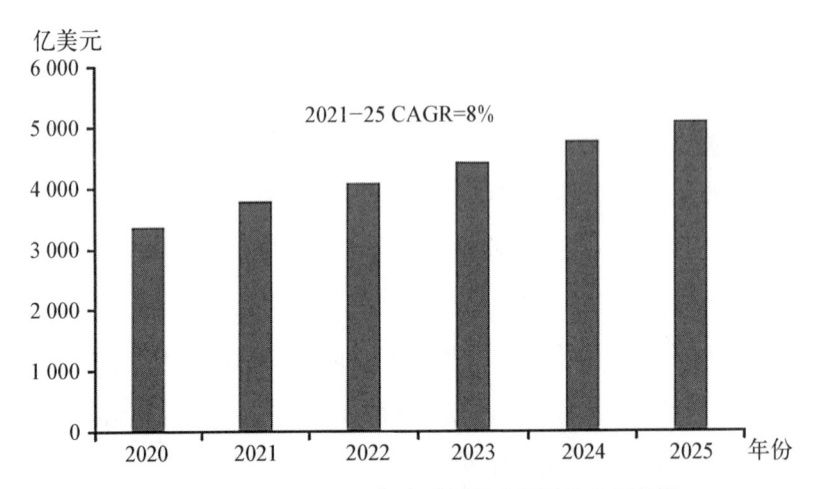

图 11-6 2020—2025 年全球通用电子元件市场规模

资料来源：https://www.sgpjbg.com/task/28842.html

近年来我国电子元器件产业发展强劲,许多门类的电子元器件产量已稳居全球第一位,成为显像管、铝电解电容器、半导体分立器件、印

---

① 齐旭、张依依:《一文读懂工信部〈基础电子元器件产业发展行动计划(2021—2023年)〉》,《中国电子报》2021年2月2日。

制电路板等电子元器件的世界生产基地。但我国电子元器件产业存在整体大而不强、龙头企业缺乏、创新能力不足等问题，无论是技术水平，还是体系化、系统化的发展程度，与国外还存在较大的差距。虽然我国几乎能生产所有类别的电子元件产品，但高端市场领域很少有国产的电子元件品牌，这制约了电子信息产业的发展。

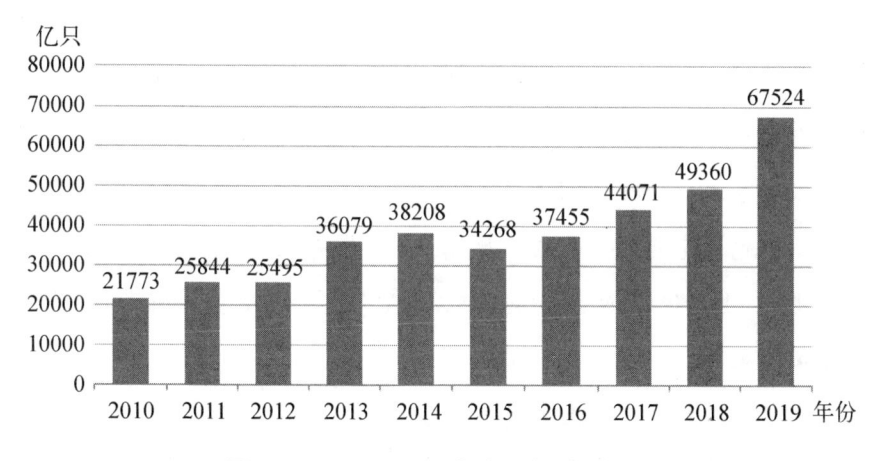

图 11-7　2010—2019 年中国电子元件产量

年份	产量（亿只）
2010	21773
2011	25844
2012	25495
2013	36079
2014	38208
2015	34268
2016	37455
2017	44071
2018	49360
2019	67524

资料来源：华经情报网。

政府不断出台政策支持电子元器件产业的发展。基础电子元器件是集成电路领域硬核科技的关键材料，也是国际上以美国为首进行科技限制的主要方向之一。工信部印发的《基础电子元器件产业发展行动计划（2021—2023 年）》提出要以做强电子元器件产业、夯实信息技术产业基础为目标，以关键核心技术为主攻方向，支持重点行业市场应用，建立健全产业链配套体系，推动基础电子元器件产业实现高质量发展。该行动计划预期我国电子元器件产业规模将不断扩大，到 2023 年，电子元器件销售总额达到 21 000 亿元，我国作为全球电子元器件生产大国的地位将进一步提升。

| 专栏 | 重点产品高端提升行动 |

电路类元器件。重点发展微型化、片式化阻容感元件，高频率、高精度频率元器件，耐高温、耐高压、低损耗、高可靠半导体分立器件及模块，小型化、高可靠、高灵敏度电子防护器件，高性能、多功能、高密度混合集成电路。

连接类元器件。重点发展高频高速、低损耗、小型化的光电连接器，超高速、超低损耗、低成本的光纤光缆，耐高压、耐高温、高抗拉强度电气装备线缆，高频高速、高层高密度印制电路板、集成电路封装基板、特种印制电路板。

机电类元器件。重点发展高压、大电流、小型化、低功耗控制继电器，小型化、高可靠开关按钮，小型化、集成化、高精密、高效节能微特电机。

传感类元器件。重点发展小型化、低功耗、集成化、高灵敏度的敏感元件，温度、气体、位移、速度、光电、生化等类别的高端传感器，新型 MEMS 传感器和智能传感器，微型化、智能化的电声器件。

功能材料类元件。重点发展高磁能积、高矫顽力永磁元件，高磁导率、低磁损耗软磁元件，高导热、电绝缘、低损耗、无铅环保的电子陶瓷元件。

光通信器件。重点发展高速光通信芯片、高速高精度光探测器、高速直调和外调制激光器、高速调制器芯片、高功率激光器、光传输用数字信号处理器芯片、高速驱动器和跨阻抗放大器芯片。

资料来源：《基础电子元器件产业发展行动计划（2021—2023年）》。

当前电子元器件正进入以新型电子元器件为主体的新一代元器件时代。新型元器件是指采用新原理、新技术、新工艺或新材料制造的具有新结构、新功能、新用途的新一代电子元器件,它将基本上取代传统元器件,以满足数字技术、微电子技术发展所提出的特性要求为主,具有良好的市场应用前景。根据《基础电子元器件产业发展行动计划(2021—2023年)》,我国将努力突破一批电子元器件关键技术,加快新型电子元器件的产业化应用。

(2) 半导体

半导体是电子信息产业的核心部件之一,可分为集成电路、光电器件、分立器件和传感器等四大类产品。其中,集成电路是半导体最重要、技术难度最大的产品。

近些年,全球半导体市场持续增长,尤其以物联网、新能源汽车、5G通信为代表的终端技术的迭代需求,推动了半导体产业的进一步崛起。如图11-8所示,2015年,全球半导体市场为3 427亿美元,据预计到2025年将达到6 556亿美元,年复合增长率为6.7%。

半导体有几个领域的增长将明显高于整体半导体市场,例如物联网半导体和传感器领域。如图11-9所示,预计到2025年,物联网半导体和传感器市场将达到1 142亿美元,年复合增长率超过15%。物联网半导体的一个关键要求是超低功耗(ULP),这可能需要使用特殊的晶圆工艺,台积电等大企业正在通过其ULP晶圆工艺满足市场需求。

我国半导体材料在国际分工中多处于中低端领域,高端产品市场主要被欧美日韩及中国台湾地区等少数大公司所垄断。例如,硅片全球市场前六大公司的市场份额达90%以上,光刻胶全球市场前五大公司的市场份额达80%以上,高纯试剂全球市场前六大公司的市场份额达80%以上,CMP材料全球市场前七大公司市场份额达90%。国内大

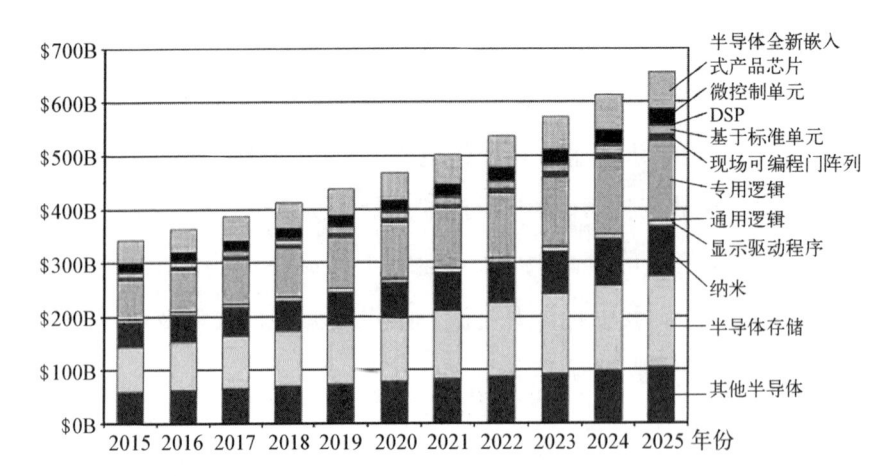

图 11-8　2015—2025 年全球半导体市场（单位：10 亿美元）

资料来源：Dr. Handel Jones, Semiconductor Industry from 2015 to 2025, International Business Strategies (IBS)。

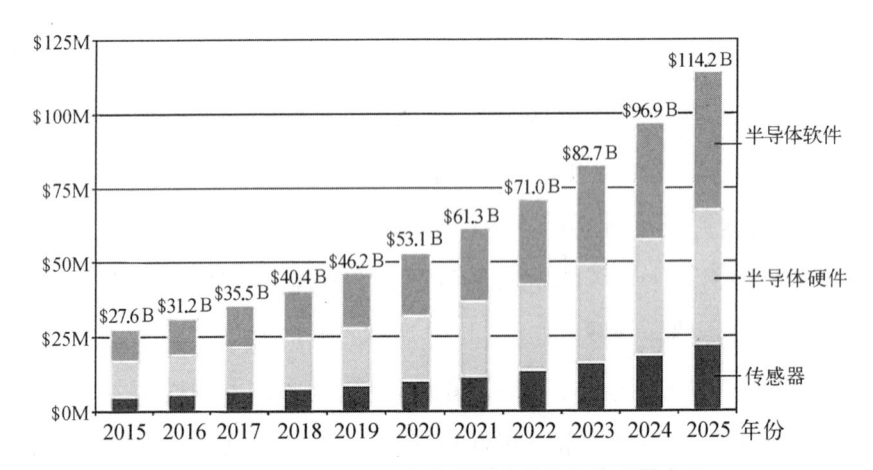

图 11-9　2015—2025 年物联网半导体和传感器市场

资料来源：Dr. Handel Jones, Semiconductor Industry from 2015 to 2025, International Business Strategies (IBS)。

部分半导体产品自给率较低，基本不足 30%，并且大部分是技术壁垒较低的封装材料，在晶圆制造材料方面国产化比例更低，主要依赖于进口。①

---

①　资料来源：东莞证券。

但是基于过去20年的持续投入,近年来国内半导体行业得以快速发展。2020年我国IC设计行业销售额达到3 778.4亿元,同比增长23.34%;集成电路核心产业是增长最快的产业,占整体IC产业的42.7%;我国半导体封测国产化水平最高,先进封装成发展主流;国产集成电路加速,模拟芯片和存储器成为两个突出领域;功率分立器件增长快速,MOSFET、IGBT成为主流。另据预计,2020—2025年,FD SOI晶圆产量将超过100万片,并且将扩展到14纳米和10/7纳米。

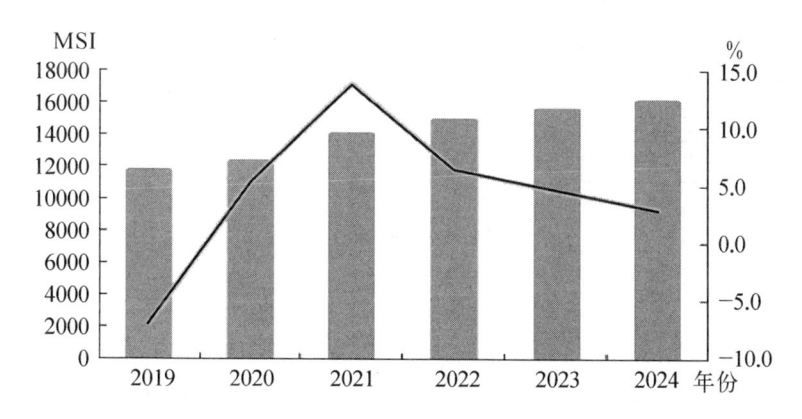

图11-10 2019—2024年全球硅晶圆出货面积及增长情况

资料来源:产业信息网。

在"十四五"背景下,我国继续加大对半导体产业的支持力度,半导体设备和材料被纳入国家基金二期重点支持对象,第三代半导体材料和前端设备迎来发展机遇。随着物联网、5G、人工智能等新兴技术的出现,以及中国正计划成为5G协议的全球领导者,因此可以预计,中国对先进半导体的需求将快速增长。值得关注的是,半导体终端应用的工业电子和汽车电子领域将成为未来几年半导体行业增长的重要驱动力。

(3) 面板产业

面板包括玻璃基板、液晶、滤波片、ICD、OLED、化学品等,其产业链情况如图11-11所示。

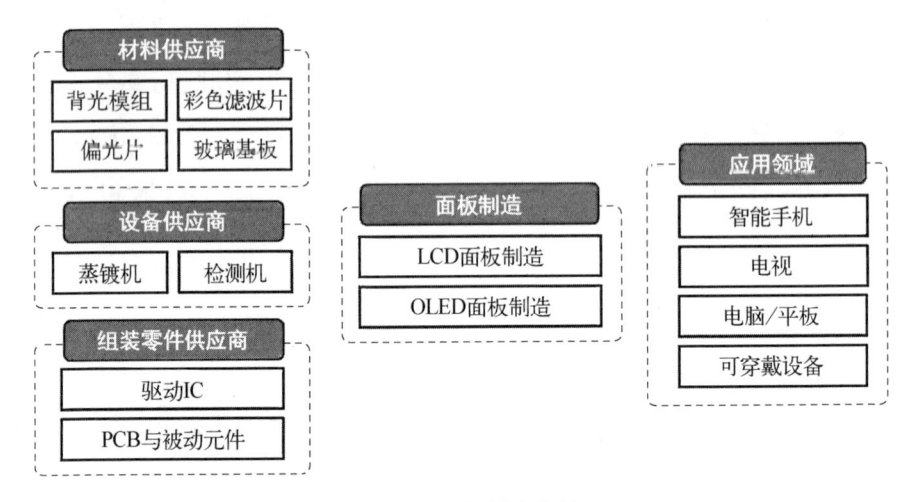

图11-11 面板产业链

资料来源:华经情报网。

面板行业经过30年的产业化发展,从日本、韩国以及中国台湾地区,目前逐步向中国大陆转移。我国面板产业在国家政策、资金以及技术的支持下发迅速展,成为全球第一大面板产业集中地,在全球液晶面板市场占比接近七成,面板产业即将迎来黄金发展期。2021年,面板价格一路上涨,CINNO Research统计数据显示,全球主要面板厂商营业收入同比增长超过50%,创历史新高,中国大陆面板厂商营业收入规模首次名列全球第一。图11-12是世界面板营业收入前10名厂商,我国的京东方(BOE)首次位列全球第一。

面板行业中,我国的LCD和OLED产能均保持高位增长,增速遥遥领先于全球面板产能增速。随着多条LCD G8.5/G8.6以及G10.5代线、OLED G6代产线产能加速释放,LCD面板行业基本已确立了

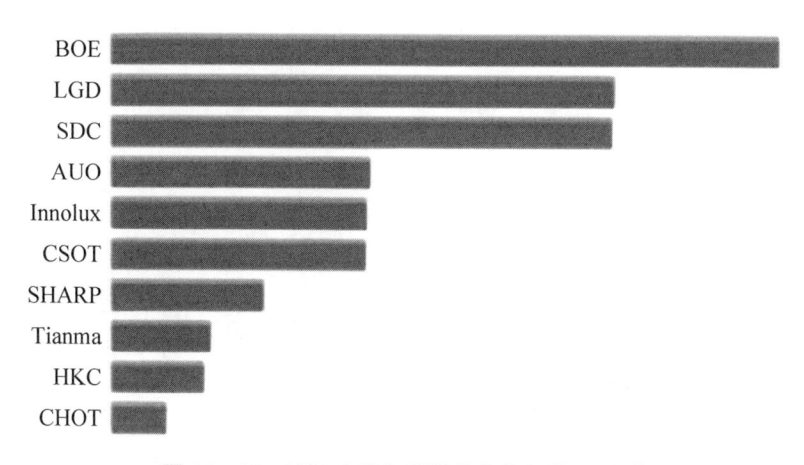

第十一章 浦东新区泛电子行业高端化数字化发展研究

图 11-12　2021 上半年面板营业收入前 10 厂商

资料来源：TopItInfo 资讯。

注：BOE 京东方；LGD 韩国乐金；SDC 韩国三星；AUO 友达光电；Innolux 群创光电；CSOT 华星光电；SHARP 夏普；Tianma 天马微电子；HKC 惠科；CHOT 咸阳彩虹。

"两强"格局——全球 TV 大尺寸面板京东方＋TCL 华星双寡头形成，两者的全球份额达到 40% 以上。同时韩国三星和 LGD 产能持续退出，为国内企业让出了市场，未来大陆 LCD 市场占有率将达到六成以上。预计至少在 10 年之内，LCD 还是面板产业的主角之一。图 11-13 是全球 LCD 产能情况，可以看出中国大陆增速连年提高，已接近 50%。

另一方面，在 Mini-LED、OLED 等新兴领域，国内企业加速追赶，也将带动整体产业链进入快速上升通道。从技术先进性来看，OLED 比 LCD 具有柔性、广视角、色彩柔和、响应速度快、节能等特点，未来 OLED 面板寿命将进一步提升、成本进一步下降、产能不断扩大，OLED 替代 LCD 成发展趋势。同时，Mini-LED 也是备受市场关注的技术，这两年企业在基础研究、产业布局两方面都在做准备。随着投入扩大和成本下降，Micro-LED 的应用范围也得到不断拓展。中国有望

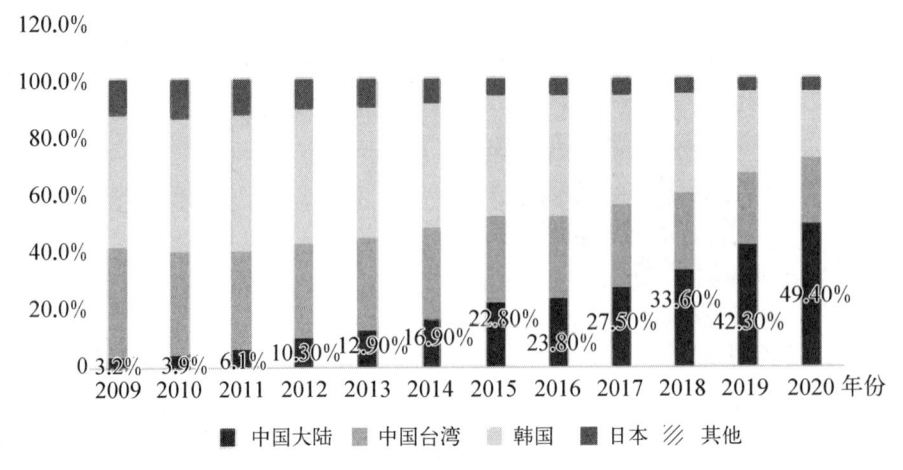

图 11-13　2009—2020 年全球 LCD 常能分布情况及变化趋势

资料来源：产业信息网。

利用在显示领域以及半导体领域的优势，在 Micro‑LED 产业上实现弯道超车。

4. 生产方式数字化

（1）智能制造

以数字技术为基础发展出来的智能制造，是在制造技术和数字化技术融合的背景下，通过新技术新设备的快速应用，促进制造业的数字化、智能化和柔性化转型。21 世纪以来，移动互联网、物联网、云计算、大数据、超级计算等新一代信息技术的飞速发展，推动了数字化生产方式的巨大变革。

美国、德国、日本等工业发达国家在数控机床、自动化设备、工业机器人等方面具有多年的技术积累，特别是高端装备方面优势明显。而国内企业的技术水平与国外差距很大。近年来，中国人口红利逐渐消失，土地成本不断提高，同时面临着能源价格上升、出口减少，以及产业向外转移和贸易保护主义等不利因素，整个制造业的成本在

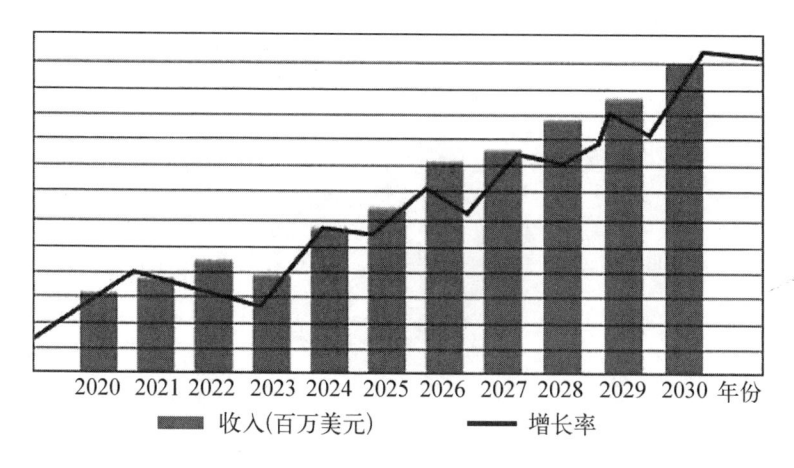

图 11-14　全球智能制造技术市场发展情况

资料来源：https://www.openpr.com/。

不断上升，迫切需要对制造业进行智能化升级。

从宏观来看，目前人类社会的第四次工业革命尚处于初期阶段，作为第四次工业革命的核心，智能制造也处于早期阶段。一般而言，智能制造所需要的基础技术包括物联网、云计算、人工智能、虚拟现实、区块链、5G 网络等，目前这些技术尚处于发展当中，只有一部分成熟落地，绝大部分还处于大规模爆发的前期。因此，中国还有足够的机会以充分发展数字技术，抢占未来世界智能制造的高地。

《中国制造 2025》提出：加快机械、航空、船舶、汽车、轻工、纺织、食品、电子等行业生产设备的智能化改造，提高精准制造、敏捷制造能力；统筹布局和推动智能交通工具、智能工程机械、服务机器人、智能家电、智能照明电器、可穿戴设备等产品研发和产业化；发展基于互联网的个性化定制、众包设计、云制造等新型制造模式，推动形成基于消费需求动态感知的研发、制造和产业组织方式等，为制造业的智能化转型提前做出部署。

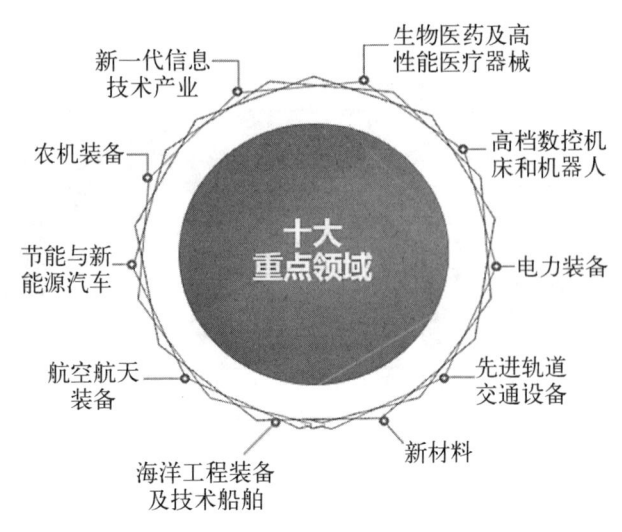

图 11-15 中国智能制造的重点领域

资料来源：前瞻产业研究院。

近年来政府发布多项政策支持制造业的智能化转型。最新如2021年8月19日，国资委党委召开会议，强调"要把科技创新摆在更加突出的位置，针对工业母机、高端芯片、新材料、新能源汽车等加强关键核心技术攻关"。中国各地方政府也都在加速制造业的智能化转型（见图11-16）。可以预见，未来几年传统的工厂将向智能制造转型，为工业物联网、大数据、云计算平台、MES系统等产业的发展提供机会；同时，人工智能、虚拟现实、知识工作自动化等行业也面临广阔的发展前景。

（2）工业软件

工业软件是工业互联网和工业4.0的核心环节，也是智能制造的重要基础和核心支撑。当前，工业软件和制造业、信息技术服务业的渗透性和融合性进一步增强，对各行各业的支撑作用明显提高。这种交叉融合不仅促进了制造业的智能化发展，同时催生了智能物流、智慧医疗等新兴产业。软件与制造业融合已被视为制造业高质量发展的重要

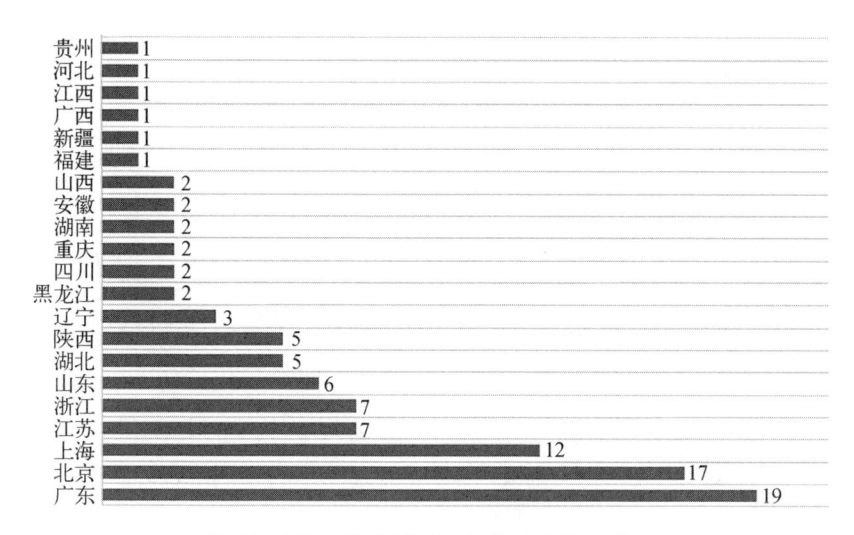

第十一章 浦东新区泛电子行业高端化数字化发展研究

图 11-16 中国智能制造百强企业地区分布

资料来源:《中国智能制造百强发展与趋势白皮书》。

途径,尤其是高端软件的应用,是制造业向智能化、数字化、网络化转变的必要条件。

随着全球对制造业转型的重视,工业软件以稳定的速度增长,如图 11-17 所示。

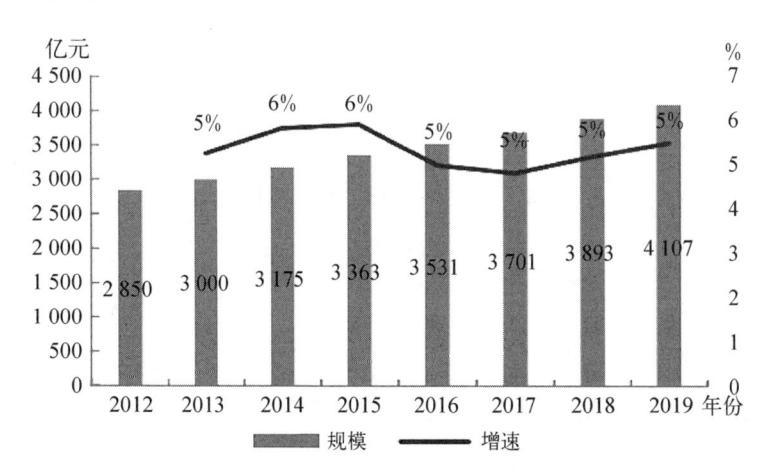

图 11-17 2012—2019 年全球工业软件市场规模及增速

资料来源:企业信息网。

工业软件分为研发类软件和生产制造类软件,我国在研发类软件上没有优势,而在生产制造类软件上则具备了国产化条件。研发类软件如CAX、EDA、PLM和PDM等,由于我国的自主研发能力弱,这一领域的软件基本是由国外企业占主导地位。美欧大型工业软件企业不断通过并购、合作等手段,推动工业软件的集成化、一体化发展,其市场主导地位越来越突出,而我国在这个领域的份额只占5%左右。例如根据《中国工业软件产业白皮书2020》,2018年,我国CAD市场规模约为7.33亿美元,其中95%以上的市场被美国、法国等国外厂商所占据(见图11-18)。而生产制造类软件,能够链接工厂生产设备、传感器等组件,侧重于数据采集、质量控制并监控系统运行,我国在这个领域所占份额较高,在高端产品上具备了国产化条件。

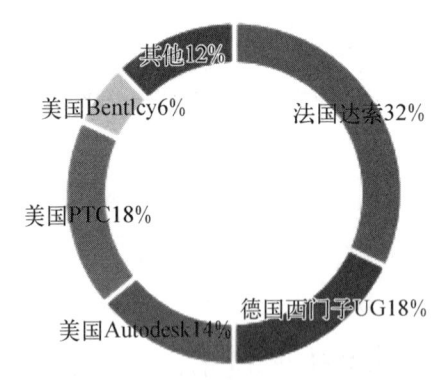

图11-18　2018年国内CAD软件市场份额占比

资料来源:《中国工业软件产业白皮书2020》。

受益于政策加持、产业升级、国产化趋势三大因素叠加,我国的工业软件行业有望迎来快速增长期。首先,产业升级需要信息化及智能化支撑,工业软件是智能制造升级的重要一环。其次,政策利好不断,自2015年提出"中国制造2025"战略方针以来,多部门多地区颁布智能制造发展政策,推动制造升级。再次,国际上技术封锁加剧,倒逼国产软件的替代进程。自我国提出"中国制造2025"以来,国产工业软件技术不断实现突破,如中望ZWCAD(2D CAD平台)软件、华大九天的模拟/数模混合IC设计全流程解决方案,推进了国产软件产业化的进程。工信部等六部门联合印发的《关于加快培育发展制造业优质企业的指导意见》提出提高优质企业自主创新能力,推动产业数字化发展,大力推动自主可控工业软件推广应用。据估算,我国工业软件以每年15%左右的增速增长,增速快于全球平均水平;对各行业的渗透也将进一步加深,市场潜力广阔。

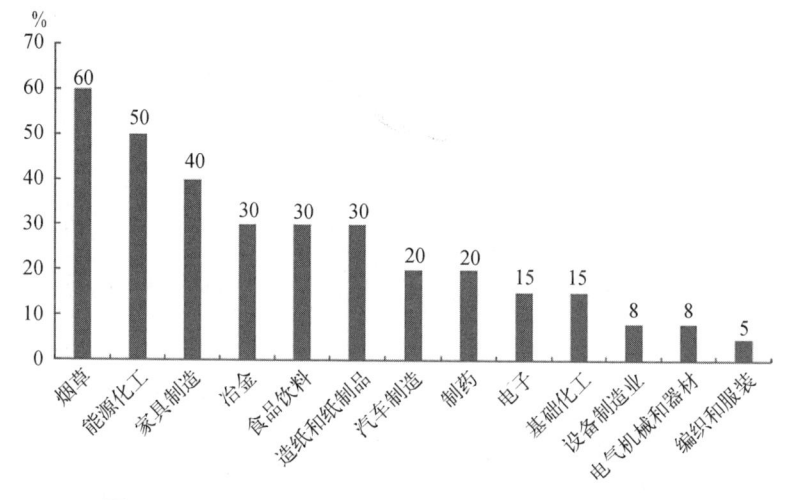

图 11-19 2020 年我国 MES(制造执行软件)分行业渗透率
资料来源:大东时代智库,首创证券。

(3) 汽车电子

汽车电子已成为汽车控制系统中最为重要的支撑基础,成为汽车产业革命的标志。随着新能源车、无人驾驶、车载信息系统技术日渐成熟,未来汽车产业将沿着智能化、网络化以及深度电子化方向发展。节能减排、安全出行、舒适驾乘是汽车电子需求发展的三大核心要素,其需求满足绝大部分需要相应的汽车电子技术创新及其应用来实现。电子技术应用将超过机械技术,并将进一步向集控方向发展。

从全球市场来看,美国、欧洲和日本是全球主要的传统汽车市场,也是汽车电子产业的技术领先者,掌握着国际汽车电子行业的核心技术,并孕育了包括电装、德尔福等在内的一批全球汽车电子巨头。全球汽车电子市场规模在未来几年将保持较高的增速,且高于整车市场。

汽车电子未来将呈现四大趋势:

① 汽车将在云端结合车内及车外信息。在保护好个人隐私和国家安全前提下,非敏感数据有望更多在云端进行处理,基于数据的自动驾驶的应用及其他各项数字化创新将依赖于不同企业之间的数据共享。

② 汽车将应用双向通信的可更新部件。通过车载测试系统,汽车可以实现自动检查功能和集成更新,从而推动生命周期管理,以及增强或解锁产品的售后功能,更新和维护软件将在车辆维护与运行领域催生新业务模式。

③ "汽车以太网"将成为整车支柱。以太网解决方案可以实现跨域通信,并通过添加以太网扩展来满足实时性要求。

④ 嵌入式操作系统将成为电控单元控制策略开发的主流。在集中控制系统、汽车电子模块化设计的引领下,每一个电控单元的控制软件将对应一个操作系统下的驱动程序而运行。

三、新一代信息技术发展趋势

(一)总体发展趋势

1. 技术发展趋势

新一代信息技术前沿领域创新步伐加速。深度生成、量子计算、类脑计算、预训练模型(GPT-3)、数据信托等领域创新成果纷沓而来(图11-20)。2021年10月,中科院光量子计算研究团队构建了113个光子144模式的量子计算原型机"九章二号",处理特定问题的速度比超级计算机要快上亿亿亿倍,超导量子计算机"祖冲之二号"在量子随机线路采样问题上的计算速度也比目前最快的超级计算机快1 000万倍。这意味着,我国成为世界上唯一在两种物理体系达到"量子计算优越性"里程碑的国家。

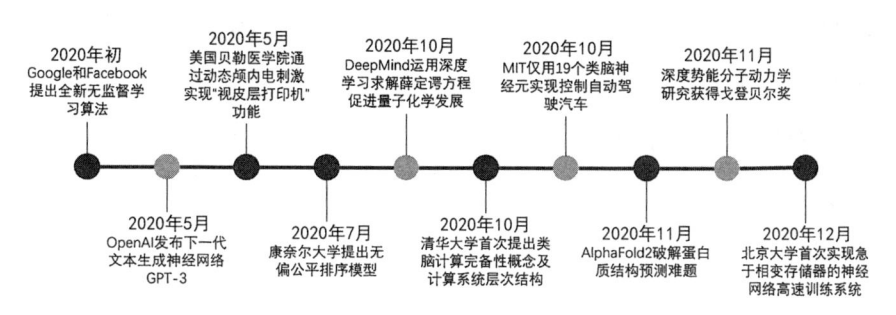

图 11‑20　2020 年全球十大突破性技术

资料来源:亿欧智库。

长期来看,新一代信息技术将更具融合性。这种融合主要体现在三大方面:

(1) 不同信息技术天然有相互关联的一面

物联网、5G、大数据、云计算、人工智能等最终都会被融入和综合运用于产业链的不同环节和不同应用场景之中,以 AIoT、BIoT、VR+5G、VR+边缘计算等为代表的融合应用将有助于解决单一技术面临的应用痛点。

(2) 元宇宙热潮将驱动多个技术融合发展

如图 11‑21 所示,元宇宙生态系统包含硬件、软件、服务、平台、应用多个环节多种技术的集合,元宇宙的推进将进一步驱动产业融合:① 通过 AR/VR/全身追踪/全身传感等交互技术提升沉浸感;② 通过 5G、Wi‑Fi6 等技术支撑随时随地大量用户在线,提升元宇宙世界的可接入性;③ 通过提升算力、算法改进渲染、终端算力向云迁移等提升可触达性;④ 通过可视化开发套件、AI 等降低内容创造门槛,提升元宇宙应用的可延展性;⑤通过基于区块链的智能合约、共识机制、去中心化网络路由和NFT,推动数字物品资产化,保障价值归属和流转,实现经济系统运行的稳定、高效、透明和确定性。除了驱动新一代信息技术产业的融合,元宇宙需要物理形态的支持,其产业链也包括硬件层的微纳加工、高端制造、高精度地图、光学制造(如精密自由曲面光学系统、言射波导镜片、微显示)、智能芯片(如 VR 智能芯片)、高精度摄像头(深度摄像头、高像素摄像头等)。相关电子信息和制造业领域也将融合发展。

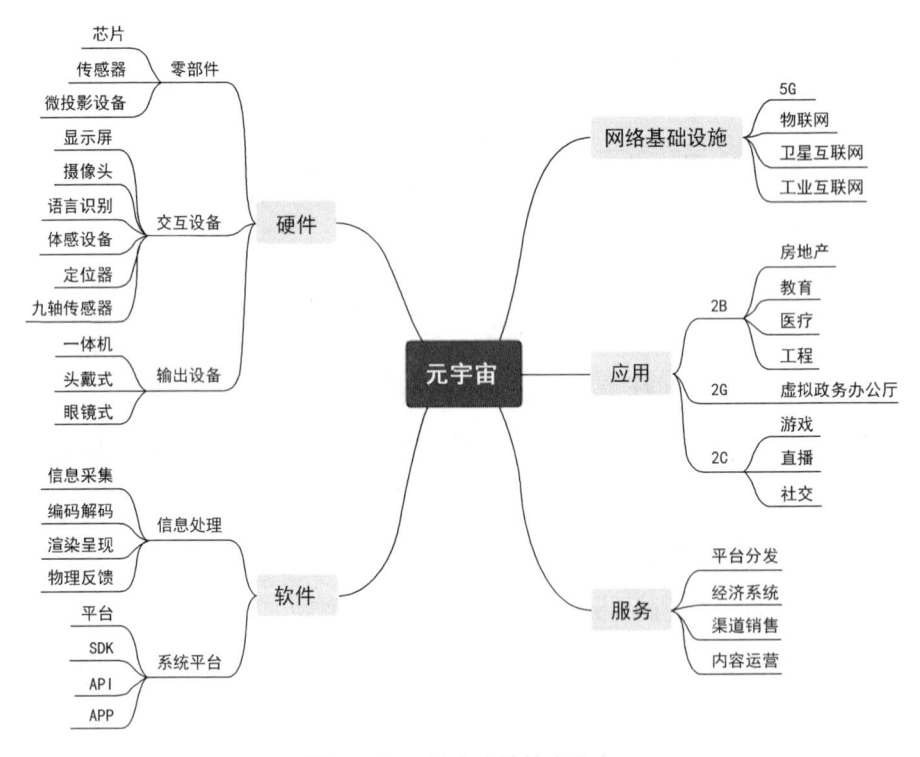

图 11-21 元宇宙的技术生态

(3) 技术发展同时还呈现专业化的趋势

每类技术基于自身的优势,最终会自发形成与电子信息产业相结合的专业化应用领域,如区块链用于信任构建、人工智能用于智能计算、工业互联网用于对传统工厂的智能化。作为元宇宙入口的VR、AR技术将进一步发展,实现更大规模和范围的数字化。人工智能的研发强度会进一步增加,直至奇点出现。人工智能的发展得益于数据、算法、算力三大支柱的突破,在视觉、语音、深度学习方面有了快速的发展,使机器具有了在特定领域超越人类的智能。人类正在快速进入人机协同的智能时代,机器群体智能和人机协作混合智能是未来人工智能发展的重点方向。前沿技术领域,量子计算的理论研究和技术突破将持续进行,预计商用元年在2030年左右,量子计算商用元年的市场规模将达到140.1亿美元。

2. 产业发展趋势

受疫情期间支出模式的削减和重大投资的推迟影响,2020年全球信息技术行业整体营收出现小幅回落。截至2020年8月,IDC预计全球新一代信息技术产业收入为4.8万亿美元,而其最初估计为5.2万亿美元。但同时,人工智能逆势突围,依然保持稳步增长。据中国信通院统计,2020年全球人工智能产业规模达到1565亿美元,同比增长12.3%。德勤在《全球人工智能发展白皮书》中预测2025年世界人工智能市场将超过6万亿美元,2017—2025年复合增长率达30%。

中期来看,新一代信息技术与实体经济融合将进一步拓宽加深。凭借强大的技术赋能效应,新一代信息技术越来越深刻地与各行各业的融合渗透,正成为未来经济的主要增长点之一。根据Statista的研究,2017年全球数字化转型支出为0.96万亿美元,预计在2024年将达到2.39万亿美元,2017—2024年预测期内复合年增长率为13.9%。下一代自动化、人工智能、物联网、云计算、3D打印、智能机器人等正在加速传统电子信息制造业高端化、数字化转型升级。据统计,2020年制造业市场的数字化转型价值为2 639.3亿美元,预计到2026年将达到7 678.2亿美元,在2021—2026年的预测期内复合年增长率为19.48%(见图11-22)。

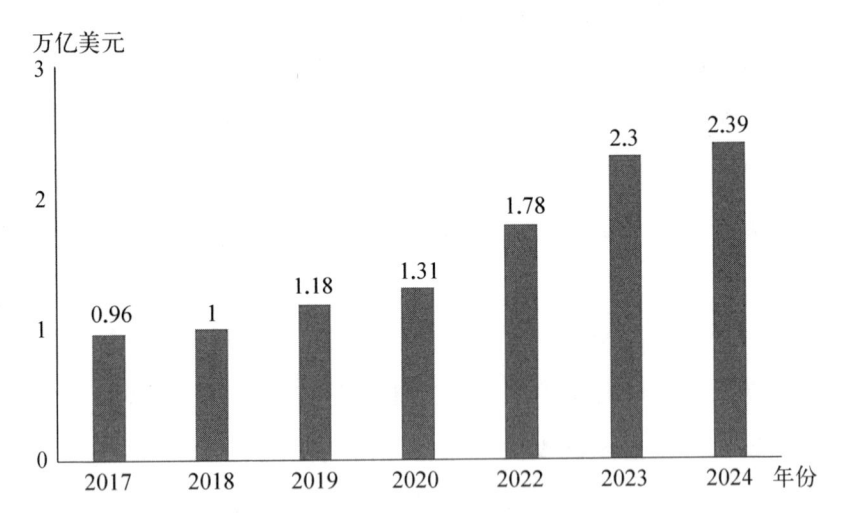

图11-22 2017—2024年全球数字化转型支出

资料来源:Statista。

长期来看,元宇宙新业态、新模式有望驱动数字经济"第二曲线"增长。从脸书宣布改名,到国内字节跳动宣布90亿元收购Pico,一时间海内外的互联网科技巨头纷纷宣布布局"元宇宙"。元宇宙整合多种新技术形成新型虚实相融的互联网应用和社会形态,它基于扩展现实技术提供沉浸式体验,基于数字孪生技术生成现实世界的景象,基于区块链技术和NFT数字金融创新搭建经济体系,基于人工智能技术进行数字空间的感知渲染和智能分析,将虚拟世界和现实世界在经济系统、社交系统、身份系统上紧密融合,形成了数字技术"第二曲线"的新发展路径。2021年5月,韩国科技部(MSIT)宣布成立"元宇宙联盟",结合政府、企业、研究团队与电信公司,共同创造元宇宙产业的生态体系。首尔市政府将在2022年底前开发自己的元宇宙平台,计划到2026年全面运行。

技术革命和地缘政治影响叠加,全球科技竞争开始超越单一技术领域的竞争,迈向信息技术生态链的竞争。中美占据ICT领域绝对优势,美国是全球最大的信息技术市场,2021年,美国信息技术产业(包括硬件、软件、通信和服务)规模占全球总额的33%,中国占比约为14%。与美国相比,中国在IT基础设施、软件和服务等类别中差距逐年缩小,同时在5G和机器人等新兴领域占据全球领导地位。在全球科技产业格局发生变化的过程中,打造中国自主的信息技术生态体系已经形成产业共识。对于自主可控,既包括底层的基础软件和基础硬件,也包括上层的应用、标准体系和共识机制。

3. 政策发展趋势

新一代信息技术产业的发展将进一步驱动相配套的政策出台和落地。这方面的政策主要分成两大部分:一部分是促进型政策;另一部分是监管型政策。

(1) 促进型政策的发展

随着各类数据技术的发展,对社会、经济发展起到越来越重要的正面影响,为解决各类问题提供了较大想象空间。为此各国政府都在不遗余力地推动新兴信息技术的发展,将其列为国家的优先战略,其中包括利用公共财政加强数字研发投入、培育民众的数字技能、鼓励企业尤其是中小企业更加广泛地运用信息技术,为此进行补贴。围绕着此类技术,各国未来将展开一场激烈的技术竞赛。

以人工智能为例,美国已经将其发展视为保持未来科技的领导地位的关键,专门制定了研发投入战略,并鼓励政府研究机构与民间企业合作,共同推进长期导向的研发,并对人员技术、国际标准、建立可信AI技术进行了积极部署。欧盟则借助于地平线2020计划,对各成员国的相关项目进行资助,鼓励各国发展自己专门的技术及应用领域,成为这一领域的领先者。

值得注意的是,除了商业应用,各国还非常重视新一代信息技术在碳中和、碳达峰等环境方面的应用。

信息技术对政策制定本身也会产生较大的影响,包括制定决策的信息来源、过程和反馈的全过程均有影响,"循证决策"的流行将是未来重要的发展趋势。一方面,有了大数据分析的支持,政府可以更深入地了解民众的需求,从而针对不同人群和地区实现更加精准的定位,减少了政策的盲目性和意外风险;另一方面,基于数据技术的循证决策,如区块链的广泛使用,也让政府部门与民众更容易建立起信任感,使政策有了更高的接受度。

(2) 监管型政策的发展

发展型政策看到了信息技术发展所带来的机遇,监管型政策则持审慎态度,关注其所带来的风险筑牢堤坝,避免其对人类产生负面影响。各国政府会更加重视信息技术的治理问题。随着新一代信息技术的快速发展和应用场景的拓宽,数据泄露、隐私侵犯、深度造假、就业冲击、社会不平等等问题频繁发生,技术带来的社会治理和法律监管问题引起全球关注。以人工智能为例,中国、美国、欧盟、日本等国家和地区正将人工智能治理纳入人工智能战略布局中,成立专门机构和陆续发布政策文件,以应对人工智能带来的伦理问题。

政策监管将具有更大的弹性。鉴于信息技术内在的颠覆性,往往对现有政策形成挑战性。因此各国对于此类应用的监管政策都非常重视公共部门的弹性和与时俱进,强调优化颠覆性技术保护空间协同治理能力,充分发挥颠覆性技术的创新势能,帮助颠覆性技术抵御主流技术竞争压力、实现知识和技术网络发展,帮助颠覆性技术跨越死亡之谷。

(二) 细分产业领域

1. 人工智能

2021年,人工智能(AI)市场全球收入预计将达到3 275亿美元,同比增长16.4%。到2024年,市场预计将突破5 000亿美元大关,5年复合年增长率为17.5%。随着市场对AI技术认知的深入,AI产业投资回归理性,2020年美国AI领域投资金额超过230亿美元,中国为99亿美元,全球人工智能总融资额增加了9.3%,但完成新融资的AI创业公司的数量下降,表明投资确定性增加。随着产业体系逐渐成熟,与商业价值脱钩的技术将快速被市场淘汰,泡沫的消退也带来一批AI企业退场。据统计,2020年1月—2021年9月,中国共有732家AI企业退出市场,现金流断裂是企业倒闭的主要原因(见图11-23)。

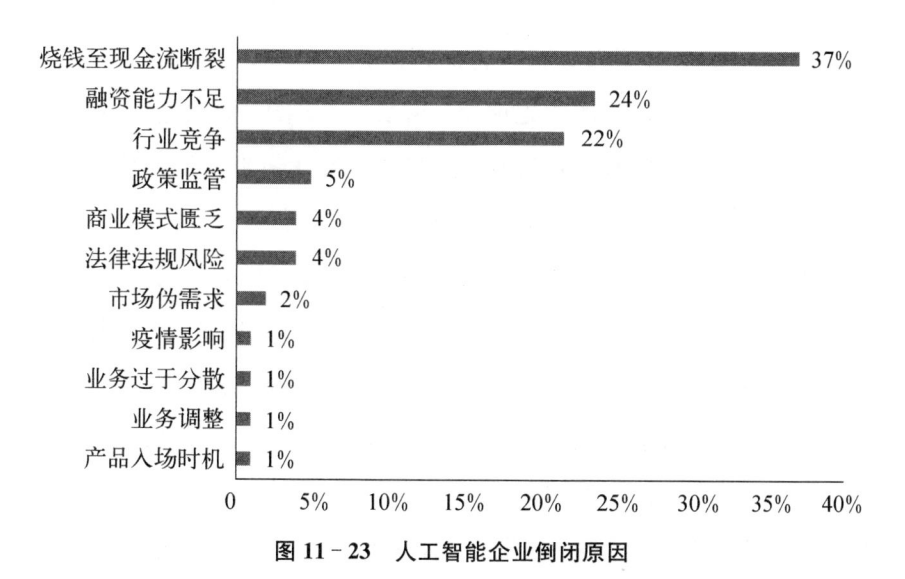

原因	占比
烧钱至现金流断裂	37%
融资能力不足	24%
行业竞争	22%
政策监管	5%
商业模式匮乏	4%
法律法规风险	4%
市场伪需求	2%
疫情影响	1%
业务过于分散	1%
业务调整	1%
产品入场时机	1%

图11-23 人工智能企业倒闭原因

未来10年，人工智能在工业制造业的应用将从目前的单点智能走向全局智能。受实施成本和复杂度较高、供给侧数据难以打通、整体生态不够完善等因素限制，目前的工业智能仍以解决碎片化需求为主。疫情中人工智能所展现出来的韧性让企业更加重视工业智能的价值，加之数字技术的进步普及、新基建的投资拉动，这些因素将共同推动工业智能从单点智能快速跃迁到全局智能。特别是汽车、消费电子、品牌服饰、钢铁、水泥、化工等具备良好信息化基础的制造业，贯穿供应链、生产、资产、物流、销售等各环节在内的企业生产决策闭环的全局智能化应用，将大规模涌现。

疫情大流行期间，AI已广泛应用于医疗影像、病历管理等辅助诊断场景，但AI在疫苗研发及药物临床研究的应用依旧处于探索阶段。长期来看，随着新型AI算法的迭代及算力的突破，AI将有效解决疫苗/药物研发周期长、成本高等难题，例如提升化合物筛选、建立疾病模型、发现新靶点、先导化合物发现及先导药物优化等环节的效率。AI与疫苗、药物临床研究的结合可以减少重复劳动与时间消耗，提升研发效率，极大地推动医疗服务和药物的普惠化。目前，美国在AI药物研发公司的占比方面仍稳居领先地位(54.4%)。然而，亚太地区，特别是中国，已经开始积极增加对AI医药的投资，预计未来人工智能医药研发公司数量和创新速度都将大大提升。

过去数年，智慧城市借助于数字化手段切实提升了城市治理水平。但在新冠肺炎疫情防控中，智慧城市暴露出新问题，特别是由于"重建设轻运营"所导致的业务应用不足。在此背景下，城市未来需要通过运营中心盘活数据资源，推动治理与服务的全局化、精细化和实时化。而AIoT技术的日渐成熟和普及、空间计算技术的进步，将进一步提升运营中心的智慧化水平，在数字孪生基础上把城市作为统一系统并提供整体智慧治理能力,进而成为未来城市的数字基础设施。

2. 交互技术(VR、AR)

2020年,全球VR/AR市场相关支出120.7亿美元,未来复合增速54%,而中国市场规模约66亿美元,未来几年复合增速47%。VR/AR产业主要分为硬件终端、内容(包括游戏、视频、直播等)、软件(系统软件开发商、应用软件开发商、软件分发渠道等)、服务(包含线下体验店、游戏连锁店以及各类行业应用服务商)等四大环节,当前市场规模占比分别为37%、36%、19%和8%。2021年全球头戴式AR/VR设备出货量有望达到1 120万台,未来5年年均复合增长率达39%,行业处于快速成长期。2021年全球VR头显出货量爆发式增长,硬件规模或近200亿美元。

VR/AR内容创作将迎来广阔市场前景。华为预计2022年大众应用+行业应用在全球VR市场占比将达到48%,超过整机设备。根据艾瑞咨询数据,预计2021年,中国VR内容市场规模将达到278.9亿元,消费级内容和企业级内容市场份额合计为46.4%,是VR市场中最大的细分市场。目前,各互联网头部企业纷纷推出AR/VR开发引擎(如华为AR Engine),为创作者提供低代码/无代码的底层技术支持,降低内容制作门槛。

作为未来进入元宇宙的第一入口,AR和VR目前仍需在软硬件上不断做出优化,技术的打磨优化将成为该领域的重点和难点。

(1) 从体验感上说,目前VR设备的清晰度和刷新率仍有提升空间。为提高画面的流畅度,减少延迟和重影,减轻设备使用的眩晕感,VR设备需达到分辨率16 K、刷新率180 Hz的水平。而目前市面上VR设备的分辨率最高支持到4 K,刷新率在70—120 Hz之间。

(2) 从性能上说,现有VR设备的算力负荷大,功耗过高,直接影响续航,还会产生设备发热问题。要解决目前高性能和低功耗的矛盾,破局之道在于将5G和云计算应用到VR领域,则可以完美释放终端压力,还能从体积、重量上给终端设备瘦身,提高使用舒适感。

3. 区块链

2021年,全球在区块链解决方案上的支出预计将达到66亿美元。预测表明,未来几年区块链解决方案的支出将继续增长,到2024年将达到近190亿美元,5年预测期内(2020—2024)实现约48.0%的复合增长率(见图11-24)。中国区块链市场规模5年年均复合增长率将达到54.6%,增速位列全球第一。尽管增速明显,但目前区块链市场渗透率还较低。相对于全球IT软件整体规模,区块链行业整体渗透率仅为1%,仍有较大的市场空间。未来随着区块链技术成熟和应用加速,行业渗透率也将加快提升。

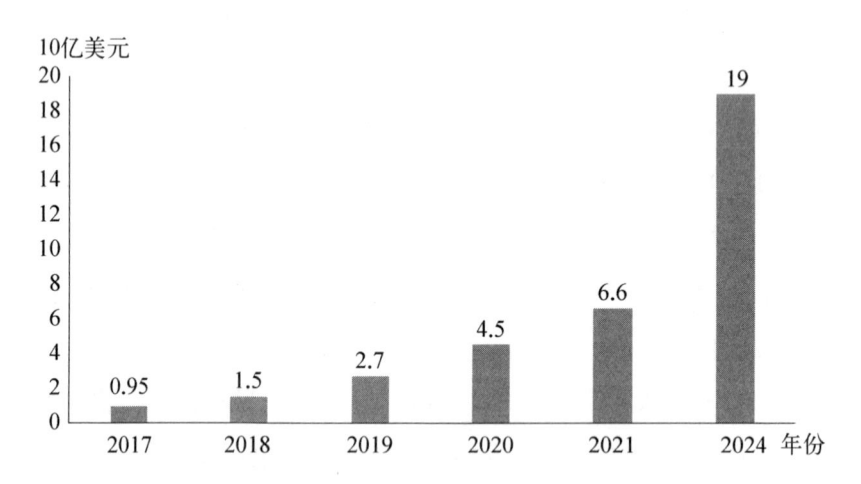

图11-24 2017—2024年全球区块链解决方案支出情况

资料来源:IDC&Statista。

基于区块链的数字货币技术创新涌现,将持续夯实数字金融的技术基础。2017年,基于区块链的NFT(Non-Fungible Token:非同质化通证)引起市场关注,随着未来NFT技术和应用体系的成熟,将进一步为构建数字经济信用体系提供支撑。NFT是一种架构在区块链技术上的,不可复制、篡改、分割的加密数字权益证明,主要对标艺术品、门票、音乐、游戏道具等实体或虚拟资产,可以理解为一种去中心化的"虚拟资产或实物资产的数字所有权证书"。自2017年10月第一款NFT产品——CryptoKitties(加密猫)的游戏面世以来,NFT发展迅速。2017年底至2018年初,NFT活跃钱包数量达到了5.6万个,30日市场交易量超过70万。2021年,NFT市场交易活跃度持续提高,2021年11月13日活跃钱包数量超过了23万个,2021年第三季度(7—9月)NFT交易量超过6 900万,交易金额超过1 500亿美元(见图11-25)。NFT海外交易平台OpenSea、AxieInfinity等自成立起交易量持续走高。

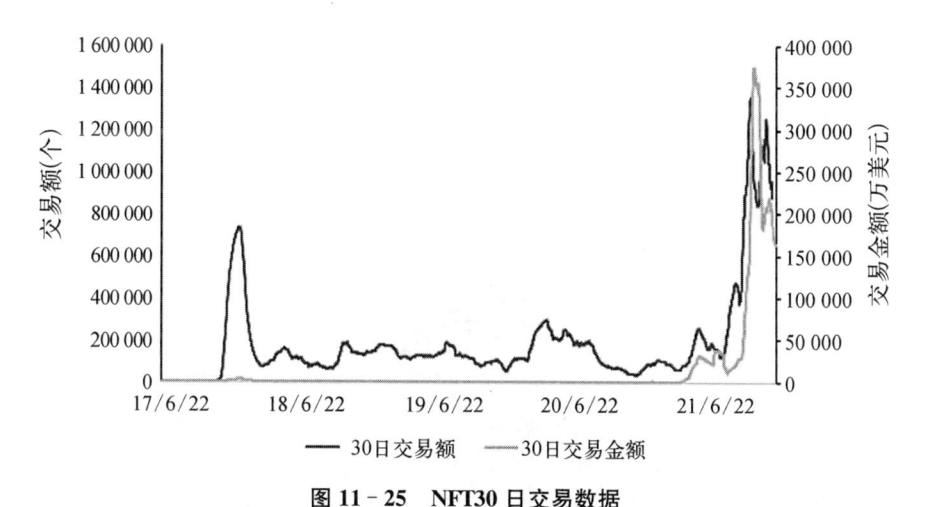

图 11-25 NFT30日交易数据

区块链"由虚向实",加速从金融向实体经济领域渗透。近年来,区块链已延伸到物联网、智能制造、供应链管理、医疗等多个产业领域。据货币研究院整理,截至目前,A股上市区块链公司共243家,分布在金融、轻工、机械制造、医疗服务等大类行业,从上市公司布局区块链应

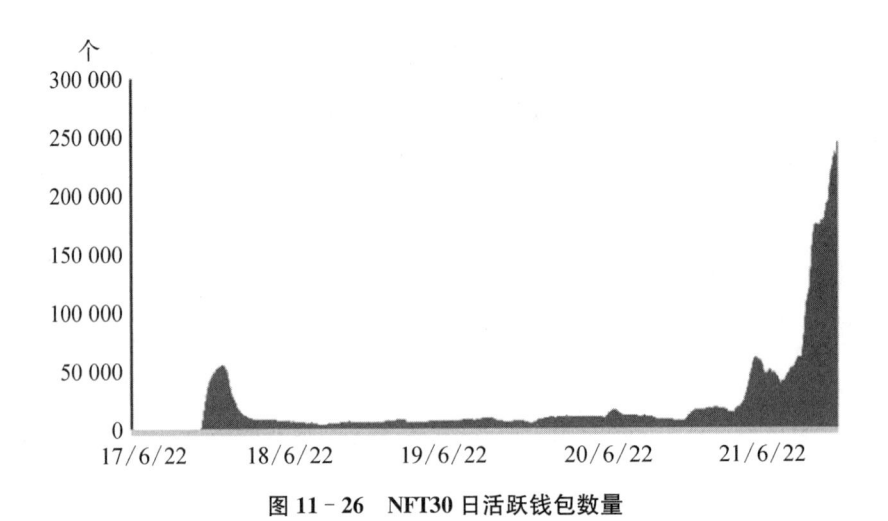

图 11-26　NFT30 日活跃钱包数量

用方向来看,除金融外主要集中在物流、溯源、物联网、法律、支付、数据等方向(见图 11-27)。区块链数据不可伪造篡改、智能合约、稳定可靠等技术特征有助于解决工业制造业的一系列痛点,包括:复杂程度高、参与主体较多、需要数据高协同性、网络结构不断吐故纳新等。

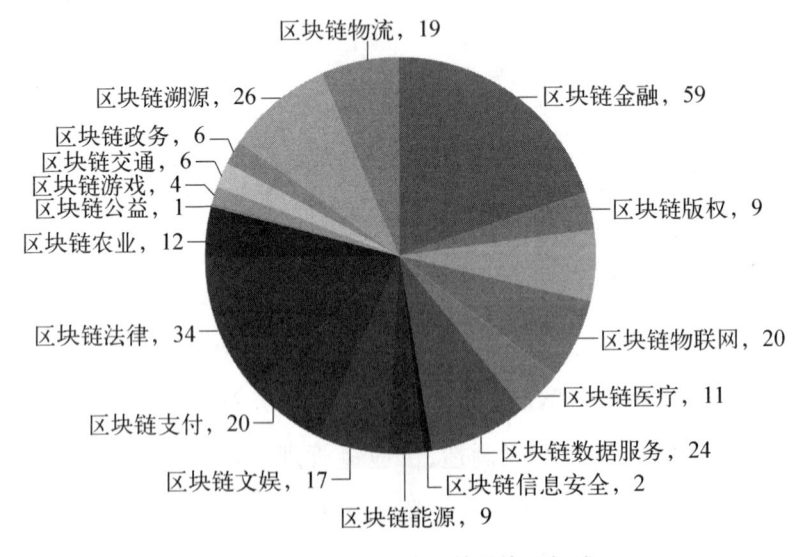

图 11-27　A 股上市区块链产业领域

从国际上看,欧美等国将区块链技术纳入国家关键技术和新兴技术战略,区块链技术创新和跨链标准制定成为各国战略性竞争焦点,这不仅是抢夺技术创新制高点,更是对国际贸易和全球供应链体系话语权的争夺。中国政府高度重视区块链发展。为加快打造区块链"国家队",全球约80%的央行正在从事央行数字货币(CBDC)的研究、实验与开发,10%的国家已上线试点项目。中国央行数字货币DCEP已在深圳、苏州开展3轮共计4 000万元的区域内测,美国、欧盟、日本等世界主要经济体和国家也从观望转向积极研究。国际清算银行、国际货币基金组织、G7集团等国际组织也快速展开CBDC联合研究,着手建立统一的主权数字货币发行和监管官方标准。未来,CBDC的制度设计和法律监管将成为战略焦点。

4. 5G

全球5G建设稳步推进。截至2020年12月底,全球已有58个国家的135家运营商已经建成5G商用网络,相比于2020年2月,78家运营商开通5G商用网络,增长了近1倍。而在"新基建"浪潮的助推下,我国5G网络建设更是超预期完成,目前已建设超70万个5G基站,覆盖全国所有地级以上城市。5G产业链主要由三部分组成:5G设备,为下游提供网络建设所需设备的环节,主要包括AAU、射频、光模块、光纤、芯片等设备,按照网络架构可分为核心网设备和接入网(无线基站+传输网)设备。5G网络,包括网络建设和网络运营两个环节,网络建设是指相关配套设施铺建和网络建设、维护、优化。5G应用,利用5G网络提供终端应用和解决方案的环节,是5G最终的商业化形式。从产业链上看,未来5G发展的重点领域包括上游5G设备和下游5G应用(见图11-28)。

2026年,全球5G移动用户数量预计将超过34亿,其中东北亚、北

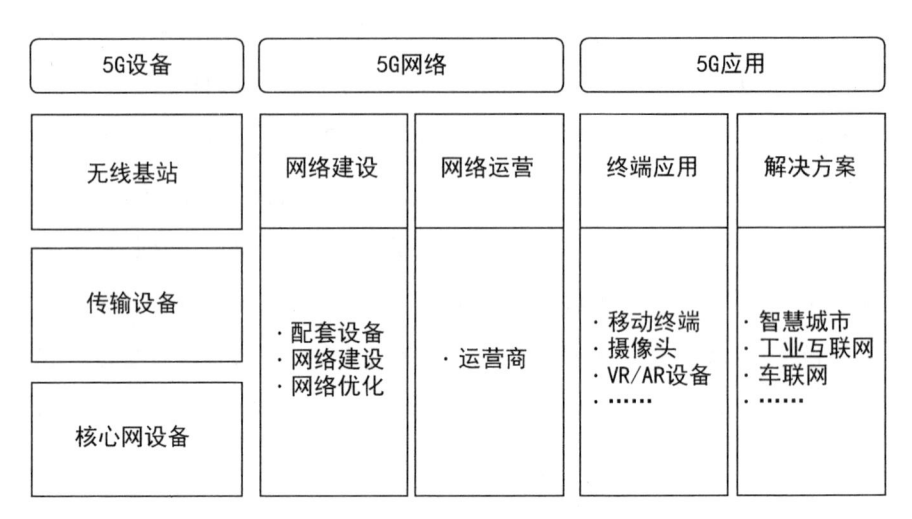

```
   5G设备          5G网络              5G应用

  无线基站      网络建设   网络运营    终端应用    解决方案

  传输设备    ·配套设备              ·移动终端    ·智慧城市
              ·网络建设    ·运营商    ·摄像头     ·工业互联网
              ·网络优化              ·VR/AR设备  ·车联网
  核心网设备   ……                    ……          ……
```

图 11-28　5G 产业链

美和西欧的 5G 用户数量最多。据预测,到 2030 年,5G 将为全球 GDP 带来 1.3 万亿美元的增长,其中 5G 赋能领域占比前三位的分别是医疗保健(5 300 亿美元,40.7%)、智能公共服务(3 300 亿美元,25.4%)、消费者与媒体应用(2 540 亿美元,19.5%),而工业制造仅占 10.3%(1 340 亿美元)。

5G 垂直行业融合应用生态加速构建并逐步落地商用。目前,5G 已经开始在工业互联网、教育、医疗、智慧城市等规模落地商用。5G 网络技术不像 3G/4G 一样,有着相对固定的网络架构和频谱资源,而是以创新的新空口和网络架构以及全频谱资源,塑造了自身低时延、大带宽、泛连接的三大特性。灵活多变的 5G 网络能够适应不同的应用场景,各个领域逐渐由以往的以网络为中心变为以业务、场景为中心(见图 11-29)。

5G 技术持续演进,泛终端全面发展。随着 5G 网络建设的不断完善,5G 应用不断增多,2B 业务大上行需求、汽车医疗场景低延时需求、

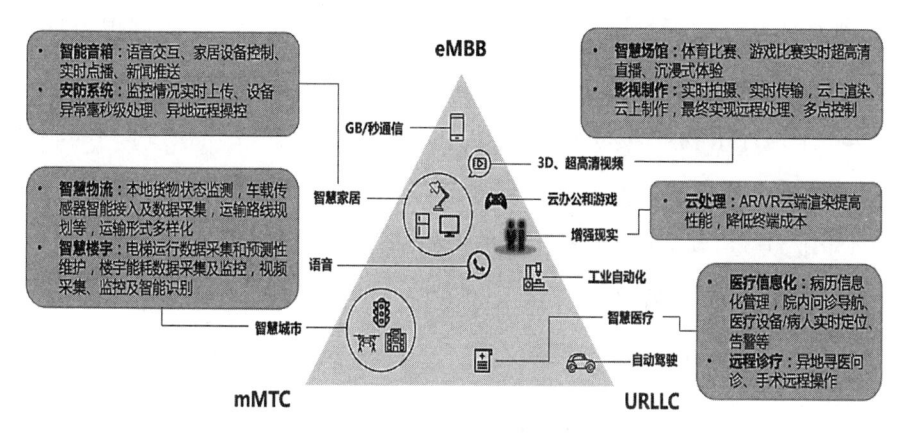

图 11-29　5G 应用场景

资料来源：国际电信联盟。

市内大容量需求将推动 5G 技术持续演进，以保持技术产业支撑优势。终端方面，5G 产品的品类及形态也在逐渐丰富，GSA 统计显示，截至 2020 年 11 月底，全球 5G 商用终端已达 303 款，其中包括 205 款智能手机，34 款 5G CPE，23 款 5G 模组，16 款 5G 移动热点，以及 6 款 5G 平板电脑。此外，无人机、头戴式显示器、机器人、电视、USB 上网卡/调制解调器/适配器和自动售货机等更多 5G 终端类型也在陆续出现。随着 5G 模组向通用化、模块化发展，5G 泛终端必将全面提速与发展。

5G 云网边端业融合深化。云网融合是 ICT 行业深度转型的大方向，与此同时，为满足垂直行业更加个性化、碎片化的需求，以及更高实时性的要求，边缘计算技术也不可或缺。因此，未来的 5G 网络必将深化云—网—边—端—业五位一体化融合，从而更好地兼顾 toC 和 toB 用户需求，实现从满足公众类消费服务到产业化赋能的提升，助力行业应用转型升级。

5. 物联网

物联网市场发展迅速。根据中国产业信息网的数据及预测，2019 年全球物联网设备数量已达到 107 亿台，预计 2025 年物联网连接数将达到251亿台,保持12%以上的增长(见图11-30)。市场规模方面,Statista数据显示,2020年全球物联网市场规模达到2 480亿美元,到2025年预计市场规模将超过1.5万亿美元,复合增长率达到44.59%(见图11-31)。Statista数据显示,2020年全球物联网市场规模达到2 480亿美元,到2025年预计市场规模将超过1.5万亿美元,复合增长率达到44.59%。在政策与技术的支持下,中国物联网市场蓬勃发展。2020年,中国物联网市场规模达到1.66万亿元,2022年更将达到2.12万亿元。

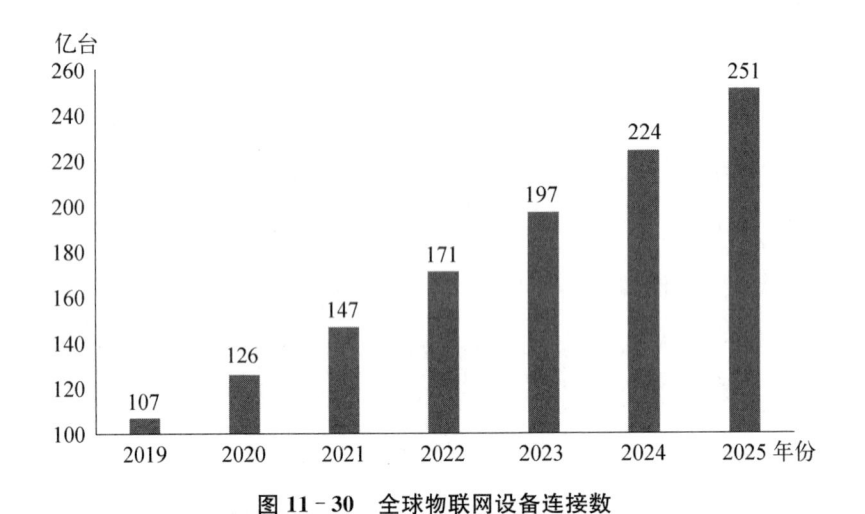

图11-30 全球物联网设备连接数

AIoT、BIoT等领域技术融合将继续赋能物联网发展。随着5G的逐渐落地,边缘计算、大数据、区块链等技术的逐渐成熟,物联网发展进入黄金期。物联网+AI融合推动城市数字化转型升级,智慧城市、公共事业、智慧安防、智慧能源、智慧消费、智慧停车等规模化应用加快。艾瑞咨询预计2022年中国AIoT市场规模将超过7 500亿元,其中G端公共级应用将在AIoT市场占比超过一半。物联网+区块链将在智能制造、农产品溯源、环保检测、工业物联网、供应链方面获得应用。

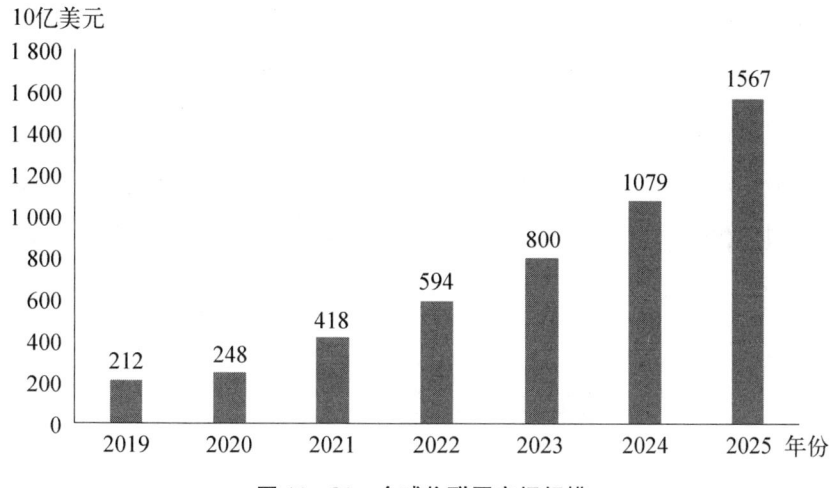

图 11-31 全球物联网市场规模

年份	2019	2020	2021	2022	2023	2024	2025
10亿美元	212	248	418	594	800	1079	1567

消费物联网市场渗透稳步提升,产业物联网规模化落地应用增加。目前需求侧以消费级应用市场为主,近年来在影音娱乐、家庭监控、智能音箱等家居硬件出货增长的带动下,智能家居市场总出货量保持增长。此外,政策级应用市场飞速增长,以智能水表为例,2019年我国水表产量约1.1亿只,其中智能水表产量约3100万只,渗透率由2014年的17.6%提升至26.2%。此外,随着行业信息化和联网水平不断提升,产业物联网连接数占比提高。根据GSMA Intelligence预测,产业物联网连接数在2017—2025年将实现4.7倍增长,大大高于消费物联网连接数预计实现的2.5倍增长。车联网市场增长将物联网技术升级与落地应用。

四、电子信息产业(泛电子)发展现状

浦东新区电子信息产业具有良好的发展基础,是优势产业集群之一。随着集成电路等"硬核"产业引领发展、智能终端品牌的加速布局,以及企业总部不断集聚,浦东新区电子信息产业在行业领域,以及产业

链、价值链环节上正逐步向高端化迈进。浦东新区电子信息服务业的规模持续扩张,也是新兴技术产业化的主要阵地,这不仅是产业高端化的一种显性表现,也为产业数字化提供了良好基础条件。此外,浦东新区的传统电子信息制造企业仍占较大比重,而这些资本密集型、劳动力密集型的传统制造企业为产业数字化转型提供了广阔应用前景和巨大发展潜力。

(一) 电子信息制造业发展现状

1. 产业总体规模保持平稳发展

近10年来,浦东新区电子信息制造业产值稳定在2 300亿—2 800亿元,年均增长率为1.6%,占全区工业总产值的近1/4、全市电子信息制造业的近四成。在面临新冠肺炎疫情和复杂多变国际形势的情况下,电子信息产业的产值增长速度在八大重点产业中排名第三位,仅低于汽车制造和航空航天。考虑到汽车制造有特斯拉规模化生产的拉动和航空航天的产值体量较小的因素,电子信息产业的总体发展基础和趋势都相对乐观。

2. 传统电子信息仍占较大比重

浦东新区电子信息产业在总体上仍然表现出资本、劳动力密集型特征,产业发展的外向型特征比较明显。从多数企业的所属行业类别看,电子信息产业仍以电线、电缆、电子真空器件、塑料零件等传统电子设备和白色家电等传统制造企业为主。同时,代工企业对电子信息制造业的产值贡献比较大,白色家电企业的产值贡献率也较高,与集成电路行业相当。因此,电子信息制造业的平均利润和利润率在重点产业中处于中游水平,但同时这也为产业数字化转型提供了良好的产业基础和机遇。

3. 高端电子信息制造业呈高增长态势

2020年,新一代信息技术产业的产值达到2 449亿元,在规模以上战略性新兴产业(制造业部分)中的产值占比最高,接近50%,且增长速度达到10.8%,仅次于新能源汽车和新材料产业。但从2021年前三季度统计数据也看到,高端电子信息制造在战略性新兴产业中的占比和增速都有所下降,表明高端产业增长并不稳定,产业高端化发展的支撑不足。

(二) 电子信息服务业发展现状

1. 电子信息服务业规模不断增长

2016—2020年,浦东新区电子信息服务业的营业收入从1 939亿元增长至3 454亿元,5年平均增速达到15.5%。电子信息服务业营业收入在全区服务业营业收入中的占比稳定在3成以上。电子信息服务业增加值从2016年的690亿元增长至2020年的1 180亿元,年均增速达到14.4%。

2. 软件和信息服务业成为产业发展引擎

2016—2020年,软件和信息服务业的营业收入稳步增长,但增速有放缓趋势,特别是在疫情暴发的2020年增速明显下降。近年来,软件和信息服务业在电子信息服务业总体中的占比一直稳定在85%,是支撑浦东新区电子信息服务业发展的核心行业。

3. 新一代电子信息服务业的引领功能持续增强

新一代电子信息技术服务业的营业收入保持年均两位数的高增长率,产业发展的引领功能逐步显现,尤其是在集成电路设计、人工智能、互联网相关服务等领域。浦东新区是全国集成电路产业链最齐全的地区,2020年集成电路设计行业的营业收入规模约400亿元,增长率达到28%。人工智能产业规模全市领先,产业生态完善,相关企业500余家,产业规模接近700亿元,年均增速12%以上,已形成张江、金桥和临港等人工智能集聚区。浦东新区的大数据和云计算等产业也快速发展,部分企业营收实现倍增,正在成为推动电子信息产业发展不可或缺的新动能。

五、推进电子信息产业高端化数字化发展的对策建议

电子信息产业现在是浦东经济的支柱性产业,而随着新一代信息技术的不断创新和广泛应用,数字技术、数字产业正在进一步拓展电子信息产业的新空间、新边界,而且"智改数转"大趋势也在进一步推动电子信息制造业的转型升级。要把握新一轮科技革命与产业变革新趋势,积极推动电子信息产业高端化数字化发展。

(一) 着力培育电子信息新兴产业

这里的电子信息新兴产业,也就是指新兴数字产业。要着力推动信息软件高端化发展,推动数字技术产业化发展,培育壮大数字经济新动能、新优势,加快形成以软件和信息服务业为重点的电子信息产业新型结构。

1. 信息软件高端化

以提升基础软件核心竞争力、行业软件支撑能力为发展重点,抢占技术制高点以及产业链和价值链高端环节。在基础软件领域,重点发展虚拟资源调度、大规模并行分析、分布式内存计算、机器学习框架等面向人工智能、云计算、大数据领域的新一代基础软件,提升操作系统、数据库、办公软件等安全可控基础软件的安全性、可靠性和数据处理服务能力,扩大市场占有率。在工业软件领域,大力发展制造执行、生产智能化管理、产品全生命周期管理等工业基础软件,计算机辅助设计、

辅助分析、辅助制造辅助工艺规划、虚拟仿真等工具软件,以及嵌入式实时工业操作系统、安全仪表系统、分布式控制系统、组态监控等工业控制软件。在行业应用软件领域,大力发展政府服务、民生服务、金融服务、交通管理、商贸流通等领域的行业应用软件,推动行业应用软件向服务化、平台化转型,重点开发智能解决方案。

2. 数字技术产业化

以创新应用、场景建设为牵引,推动人工智能、大数据、云计算、工业互联网、区块链、元宇宙等新兴技术在经济领域的广泛应用,通过丰富且规模的产业数字化,进而为数字技术的创新突破,为数字技术产业化提供强劲动能。重点推动人工智能与实体经济深度融合,推动计算机视觉、自然语言处理、知识图谱、自主智能无人系统等通用技术突破,发展智能芯片、智能软件、自动驾驶、智能机器人等核心产业。在大数据领域,重点突破大数据基础平台、分布式存储、分析计算等关键基础,培育数据采集、标注、存储、传输、管理、应用等全生命周期产业体系。在云计算领域,重点突破数据仓库、云计算平台、数据挖掘分析等关键技术,大力发展云操作系统、云中间件、云数据库等核心产品,扩大云计算在各行各业的应用。在工业互联网领域,重点突破工业边缘计算、工业知识图谱等核心技术,大力发展智能化解决方案和工业App,建立一批行业级和通用型工业互联网平台。

3. 数字装备规模化

这里特指数字技术与文化、教育、健康等融合形成的专用设备生产,包括了智能终端设备,如体验设施、可穿戴设备、翻译机、录音笔、办公本、智能速记本、智能公文写作、儿童陪伴机器人等,也包括了制作数字内容产品以及传播的超高清制播设备等。要依托上海及长三角地区消费人群庞大、消费水平高的优势,发挥浦东新区电子信息制造优势,加快数字技术的成果转化及硬件设备生产,以规模化的智能终端设备生产带动数字技术应用开发,以数字技术的智能终端设备制造优势培育壮大新市场、新动能。

(二) 加快壮大电子信息制造高端产业

坚持发挥国家战略优势和区域比较优势,聚焦集成电路、新一代信息通信、未来先导产业等高端产业,以关键核心技术攻关及其重大项目、重大创新平台为引领,加快推动浦东新区电子信息制造产业结构升级,在浦东新区打造高端产业引领功能中发挥更大作用。

1. 集成电路

以国家重大战略任务为牵引,以建设具有全球影响力的集成电力产业创新高地为目标,聚合力量,加大关键核心技术攻关,加大创新成果转化产业化,在设计、装备、材料领域培育一批拥有自主技术的骨干企业,形成自主可控的产业体系。在集成电路设计方面,提升5G通信、桌面CPU、人工智能、物联网、汽车电子等核心芯片研发能力及关键器件研发生产能力,培育全流程电子设计自动化(EDA)平台,优化国产EDA产业发展生态环境。在制造和封装方面,持续引进下一代先进工艺、大尺寸晶圆生产线,扩大集成电路成熟工艺产线产能,提高产品优良率;提升特色工艺芯片研发和规模制造能力,提升先进封装测试产业规模。在装备和材料方面,加快研制具有国际一流水平的刻蚀机、清洗机、离子注入机、量测设备等高端产品,开展核心装备关键零部件研发。建设辐射全国、扩展亚太地区的集成电路设备支持服务中心以及零组件、耗材等仓储配送中心。

2. 信息通信

围绕新型基础设施建设,加快信息通信设备制造业优化升级。重

第十一章 浦东新区泛电子行业高端化数字化发展研究

点包括：下一代 IP 网络，基于第六版互联网协议规范的路由器、交换机、互联网关键设备等产品的研制和产业化；基于 400G、智能无损的数据中心网络产品及下一代 Wi-Fi 产品的研制和产业化。全光通信设备，全系列光通信系统设备和网络安全服务，增强核心基础全光通信器件研制能力。物联网，在工业控制、产品溯源、智能园区、智能交通、公共安全等领域，推进物联网应用示范工程，在无线射频识别、传感器、物联网通信芯片、系统软件、信息安全等核心技术领域实现整体突破。

3. 汽车电子

汽车产业是浦东新区的核心产业，也是引领长三角及全国汽车产业升级的高端产业。要对应汽车产业未来发展的智能化、网联化、电动化、共享化趋势，以信息通信技术与汽车产业的深度融合创新为主线，着力攻克一批关键核心技术，大力提升行业骨干企业创新竞争力，建设具有世界影响力的汽车电子产业集群。依托智能网联汽车创新平台和示范区，加大 5G 和未来通信基础设施配套布局，建设汽车电子创新产业园，着力引进集聚汽车电子零部件系统集成、车载芯片、车载传感、车载通信以及软件算法等创新企业和研发机构。

4. 未来先导产业

面向未来的先导产业，电子信息是重点领域。浦东新区要在布局未来先导产业上下好先手棋，并作为推动电子信息产业高端化发展的重要实现路径。主要领域有：量子信息，包括光子芯片与器件、光量子计算机、量子交换机、量子测控、量子软件、量子云平台等。未来网络，即面向 2030 年构建新一代网络，包括服务定制网络、数据产业园区平面可编程、确定性与低时延网络、云边端协同计算网络、6G 与卫星网络、网络区块链、网络人工智能、智能网络安全等。第六代移动通信，包括新一代信道编码及编制技术、新一代天线与射频技术、太赫兹无线通信技术与系统、空天海地一体化通信技术、软件与开源网络关键技术、基于人工智能的无线通信技术同台频谱共享技术等。类脑智能,包括脑机融合技术、类脑芯片、类脑机器人等。

(三) 大力推进信息制造业数字化转型

推动人工智能、5G、大数据、工业互联网、区块链等数字技术在电子信息制造业领域的全面渗透和高效应用,加快提升电子信息制造业网络化、智能化水平,增强产业核心竞争力,实现动力之变、效率之变和质量之变。

1. 全面推进智能制造

在电子信息制造领域全面实施智能制造推广工程,以"未来工厂"为引领推进新智造,构建以数字化车间、智能工厂为主体的新智造体系,增强数字化设计、智能化制造、精益化管理、个性化定制、网络化协同、服务化延伸能力,建设柔性产线,发展数字化转型赋能中心,培育5G全连接示范工厂。深入推进机器换人,支持企业引进高端智能化设备,降低招聘操作工难度;优化改进基于智能化的工艺流程,向精益生产模式转型;优化改进企业人员结构,扩大专业技术人才配置,提高运营响应能力和创新能力。积极推进AI技术在电子信息制造领域的应用推广,增强科技与数据驱动,推动未来工厂深入发展。

2. 打造一批工业互联网标杆企业

依托骨干企业建设一批工业互联网标杆企业,鼓励龙头企业建设具有行业影响力的工业互联网平台,推动电子信息制造业成为工业互联网标杆行业。在企业内部,打通实现人机物的闭环系统,构建工厂内部人与机器、机器与物料、机器与机器互联的网络结构。培育电子信息行业工业互联网综合解决方案"隐形冠军",为电子信息制造中小企业提供入网服务。推动建设一批场景,组织骨干企业参与编制电子信息工业互联网建设导则。

3. 加快建设行业级工业互联网平台

依托张江、金桥、临港电子信息产业集聚区,建设工业互联网标杆园区。构建行业合作生态,建设具有全国影响力的行业级工业互联网平台以及标识解析国家二级节点。建设智能工厂数据挖掘及应用服务平台,强化工业大数据应用价值开发,为推广智能工厂建设提供有力支撑。依托行业级工业互联网,推动工业互联网和消费互联网"两网贯通",全面打通上下游供应链、销售链,加快构建大数据支撑、网络化共享、智慧化协作的上下游全产业链体系。

(四)做大做强行业骨干企业

在集成电路、通信设备制造、电子终端产品制造、人工智能、工业软件、信息服务业等领域,瞄准一批骨干企业,实施"一企一策"配套服务,推动骨干企业做大做强,形成龙头企业主导、隐形冠军支撑,具有全球竞争力的现代产业体系。

1. 做大做强行业龙头企业

聚焦一批生产规模大、创新能力强、品牌优势突出的总部型企业和百亿级企业,全力支持其做大做强。围绕行业龙头企业在加大创新投入、扩大产能规模、实施兼并重组等方面的战略部署,积极提供融资、用地、引才等方面的"一企一策"专项服务,特别要在股权分配、个人所得税优惠、创新资助等方面实施一些激励力度更大的措施。支持行业龙头企业牵头组建行业战略联盟,牵头组织关键核心技术攻关等重大合作事项。以更大的主动作为,瞄准国外和外省市的行业头部企业,及时了解这些企业的创新和投资动向,建立双边合作直通车机制,全力引进功能性总部和重大投资项目。争取已经深耕浦东的各类大企业,进一步扩大规模,强化研发、销售总部功能。建立电子信息行业龙头企业全生命周期服务机制。

2. 大力培育细分领域隐形冠军

在电子信息产业的关键细分领域,特别是基础零部件、关键材料、特种设备、工业软件、检验检测平台等领域,培育壮大一批行业隐形冠军和专精特新"小巨人"企业,增强产业链整体竞争力和实力。在集成电路的高端芯片设计、关键器件开发、先进制程工艺、核心装备材料等领域,引进和培育能够参与"卡脖子"技术攻关的隐形冠军。瞄准具有潜力的高新技术企业,实施分类培育和扶持。建立瞪羚企业后备库,重点培育技术含量高、成长速度快、赢利能力强、产业模式新、发展潜力大的企业成长为瞪羚企业;健全独角兽企业发掘机制,聚焦爆发式高增长企业,支持具有颠覆式创新、竞争优势突出、未来产值大的创新型企业加速成长为独角兽企业;加强企业上市培育,引导企业有效利用多层次资本市场,重点支持企业登陆科创板。塑造企业家十年磨一剑的创新创业精神,加强与龙头企业的紧密联动,在技术、资金和服务上给予更多的倾力支持。

(五) 依托特殊经济功能区培育电子信息产业新优势

2021年4月24日中央正式公布的《关于支持浦东新区高水平改革开放打造社会主义现代化建设引领区的意见》明确提出,在浦东全域打造特殊经济功能区,加大开放型经济的风险压力测试。这也意味着在上海自贸区临港新片区实施的一些先行先试改革开放举措,可在浦东全域范围内先行先试。围绕浦东全域打造特殊经济功能区,市委市政府在实施方案中对于开放型创新经济的新突破实施两大部署:

1. 聚焦"两特",即推进浦东全域打造特殊经济功能区,在要素市场化改革,商事制度改革,深化"一业一证"改革等方面形成新突破;利用好洋山特殊综合保税区的开放载体作用,推动贸易投资便利化、自由化的制度创新。

2. 打造"四区",即增强自主创新能力,在集成电路、生物医药、人工智能、航空航天等重点领域布局建设一批国家创新基地、功能性产业和服务创新平台;深化金融开放创新,发展人民币离岸交易、跨境贸易结算和海外融资服务,加大市场双向开放力度;提升贸易服务能级,加强投资准入、服务贸易、数字贸易等领域的国际高标准规则的对接;加快长三角共建辐射全球的航运枢纽,拓展与"一带一路"国家和地区的航运网络,打造国际航运体系的核心枢纽。

如何充分发挥浦东全域特殊经济功能区建设的强大溢出效应,构建具有独特优势的电子信息产业创新生态,是一项积极而又具有战略价值的研究课题,更是一项关乎浦东电子信息产业长远发展和产业竞争力的重大行动。这里提出5点建议:

1. 加快构建由行业头部企业引领的开放式产业创新生态圈

围绕产业链完善创新链,把产学研合作中的"产"第一坚定地落到实处,坚定地把更多的科技创新财政资金投入产业创新领域,投入行业头部企业,建立健全与之相匹配的管理机制,特别要制定实施更加便捷、有效的资金使用管理办法,授权松绑。要大力支持由行业头部企业牵头组织科研院所、大学相关力量组成联合攻关团队,领头"揭榜挂帅"。对各类创新基金、产业基金参与行业头部企业创新投入,以及企业自身增加创新投入,要实施诸如风险鼓励、风险担保、财政补贴、税收抵扣等政策支持。支持行业头部企业组建并加强中央研究院、研究中心建设,并赋予其新型研究机构政策待遇。积极推动高校、科研院所相关科研力量围绕企业需求加强电子信息领域的科研合作和技术攻关,向企业开放实验室,加强集成电路、人工智能、电子通信等领域的公共服务平台建设。支持行业头部企业向全球发布技术研发需求,吸引国内外高水平创新主体联合开展技术攻关,并在海外设立研发机构。支持行业龙头企业对产业链上下游开放,寻找创新伙伴、解决技术难题。

2. 积极打造共性平台和标准体系

由于电子信息企业业务场景复杂,数据化、标准化程度参差不齐,其数字化转型需要根据数据格式和具体应用场景,以项目的形式进行运作和协调,限制了相关智能解决方案的标准化普及和大规模应用,这是限制电子信息企业高端化、数字化转型的一个重要挑战。尤其是电子信息制造领域多数为中小企业,由于自有资金不足、信息化基础薄弱、人才短缺等问题,大部分企业难以申请数字化转型试点项目,难以融入智能制造的浪潮。为解决以上痛点问题,要进一步聚焦算法泛化、关键共性技术研发和标准体系建设,在不同场景中尽可能降低边际成本、减少重复性研发比重、增加技术的复用率和溢出价值。此外,要深入梳理产业体系,及时更新相关技术路线图,针对重点领域分技术环节、分企业规模列示高端化、数字化转型示范案例,发挥示范引导作用。

3. 增强数字资源禀赋优势

要充分依托临港新片区正在着力打造的国际数据港,积极用好上海数据条例中的浦东专章,即第六章关于浦东新区数据改革,将数据改革、数据资源集聚更好更快地转为产业高端化数字化发展的新优势。依托落户在张江的数据交易所,促进各类行业数据入市交易,打造"数商"新业态,推动数据资产评估与入表,探索构建数据财税政策体系。

加快建设国际数据港,包括建设"信息飞鱼"全球数字经济创新岛,将分领域打造10个跨境产业协同创新示范区,汇聚100家跨境数据配套服务企业和重点领域头部企业,打造1 000亿元规模的产业生态体系。积极建设国家数据跨境流动试验示范区,搭建跨境数据流通公共服务平台,探索特定领域数据非本地化存储,推动智能网联汽车、电子商务、金融等领域数据跨境流通,有序放开外商投资增值电信业务领域准入限制,完善云计算等新兴业态外资准入与监管,积极探索数据贸易的有效实现形式和政策突破点。建设国际信息通信设施,将依托海缆登陆站,新建和扩容直达亚太、通达全球的海底光缆系统。要深入研究突破,在实现数据安全前提下,如何激活政府、国有企业、公共机构,以及为公共服务配套的民营机构、外资机构等采集的海量数据,让数据真正成为资源,成为经济发展的动能要素。这些重大平台和项目建设将为浦东新区电子信息新兴产业的加速成长注入强劲动能。

4. 率先建设高水平行业级人才高地

抓住我国加快建设世界重要人才中心和创新高地及中央部署在上海建设高水平人才高地的重大战略契机,全面树立人才引领发展、建设战略人才力量的新理念,率先在浦东新区的电子信息产业领域积极打造高水平行业级人才高地,更加有力地支撑电子信息产业的高端化数字化发展。根据浦东新区电子信息产业高端化数字化的战略定位,加快建设4支人才队伍:

(1)要积极引进培养战略科学家。不仅要在国家级公共创新平台配置战略科学家,还要支持行业龙头企业引进配置战略科学家,提供"一事一议""量身定制"特殊政策。

(2)要围绕集成电路、人工智能、新一代通信等,引进培养一流科技领军人才和创新团队。建立更具吸引力和国际竞争力的引才政策体系，建立健全关键人才调配机制，组建跨部门跨行业攻坚团队，组织产学研协同攻关；实施科技攻关"揭榜挂帅"专项，面向海内外发榜招募研发团队。

（3）要大力引进培养卓越工程师。要把建设具有突出技术创新能力、善于解决复杂工程问题的工程师队伍作为电子信息产业人才队伍建设的一大特色和重点，建立卓越工程师产教协同培育体系，建立更加积极开放的海外工程师引进机制。要为青年工程师搭建更加宜居宜业、更具城市引力的创新创业生态，拿出更多的资源切实解决他们的学习、工作、生活中的实际困难。

（4）要高度重视高技能人才队伍建设。特别是针对电子信息企业普遍面临的高技能人才供需矛盾突出，一方面要对接职业技能教育机构，增设新专业，扩大定向培养规模；另一方面要从户口、住房政策方面，提供更加积极的支持，对紧缺急需的高技能人才，可参照最新的大学毕业生落户政策。

5. 充分发挥专业园区的助推作用

依托专业产业园区，构建专业化、全产业链的产业创新生态系统，打造面向全球、引领全国的浦东电子信息产业新高地。如张江人工智能岛、临港国际数据港、浦东软件园等。要加强产城融合，推动园区、校区、厂区、社区、街区"五区联动"，打造生动活泼的创新创业载体，承载规模化、多样化、年轻化的创新创业人才社群。

要有力推进各个镇级工业园区腾笼换鸟，提高园区整体投资强度、创新浓度和产出密度。加快淘汰落后企业和落后产能，鼓励传统企业就地转型升级，鼓励优势企业兼并重组。盘活园区存量土地和低效用地，为产业转型升级腾出空间，吸引适合电子信息产业发展定位的高端企业入驻。

参考文献

[1] 中共中央、国务院：《关于支持浦东新区高水平改革开放打造社会主义现代化建设引领区的意见》，2021年4月23日。

[2] 上海市政府：《上海市全面推进城市数字化转型"十四五"规划》，沪府办发〔2021〕29号。

[3] 上海市人民代表大会常务委员会：《上海市数据条例》，2022年1月1日实施。

[4] 王振、尚勇敏等：《长三角地区共建世界级产业集群研究》，上海社会科学院出版社2020年版。

[5] 浙江省发展规划研究院：《促进长三角地区未来产业发展研究》，2021年9月。

[6] 上海市经济和信息化委员会：《上海市电子信息产业发展"十四五"规划》，2021年12月。

[7] 上海市经济和信息化委员会：《上海市软件和信息服务业发展"十四五"规划》，2021年12月。

[8] 上海市政府：《上海市张江科学城发展"十四五"规划》，沪府发〔2021〕11号。

[9] 上海市政府：《中国（上海）自由贸易试验区临港新片区发展"十四五"规划》，沪府发〔2021〕13号。

[10]《2019年全球LCD行业市场格局及2020年LCD产能预测：韩厂的加速退出将使得2020年LCD面板供给量下滑5.4%》，产业信息网，2020年4月26日。

[11] 前瞻产业研究院：《2020年全球显示面板行业发展现状与竞争格局分析，大陆厂商成长迅速》，2020年4月1日。

[12]《2020年我国显示面板行业分析，韩日产能退出推动国内行业发展》，华经情报网，2021年1月20日。

［13］中国电子信息行业联合会：《2020年中国电子信息行业经济运行报告》。

［14］《2021年软件和信息技术服务业市场规模及发展趋势预测分析》，中商情报网，2021年7月21日。

［15］《工业软件与半导体双轮驱动，筑造万亿数字产业根基》，《华安证券》2021年8月11日。

［16］《电子行业专题周报：功率半导体千亿赛道，国产替代渐行渐近》，东亚前海证券有限责任公司，2021年11月8日。

［17］《关于LCD面板行业的三个重磅前瞻性判断》，《国海证券》2021年3月9日。

［18］《瞄准"卡脖子"问题，我国2023年将发展15家收入百亿规模电子元器件企业》，《第一财经》2021年1月29日。

执笔：王　振（上海社会科学院信息研究所所长、研究员）
　　　徐丽梅（上海社会科学院应用研究所副研究员）
　　　顾　洁（上海社会科学院信息研究所副研究员）
　　　杨　凡（上海社会科学院信息研究所助理研究员）

图书在版编目(CIP)数据

长三角数字经济高质量发展研究 / 王振等著 . — 上海：上海社会科学院出版社，2022
（长三角一体化研究丛书）
ISBN 978-7-5520-3901-6

I.①长… II.①王… III.①长江三角洲—信息经济—经济发展—研究 IV.①F492

中国版本图书馆 CIP 数据核字（2022）第 114071 号

长三角数字经济高质量发展研究

著　者：王　振　徐丽梅　等
出 品 人：佘　凌
责任编辑：董汉玲
封面设计：周清华
出版发行：上海社会科学院出版社
　　　　　上海顺昌路 622 号　邮编 200025
　　　　　电话总机 021-63315947　销售热线 021-53063735
　　　　　http://www.sassp.cn　E-mail:sassp@sassp.cn
排　　版：南京展望文化发展有限公司
印　　刷：上海新文印刷厂有限公司
开　　本：710 毫米×1010 毫米　1/16
印　　张：20.25
字　　数：250 千
版　　次：2022 年 9 月第 1 版　2022 年 9 月第 1 次印刷

ISBN 978-7-5520-3901-6/F·700　　　　定价：88.00 元

版权所有　翻印必究